Radikale Marktwirtschaft

Grundlagen des systemischen Managements

Fritz B. Simon und
C/O/N/E/C/T/A-Autorengruppe

Dritte, überarb. u. erw. Auflage, 1998

Über alle Rechte der deutschen Ausgabe verfügen Carl-Auer-Systeme
Verlag und Verlagsbuchhandlung GmbH, Heidelberg
Fotomechanische Wiedergabe nur mit Genehmigung des Verlages
Satz und Diagramme: Beate Ch. Ulrich/Paul Richardson
Umschlaggestaltung: WSP, Heidelberg
Unter Verwendung des Gemäldes:
Hans Holbein „Portrait des Kaufmanns Georg Gisze" (1532)
(Bildarchiv Preußischer Kulturbesitz, Berlin)
Gesamtherstellung: Druckerei Kösel, Kempten
Printed in Germany 1998

Erste Auflage 1992
Dritte, überarbeitete und erweiterte Auflage 1998

Die Deutsche Bibliothek- CIP-Einheitsaufnahme

Radikale Marktwirtschaft : Grundlagen des systemischen Managements /
Fritz B. Simon und CONECTA-Autorengruppe. - 3., überarb. und erw. Aufl.
- Heidelberg: Carl-Auer-Systeme, 1998
ISBN 3-89670-097-9

Für Leo Bernardis

C/O/N/E/C/T/A-Autorengruppe:

E. Dachenhausen
G. Drossos
A. Janes
I. Voller-Kreuzer
K. Prammer
H. Raunikar
H. Schober
M. Schulte-Derne
M. Veith

INHALTSVERZEICHNIS

1. Einleitung 11

Management-Geschichten, -Theorien und -Rezepte 11

Das systemische und das
radikal-marktwirtschaftliche Modell 15

2. Philosophie 18

Der Manager und se in Pferd –
Die Zügelung lebender Systeme 18

Der Einfluß des Beobachters –
Härtere und weichere Wirklichkeit 20

Die Konstruktion von Wirklichkeit –
Unterscheiden und Bezeichnen 23

Berechenbarkeit –
Triviale und nichttriviale Maschinen 27

Schöpfung ohne Schöpfer –
Selbstorganisation und Evolution 31

Beständigkeit und Veränderung 33

Die Außenperspektive –
Der Mitarbeiter als Umwelt des Unternehmens 34

Die Innenperspektive –
Das Unternehmen als Umwelt des Individuums 38

Die Integration von Außen- und Innenperspektive –
Verhalten als Ware 40

Rezepte 47

3. Organisation 49

Die Hausfrau und der Künstler –
Die Herstellung, Aufrechterhaltung und Auflösung von Ordnung 49

Zusammenspiel –
Arbeitsteilung und Kooperation 56

Der Wundertüteneffekt –
Das Verhalten ganzer Menschen und seine Bewertung 62

Die Evolution organisatorischer Muster –
Ein Experiment.. 68

Rezepte 71

4. Leistung 73

Die Leistungsfähigkeit von „Leistung" 73

Paradoxa –
Leistung in der betrieblichen Planwirtschaft 75

Schwarzmarkt –
Die Selbstorganisation ungeplanter Regelungsstrukturen 79

Rezepte 85

5. Führung 86

Generäle ohne Soldaten –
Die merkwürdigen militärischen Metaphern des Managements 86

Macht –
Wer will was von wem? 91

Unübersichtlichkeit –
Die vielen Märkte des Managers 93

Magie –
Wie Sprache Wirklichkeit erschafft 95

Hexerei –
Der Manager, drinnen und draußen zugleich 98

Mutter und Scharfrichter –
Die Personalabteilung als Trivialisateur 101

Rezepte 105

6. Planung 107

Wetterfrösche und Regenmacher –
Die weiche Wirklichkeit der Wirtschaft 107

Von der „strategischen Planung"
zur „evolutionären Planung" 109

Die positive Kraft des „negativen" Denkens –
Die Bedingungen des Sterbens und die Grenzen des Überlebens 114

Eine gute Antwort, aber: Wie lautet die Frage? –
Unternehmen, Produkt und Käufer 116

Die Lebenszyklen von Produkten 121

Monopol versus optimale Marktanteile 122

Die Bergwanderung –
Zwischen Planung und Improvisation 124

Rezepte 127

7. Kultur 129

Gefährliche und andere Muster 129

Die Organisation von Gleichgewicht 133

Das verrückt-chaotische und
das psychosomatisch-ordentliche Muster 136

Kulturprägung 142

Rezepte 146

8. Geschlechterrollen 147

Kleine Unterschiede, große Unterschiede 147

Management als Männerbund 150

Die Familie als Fitneßcenter 153

Rezepte 156

9. Lernen 158

Die Speicher-Metapher 159

Wissen und Lernen als Erklärungsprinzipien 160

Die Selektion von Verhalten 160

Wer paßt sich wem an? 162

Prinzipielles 162

Das Verhindern von Lernen 164

Rezepte 166

10. Nachbemerkung – Über dieses Buch 168

Autorenverzeichnis 170

1. EINLEITUNG

„Ein Mann wollte wissen, wie es sich mit dem Geist verhält – nicht in der Natur, sondern in seinem eigenen großen Computer. Er fragte ihn (zweifellos in makellosem Fortran): ‚Rechnest du damit, daß du jemals denken wirst wie ein menschliches Wesen?'Die Maschine machte sich daran, ihre eigenen Rechengewohnheiten zu analysieren. Schließlich druckte sie ihre Antwort auf einem Stück Papier aus, wie dies solche Maschinen zu tun pflegen. Der Mann eilte hin, um die Antwort zu erfahren, und fand die sauber getippten Worte vor: Das erinnert mich an eine Geschichte."
Gregory Bateson[1]

„Die Theorien vergehen. Der Frosch bleibt."
Jean Rostand[2]

„Es mag hier hilfreich sein, sich klarzumachen, daß die primäre Form mathematischer Kommunikation nicht die Beschreibung, sondern die Anweisung ist. In dieser Hinsicht ist sie vergleichbar mit praktischen Kunstformen wie dem Kochen, bei welcher der Geschmack des Kuchens einem Leser in der Form einer Menge von Anweisungen, genannt Rezept, mitgeteilt werden kann, obwohl er nicht durch Worte beschreibbar ist."
G. Spencer-Brown[3]

Management-Geschichten, -Theorien und -Rezepte

Studiert man die Flut der Bücher und Zeitschriften zum Thema Management, so lassen sich, grob klassifiziert, drei verschiedene Typen von Veröffentlichungen finden:

1 Gregory Bateson (1979): Geist und Natur. Eine notwendige Einheit. Frankfurt (Suhrkamp) 1982, S. 22.
2 J. Rostand: Carnets d'un biologiste. Zitiert nach F. Jacob (1981): Das Spiel der Möglichkeiten. München (Piper) 1983, S. 13.
3 G. Spencer-Brown (1969): Laws of Form. New York (Dutton) 1977, S.77 (Übers. F.B. Simon).

a) Rezeptbücher, in denen Management-Know-how vermittelt wird.

Sie sind nach dem Muster des Kochbuchs aufgebaut: Wenn dies oder jenes der Fall ist, dann nehme man jenes und tue dieses ... Gedacht sind sie für Praktiker, die mitten im Leben stehen und sich Tag für Tag die Frage stellen: Was tun? Sie müssen Entscheidungen treffen, die weitreichende Folgen für sie selbst, ihre Mitarbeiter und Mitarbeiterinnen, ihr Unternehmen, ihre Familie und noch viele andere haben können. Solche Bücher oder Zeitschriften bieten denen, die jeden Tag irgendein Essen auf den Tisch bringen und hungrige Mäuler stopfen müssen, hübsch fotografierte Menüvorschläge. Sie liefern dann meist auch noch eine Liste der nötigen Zutaten und Anweisungen für deren Zubereitung.

Alles in allem: Rezepte und Rezeptbücher können sehr nützlich und praktisch sein, da sie dem Leser sagen, wie er bestimmte Ziele (zum Beispiel „Spitzenleistungen") erreichen kann (= vorschreibende Regeln). Sich an Koch-Rezepte zu halten, kommt sicherlich unserer Suche nach Vereinfachung und Sicherheit entgegen; die Gefahr solcher Rezeptsammlungen ist allerdings, daß sie dazu verführen, Problemlösungen ohne angemessene Analyse auf einer rein „technischen" Ebene zu suchen. Dabei können leicht übergeordnete Zusammenhänge aus dem Blickfeld verschwinden, wodurch manchmal die besten Absichten die schlechtesten Resultate zur Folge haben. Außerdem: Die Menge der Zutaten für einen Kuchen oder einen Braten ist überschaubar, ebenso wie die dazugehörige Handlungsanleitung. Die Erarbeitung einer Marketingstrategie wird schon komplizierter.

b) Die zweite Sorte von Publikationen, nicht nur in Universitäts-bibliotheken und -instituten zu finden, beschäftigt sich mit Theorien. Hier wird aus der Position von außenstehenden Beobachtern beschrieben und erklärt, was – um im Bild zu bleiben – beim Kochen geschieht.

Wer Theorien verfaßt, ist im allgemeinen frei von jedem Entscheidungs-druck: Er braucht keine Konflikte durchzustehen, wessen Lieblingsessen er kochen soll und welche Zutaten er in welcher Dosierung für welches Gericht verwenden soll. Ohne den Zwang, das Produkt solch einer mehr oder weniger großen Kochkunst selbst verzehren oder es irgendeinem anderen Menschen verkaufen und einflößen zu müssen, kann er aus der Perspektive des unbeteiligten Zuschauers ganz kühl feststellen, daß es im allgemeinen fatale Folgen für das ökonomische Überleben eines Restaurants hat, wenn der Chef de cuisine stets Salz und Zucker miteinander verwechselt.

Der Nutzen solch wissenschaftlicher Erkenntnisse besteht in erster Linie darin, daß sie regelmäßig beobachtbare Zusammenhänge beschreiben (= beschreibende Regeln). Wer in der Alltagspraxis steht, hat dann selbst aus-zuwählen, welche dieser Erkenntnisse für ihn von Nutzen sein könnten.

Denn es ist ja keineswegs sicher, daß derjenige, der da seine Beobachtungen und Erklärungen publiziert, selbst schon einmal gekocht oder gegessen hat. Aus diesem Grunde ist es auch keineswegs sicher, daß die von Wissenschaftlern und Theoretikern beschriebenen und miteinander verknüpften Faktoren und Variablen für das Alltagsgeschäft von Praktikern irgendeine Bedeutung haben.

c) Und dann gibt es noch die vielen Geschichten, die erzählt werden: Es war einmal ein kleiner italienischer Junge in Amerika, der wollte immer Pizza-bäcker werden und wurde dann der erfolgreiche Chef eines Automobilkonzerns.

Solche Geschichten stellen kulturgeschichtlich gesehen eine sehr alte Form der Literatur dar. Sie werden schon seit Jahrtausenden erzählt. Damals ging es allerdings nicht in erster Linie um die Eroberung von Märkten, sondern um die von Troja. Doch davon abgesehen ist das Muster sehr ähnlich: Die Helden, Odysseus und Achilles, Vorstandsmitglieder eines Joint-ventures mehrerer mittelständischer griechischer Betriebe, haben nicht nur mit dem König von Troja und seinen Söhnen, den Leitern eines konkurrierenden, kleinasiatischen Familienbetriebs zu kämpfen, sondern auch mit Führungsproblemen; zum Beispiel der Schwierigkeit, ihre Mitarbeiter in einem zehn Jahre dauernden Kampf zu motivieren. Hinzu kommen dann noch all die Verwicklungen, die sich durch die meist unvorhersehbaren Einmischungen der manchmal untereinander zerstrittenen, dann aber auch wieder in erotische Abenteuer verstrickten Aufsichtsratsmitglieder auf irgendeinem Olymp ergeben.

Der über die Zeiten hin andauernde Erfolg solcher Mythen, Heldensagen und Autobiographien dürfte daher rühren, daß Innen- und Außenperspektive der Beobachtung hier miteinander verbunden sind. Gebannt folgt der Hörer oder Leserin den Worten des Erzählenden, der die ganze Geschichte von Anfang bis Ende kennt und ihre Höhen und Tiefen mit dem distanzierten Blick des Zuschauers zu berichten scheint. Aus dieser Perspektive wird deutlich, warum alles so kommen mußte, wie es kam. Die Zwangsläufigkeiten der Dramaturgie, die geheimen Regeln dieser Dramen, welche den aktuell im Handlungsgeschehen verwickelten Personen nicht bewußt sind und im dunkeln bleiben, werden durchschaubar. Die Leserschaft kann sich mit den Hauptdarstellern, ihren Gedanken und ihren Gefühlen, identifizieren. Was hätte ich selbst in einer vergleichbaren Situation getan? Welches der Erfolgsrezepte des Helden oder der Heldin kann ich in mein eigenes Verhaltensrepertoire übernehmen? Welche verallgemeinernden Rückschlüsse kann ich aus dieser und ähnlichen Geschichten, den Schicksalen und Biographien der erfolgreichen Männer und Frauen dieser Welt, Führungskräften zum Beispiel, ziehen?

Menschen denken in Geschichten[4]. Daher sind solche Stories besonders gut geeignet, komplexe Zusammenhänge darzustellen. Der Vorteil gegenüber der reinen Rezept- oder Theoriesammlung ist deutlich: Geschichten verknüpfen vorschreibende und beschreibende Regeln. Die einzelnen Akteure folgen bestimmten vorschreibenden Regeln, ihren Erfolgs- oder Mißerfolgsrezepten, ihren Werten, und gehen dabei stillschweigend von bestimmten beschreibenden Regeln aus: ihrem Weltbild, ihren Überzeugungen und Vorstellungen, wie das Leben, die Wirtschaft, die Menschen usw. in „Wirklichkeit" funktionieren. Der Nachteil solcher Geschichten ist, daß sie meist sehr vieldeutig sind und einen großen Interpretationsspielraum lassen. Sie berichten von Einzelfällen, und es ist fraglich, ob und wie diese beispielhaften Erfahrungen verallgemeinerbar sind.

Einige Antworten auf diese Fragen sollen im vorliegenden Buch gesucht werden. Dazu werden alle drei skizzierten Beschreibungs-, Erkenntnis- und Darstellungsweisen miteinander verbunden: Geschichten werden erzählt, Analysen und theoretische Reflexionen angestellt, und schließlich werden aus all dem dann Rezepte für den Alltag von Managern oder Unternehmern destilliert. Das Ergebnis ist eine Sammlung der Spielregeln des Managements beziehungsweise von Managementspielen.

Die Verwendung des Begriffs „Spiel" mag in diesem Zusammenhang vielleicht etwas befremdlich wirken. Bei näherer Betrachtung zeigt sich jedoch, daß Spiele und Geschichten miteinander verwandt sind. Die Menge von Spielregeln, durch die ein bestimmtes Spiel beschrieben werden kann (Fußball, Schach, Bridge, Marktwirtschaft, Planwirtschaft und all die anderen) liefert gewissermaßen die Blaupause, das dramaturgische Muster, aus dem sich all die einzelnen Geschichten konstruieren lassen, oder umgekehrt: Aus all den vielen Geschichten lassen sich solche charakteristischen Spielregeln herausfiltern. Geschichten sind immer nur die Berichte von einzelnen Spielen oder Spielern („Wie ich einmal beim Monopoly die Schloßallee, die Parkstraße, vier Bahnhöfe und 27 Hotels in meinem Besitz hatte ..." oder „Als ich einmal die Firma XY übernommen hatte / Marktführer in dieser oder jener Branche wurde / ein erfolgreicher ... wurde").

Erfolg oder Scheitern im Leben hängen stets davon ab, daß man weiß, an welchem Spiel man gerade beteiligt ist. Ein erfolgreicher Handballer, der treffsicher das Tor trifft, wird scheitern, wenn alle, die mit ihm auf dem Feld stehen, Fußball spielen. Und die gefeierte Opernsängerin wird wenig Applaus erhalten, wenn das Publikum gekommen ist, um ein Pop-Konzert

---

4 Vgl. W. Schapp (1953): In Geschichten verstrickt. Leer (Rautenberg) 1959. Siehe auch G. Bateson (1979): Geist und Natur. Eine untrennbare Einheit. Frankfurt (Suhrkamp) 1982, S. 22 ff.

zu hören. Welche Spiele werden wann und wo gespielt, und welches sind ihre Regeln? Erst wenn diese Fragen beantwortet sind, lassen sich Rezepte für Erfolg (oder Scheitern) bewußt anwenden. Manchmal kann man dann – falls es sinnvoll erscheint – sogar Rezepte für die Veränderung solcher Spielregeln finden.

Das systemische und das radikal-marktwirtschaftliche Modell

Der Manager als Stratege, die Vorstandsetage als Feldherrenhügel, das Unternehmen als Armee mit Stab und Linie ...

Der Krieg ist nur eines der Bilder, welche die Vorstellungen über Unternehmensführung und Marktwirtschaft leiten. Die Sprache, die zur Schilderung des Wirtschaftslebens verwendet wird, steckt voll solch offener und verborgener Metaphern. Die Beliebtheit von Vergleichen aus Kriegführung und Biologie ist dabei sicher nicht zufällig. Wirtschaft und Gesellschaft als Ganzes, gelegentlich auch ihre Teilsysteme (Unternehmen, Märkte, ganze Volkswirtschaften oder ihre Elemente) werden oft mit lebenden Organismen, Pflanzen oder gar menschlichen Individuen verglichen: ein blühendes Geschäft, das Wachstum der Wirtschaft, der Kopf des Unternehmens, die Tochtergesellschaft, das Mutterhaus, die galoppierende Inflation, ein gesunder Betrieb, die Organe der Verwaltung, die unsichtbare Hand, die alles regelt. Der Krieg erscheint dann nur als Fortsetzung der Biologie mit anderen Mitteln, der darwinistische Überlebenskampf eine logische Konsequenz.

Im vorliegenden Buch soll gezeigt werden, daß die Umkehrung dieser Metaphernbildung ebenfalls nützlich, vielleicht sogar nützlicher, ist. Sie erlaubt nämlich, alle individuellen und sozialen Verhaltensmuster, die im Wirtschaftsleben von Belang sind, aus einer ökonomischen Perspektive zu betrachten: Volkswirtschaften werden dann nicht nur mit Organismen verglichen, sondern Organismen auch mit Volkswirtschaften, das Bruttoindividualprodukt tritt an die Stelle des Bruttosozialprodukts, jede Interaktion zwischen Menschen, privat oder beruflich, läßt sich dann als eine Form der Marktwirtschaft verstehen.

Dieses Auf-den-Kopf-Stellen gewohnter Bilder erscheint natürlich zunächst sehr radikal und läuft Gefahr, von vornherein als reaktionär, banal oder gar unmoralisch verurteilt zu werden. Wir sind daran gewöhnt, die Welt und unser Leben in zwei streng voneinander getrennte Bereiche zu spalten: auf der einen Seite das Wirtschafts- und Arbeitsleben, in dem ökonomische Überlegungen im Vordergrund stehen, und auf der anderen Seite das Privatleben: Liebe, Familie, Kinder, Freunde. Im ersten Bereich versuchen wir uns rational zu verhalten, denn Vernunft entscheidet (angeblich) über ökonomischen Erfolg und Mißerfolg. Im zweiten Bereich hingegen regiert häufig das Gefühl, und wirtschaftliche Überlegungen und Logik haben hier – so die weitverbreitete Überzeugung – nichts zu suchen; zumindest scheinen sie oft nur schwer zu finden. Die hier vorgeschlagene radikal marktwirtschaftliche Sichtweise hebt die oftmals illusionsbeladene Trennung zwischen Ökonomie und Gefühl auf und macht auch vor dem geheiligten Reich emotionaler zwischenmenschlicher Beziehungen nicht halt. Sie bietet die Chance, ein Modell zu entwickeln, das die heimliche Vernunft und Ökonomie des Verhaltens von Individuen, Gruppen und Organisationen verdeutlicht.

Die theoretische Begründung für dieses Modell ergibt sich aus neueren Entwicklungen der System- und Evolutionstheorie, den erkenntnistheoretischen Konzepten des sogenannten „Radikalen Konstruktivismus" und der „Kybernetik zweiter Ordnung". Wo es nötig ist, werden diese theoretischen Grundlagen kurz umrissen. Zunächst soll jedoch die Grundthese des Modells der „Radikalen Marktwirtschaft"[5] genannt sein:

Wer handelt, der handelt. Das heißt, wer Handlungen setzt, betreibt damit auch immer Handel. Oder anders: Menschliche Verhaltensweisen lassen sich als Waren betrachten, die bewertet und getauscht werden.

Diese einfache Spielregel hat weitreichende Folgen: Leben erscheint als Tausch, als Aufeinandertreffen von Angebot und Nachfrage nach bestimmten Verhaltensweisen und Handlungen. Wer lebt, hat sich mit seinen Verhaltensweisen gegenüber einer Vielzahl von Mitbewerbern auf vielen, sehr verschiedenen Märkten zu bewähren. Das Wirtschaftsleben ist nur einer davon.

---

5 Der Begriff „Radikale Marktwirtschaft" ist eher metaphorisch zu verstehen; er soll auf die theoretische Verwandtschaft zum „Radikalen Konstruktivismus" verweisen. Natürlich wäre es im Blick auf die korrekte Verwendung der deutschen Sprache sinnvoller gewesen, von „radikale Ökonomie" zu sprechen. Aber bei diesem terminologischem Ungetüm rebelliert nicht nur das Sprachgefühl, sondern es könnte obendrein noch zu Verwechslungen mit jener in der zweiten Hälfte der 60er Jahre in den USA entstandenen theoretischen Schule der „Radical Economics" kommen; siehe dazu die 1969 gegründete Zeitschrift *The Review of Radical Economics* oder auch den Übersichtsartikel von M. Bronfenbrenner (1970): Radical Economics in America. *Journal of Economic Literature* 3, 747 ff.
Wichtiger erscheinen uns hier die verblüffenden Ähnlichkeiten zum Ansatz von Gary S. Becker, der menschliches Verhalten generell ökonomisch zu erklären versucht. Für seine Arbeiten hat er 1992 den Nobelpreis erhalten; siehe G. S. Becker: Ökonomische Erklärung menschlichen Verhaltens. Tübingen (J. C. B. Mohr). 1993.

Zehn grundlegende Thesen des radikal-marktwirtschaftlichen Modells:

1. Wer handelt, der handelt.

2. Der Markt für Verhalten ist ein Tauschmarkt.

3. Jeder einzelne bewertet das von ihm oder anderen produzierte Verhalten (=Ware) nach seinem individuellen Wertesystem.

4. Jeder Mensch verhält sich immer und überall ökonomisch rational.

5. Jeder führt Konten über Geben und Nehmen aller Interaktionspartner (sein eigenes und das des anderen) in seiner privaten, nicht konvertiblen Währung.

6. Konkrete Interaktionsmuster entstehen gemäß der individuellen Wertsysteme der Beteiligten und ihrer Methode der Kontenführung.

7. Auch "Persönlichkeit", "Charakter" und "persönliche Identität" lassen sich als Funktion der Unterschiede individueller Kontoführungspraktiken erklären.

8. Menschen können auch mit sich selbst Handel treiben.

9. Ware ist nur, was wahrgenommen wird.

10. Es gibt keine objektiven Bewertungsmaßstäbe für den Wert von Verhalten.

2. PHILOSOPHIE

> *„Die Franzosen behaupteten, Kamele seien dumme,*
> *grausame und rachsüchtige Tiere, deren Gehorsam man*
> *durch Schreie und Schläge erzwingen müsse (...) Das*
> *ganze Jahr über behandelten die Franzosen alle Kamele*
> *gleich, ohne zu begreifen, daß die Tiere in den Monaten*
> *der Brunft reizbar und gefährlich werden konnten,*
> *besonders wenn die Hitze mit den Ostwinden zunahm.*
> *Deshalb wurden die Franzosen in der Wüste nie gute*
> *Reiter, und deshalb gelang es ihnen nie, die Tuareg zu*
> *beherrschen, sondern sie wurden von diesen in den*
> *Jahren der Kämpfe und Fehden immer wieder besiegt,*
> *obwohl sie in der Überzahl und besser bewaffnet waren."*
> *Alberto Vázques-Figueroa[1]*

> *„Die Überlebenseinheit – sei es in der Ethik oder in der*
> *Evolution – ist nicht der Organismus oder die Gattung,*
> *sondern das umfassendste System oder die größte*
> *‚Macht', innerhalb derer das Geschöpf lebt. Zerstört das*
> *Lebewesen seine Umgebung, so zerstört es sich selbst."*
> *Gregory Bateson[2]*

Der Manager und sein Pferd –
Die Zügelung lebender Systeme

Die enge Verwandtschaft der Begriffe Manager und Manege erinnert daran, daß die Kunst des Managements in der Zügelung und Nutzung lebender Systeme besteht, zunächst einmal der von Pferden: Managen bedeutete ursprünglich, ein Pferd trainieren, reiten und kontrollieren[3]. Auf die Weisheit des in unserer Sprache gespeicherten Wissens ist im allgemeinen Verlaß. Wenn Begriffe in übertragener Bedeutung verwendet werden, so geschieht dies, weil sie irgendwie passen, das heißt Gemeinsamkeiten bezeichnen: der Reiter und sein Pferd – der Manager und sein Unternehmen (seine Abteilung/sein Team etc.).

---

1 Vázques-Figueroa, A. (1981): Tuareg. München (Goldmann) 1990, S. 16.
2 Bateson, G. (1971): Die Kybernetik des „Selbst". In: G. Bateson (1972): Ökologie des Geistes. Frankfurt (Suhrkamp) S. 429.
3 Abgeleitet vom Italienischen maneggiare, vgl. lateinisch manus: die Hand; siehe Onions, C.T. (1985): The Oxford Dictionary of English Etymology. London (Oxford University Press) S. 550.

Dieses Bild umreißt die gesamte Problematik, der sich der Manager gegenüber sieht: Er versucht, ein lebendes System in Zaum zu halten, zu lenken
und dessen Verhalten, Gangart und Tempo zu bestimmen. Er sitzt fest im
Sattel (nachdem ihm jemand die Steigbügel gehalten hat), nimmt die Zügel in die Hand, spornt an und nutzt gelegentlich die Überzeugungskraft
von Zuckerbrot und Peitsche. Eine Zirkusreiterin, die auf dem Rücken ihres Pferdes Salto macht, managt ihr Pferd sogar ganz ohne Zügel, es kennt
sie und weiß, was sie will. Es gibt gute und schlechte Reiter und Reiterin-
nen, und es finden sich duldsame, auch die ungeschicktesten Reiter noch
(er-)tragende Pferde, nur schwer zu bändigende Vollbluthengste neben
kaltblütigen Brauereigäulen. Der eine Reiter ist fähig, Wildpferde zu zäh-
men, die andere Reiterin besteht Springprüfungen mit Bravour, und der
oder die dritte ist im Galopprennen unschlagbar; aber es gibt auch Schin-
der, die jedes Pferd zugrunde richten können.

Im Idealfall bilden Roß und Reiter eine Einheit, ihre Aktionen sind koordiniert, ihre Laufbahnen miteinander verknüpft, und gemeinsam erreichen
sie ihr Ziel: nicht immer das des Reiters. Geraten sie in unwegsames, ge-
fährliches Gelände, so sind sie aufeinander angewiesen. Sie bilden manchmal sogar eine Überlebenseinheit, wenn in einer feindlichen Umwelt die
Existenz des einen vom Verhalten des anderen abhängt.

Die Beziehung zwischen beiden ist kompliziert: Als Organismen sind sie
im Prinzip in der Lage, unabhängig voneinander zu überleben. Beide haben einen großen Handlungsspielraum, und ihnen stehen individuell vielfältige Verhaltensoptionen offen. Sie müssen nicht kooperieren, sie tun es
dennoch ... Die wirtschaftliche Erklärung: Sie entscheiden sich dazu, weil
es für beide ein gutes Geschäft ist.

Das Roß-und-Reiter-Modell ist in zweifacher Hinsicht zur Charakterisierung der Möglichkeiten und Notwendigkeiten, welche die Kunst des Managements begrenzen, nützlich: Der Manager hat es zum einen mit Menschen – Mitarbeitern, Untergebenen und Vorgesetzten, Konsumenten, Auf-
traggebern und Zulieferern usw. – als lebenden Systemen zu tun; zum anderen weisen auch Firmen als Ganzes, sei es die eigene oder die der Mitbewerber, bestimmte Charakteristika auf, die denen von Lebewesen entsprechen: Es sind selbstorganisierende Systeme, die in der Interaktion mit ihrer Umwelt einen Evolutionsprozeß durchlaufen, in dem sie und ihre
Umwelt sich miteinander verändern oder auch gegenseitig stabilisieren.

Strapazieren wir den (natürlich hinkenden) Vergleich zwischen den Anforderungen an Manager und Reiter noch ein wenig und kommen zu der
philosophischen, erkenntnistheoretischen Frage: Was muß man wissen
oder können, um erfolgreich im Sattel zu bleiben und samt wohlerhalte-
nem, gesundem Pferd ans Ziel zu gelangen? Welche Informationen sind

nützlich, welche verwirren eher? Zuviel Wissen macht bekanntlich dumm. Man braucht wahrscheinlich keinerlei Kenntnisse von den biochemischen Abläufen während der Verdauung des Tieres, wogegen es wichtig ist, eine Ahnung davon zu haben, was es gerne frißt, welche Nahrung ihm bekommt und wie es bei Verstopfung reagiert. Theorien über seinen Stoffwechsel sind nicht von unmittelbarem Nutzen. Man braucht Wissen, aus dem sich konkrete Handlungsanweisungen ableiten lassen: Mit welchem Verhalten antwortet das Pferd oder Kamel auf die Verhaltensweisen des Reiters oder der Reiterin? Reagiert das lebende System, mit dem man es gerade zu tun hat, wie andere, die man früher kennengelernt hat? Kann man es immer nach denselben Rezepten behandeln? Oder mal so und mal so? Darf man, ohne dafür bestraft zu werden, aus gewissen Ähnlichkeiten zwischen solchen Systemen ableiten, daß alles ähnlich ist? Müssen Kamele anders behandelt werden als Pferde? Und gilt solches Erfahrungswissen, das man im Laufe seines Lebens erworben hat, immer und überall – in der Wüste und während der Brunft genauso wie in der Oase oder in Zeiten sexuellen Desinteresses (des Kamels natürlich)?

Die hohe Schule des Mangements ist nun noch ein wenig komplizierter als die des Reitens von Pferden oder Kamelen. Da oft nicht so klar ist, wo der Reiter aufhört und wo das Tier beginnt. Sind die Verhaltensweisen des Managers oder gar der ganze Manager nicht Teil des Unternehmens, das es zu reiten gilt? Die Antwort auf diese Frage hat eine Menge sehr praktischer Konsequenzen für den Alltag des Managers.

Der Einfluß des Beobachters – Härtere und weichere Wirklichkeit

Zuviel Wissen kann tödlich sein: In alten Wildwestfilmen kann man gelegentlich Szenen sehen, in denen ein unliebsamer Zeuge hinterrücks erschossen wird. Aber es gibt noch andere Beispiele dafür, daß Wissen nicht immer Macht bedeutet: Der Staatssicherheitsdienst der ehemaligen DDR, dessen Aufgabe unter anderem die Überwachung und Kontrolle der Bevölkerung war, konnte Demonstrationen und Revolution nicht verhindern, weil er zu viel Informationen hatte. Er erstickte in einer Flut von Daten, die nicht ausgewertet und gewichtet werden konnten, so daß aus ihnen keine politischen Konsequenzen gezogen werden konnten.

Vertrauter sind uns all die Situationen, in denen zu wenig Wissen zu Schaden führt: Wenn wir uns verlaufen und die Orientierung verlieren, weil wir die Gegend nicht kennen und keine Landkarte haben, aus der wir unseren Standort ablesen könnten; wenn wir die marktüblichen Preise für eine Ware nicht wissen und uns übervorteilen lassen; wenn wir ein Produktionsverfahren nicht kennen, eine Sprache nicht sprechen usw … Unwissen bedeutet Ohnmacht. Nur zu leicht verführt uns diese Erfahrung zu dem gefährlichen Umkehrschluß: je mehr Wissen, desto besser. Gute Gründe, die Lebensweisheit „Was ich nicht weiß, macht mich nicht heiß!" ernst zu nehmen, lassen sich auch aus elementaren erkenntnistheoretischen Erwägungen ableiten.[4]

Die Welt ist ungeheuer komplex, verwirrend und undurchschaubar, die Welt der Wirtschaft ebenso. Jeder Mensch – nicht nur der Manager – muß sich ein Bild der Wirklichkeit konstruieren, eine Art innerer Landkarte, die ihm sinnvolles Handeln ermöglicht. Der Wert aller Erkenntnisse – der wissenschaftlichen wie der alltäglichen – hängt von den Zwecken und Zielen ab, für die sie gebraucht werden. Es gilt, sich eines angemessenen Verhaltens zu bedienen. Dazu muß die Komplexität der Welt reduziert und eine Auswahl aus dem möglichen Wissen getroffen werden, die Orientierung gibt. Dabei geht es nicht allein um die angemessene Quantität von Informationen, sondern auch um deren Qualität. Nicht Wahrheit ist der Maßstab, an dem sie gemessen wird, sondern Nützlichkeit.

Erkennen, das heißt die Entwicklung eines individuellen oder kollektiven Weltbildes, hat unter anderem auch eine biologische Wirkung: Der Erfolg erweist sich im Überleben von Organismen, das Scheitern in ihrem Sterben. Dieses Ziel, Überlebenssicherung, ist aber mit sehr unterschiedlichen Wirklichkeitskonstruktionen zu erreichen. Sie müssen nur irgendwie zu dieser Welt, in der sie angewendet werden, passen; das heißt – ganz banal –, es muß möglich sein, mit dem jeweiligen Weltbild zu überleben: Wer überlebt, ist angepaßt.[5] Viele Wege führen nach Rom. Es gibt nicht nur den einen, richtigen und wahren Weg nach Rom, den man objektiv kennen oder nicht kennen kann. Man kann viele verschiedene Wege gehen, es gibt mehr, als man sich träumen läßt.[6]

Mit solch einer Formel lassen sich die erkenntnis- und wissenschaftstheoretischen Grundpositionen des Radikalen Konstruktivismus beschreiben. Sie sind abgeleitet aus Untersuchungsergebnissen der Entwicklungspsychologie und der Hirnforschung, die zeigen, daß jeder Mensch individuell in der Interaktion mit seiner belebten und unbelebten Umwelt sein eigenes, unverwechselbares Bild der Welt aufbaut.

4 Siehe dazu ausführlich Simon, F. B. (1997): Die Kunst, nicht zu lernen. Und andere Paradoxien in Psychiatrie, Management, Politik ... Heidelberg (Carl-Auer-Systeme).
5 Vgl. Eigen, M. und R. Winkler (1975): Das Spiel. Naturgesetze steuern den Zufall. München (Piper) S. 74.
6 Vgl. dazu die Arbeiten zum Radikalen Konstruktivismus, vor allem von Glasersfeld, E. (1987): The Construction of Knowledge. Contributions to Conceptual Semantics. Seaside, CA. (Intersystems Publications).

Dieselben objektiven physikalischen Ereignisse führen bei verschiedenen Beobachtern, abhängig von den Bedingungen ihres Beobachtens, zu unterschiedlichen Wahrnehmungen und Weltbildern. Jeder Mensch lebt in seiner eigenen Wirklichkeit, auch wenn er sich in weiten Bereichen mit seinen Mitmenschen auf eine gemeinsame, objektiv genannte Sicht der Realität einigt. Der Beobachtungsstandpunkt bestimmt, was gesehen wird.

Die Einigung mehrerer Menschen darüber, was „wirklich" ist, fällt zwangsläufig dort am leichtesten, wo der Einfluß des Beobachtens auf das, was beobachtet wird, am geringsten ist. Dies gilt in erster Linie für die Gegenstandsbereiche, in denen eine klare Trennung zwischen dem Beobachter und dem beobachteten Objekt gewährleistet werden kann. Ingenieure und Mechaniker sind meist in der glücklichen Lage, nicht Element der Maschine zu sein, die sie bauen oder warten. Sie haben es – wie die sogenannten „harten Wissenschaften" – mit einem Bereich der Wirklichkeit zu tun, der relativ „hart" ist und dessen Funktionieren durch die Tatsache, daß es beobachtet wird, nicht oder nur geringfügig beeinflußt wird.[7] Keine Maschine wird rot und beginnt zu stottern, wenn man sie „blöd" nennt, keine Chemikalie gerät in Selbstwertkrisen, wenn sie der Chemikerin nicht gefällt, und kein Computer läßt sich durch Incentive-Reisen zu schnellerem Arbeiten verlocken.

Ganz anders verhält es sich in dem Bereich, mit dem sich die sogenannten „weichen Wissenschaften" beschäftigen und mit dem es all die zu tun haben, deren Aufgabe es ist, in soziale Systeme, zum Beispiel Staaten, Märkte, Unternehmen, Familien etc., zu intervenieren. In diesem Bereich von Wirklichkeit ist die naturwissenschaftlich so erfolgreiche Subjekt-Objekt-Spaltung oft problematisch, manchmal sogar völlig unangemessen. Die Führungskraft, der Politiker und das Familienmitglied tragen zur Aufrechterhaltung oder Veränderung der sozialen Systeme, die sie beobachten, bei; und gerade ihre Beobachtung ist ein wesentlicher Faktor, der dabei zur Wirkung kommt. Soziale Realität, die Wirklichkeit menschlichen Handelns und Wirtschaftens, ist relativ „weich", das heißt, durch Beobachtung veränderbar:[8] Wer als fähig, kompetent und effektiv beschrieben wird, macht Karriere, wer als Verlierer bekannt ist, kann „objektiv" (?) noch so gut sein, er wird es nie zu etwas bringen. Die öffentliche Meinung und Stimmung, Mode und Image bestimmen, welche Waren gekauft und welche zum La-

---

7 Daß dies auch nicht mehr ganz stimmt, wissen wir seit Heisenbergs Erkenntnis, daß im Bereich der Mikrophysik die Phänomene durch ihre Beobachtung verändert werden. Vgl. Heisenberg, W. (1959): Physik und Philosophie. Berlin (Ullstein) 1963.

8 Vgl. die genauere Unterscheidung zwischen „weicherer" und „härterer Realität" in Simon, F.B. (1990): Meine Psychose, mein Fahrrad und ich. Zur Selbstorganisation der Verrücktheit. Heidelberg (Carl-Auer-Systeme) 6. Auflage 1997.

denhüter werden. Alle Versuche, in diesem weichen Bereich der Realität mit der berechnenden Objektivität des Naturwissenschaftlers oder Ingenieurs vorzugehen, sind zwangsläufig zum Scheitern verurteilt.

Ein guter Grund, sich ein wenig mit Erkenntnistheorie zu beschäftigen und die Aufmerksamkeit auf die Mechanismen zu richten, mit deren Hilfe wir als Menschen unsere individuelle und kollektive Wirklichkeit konstruieren.

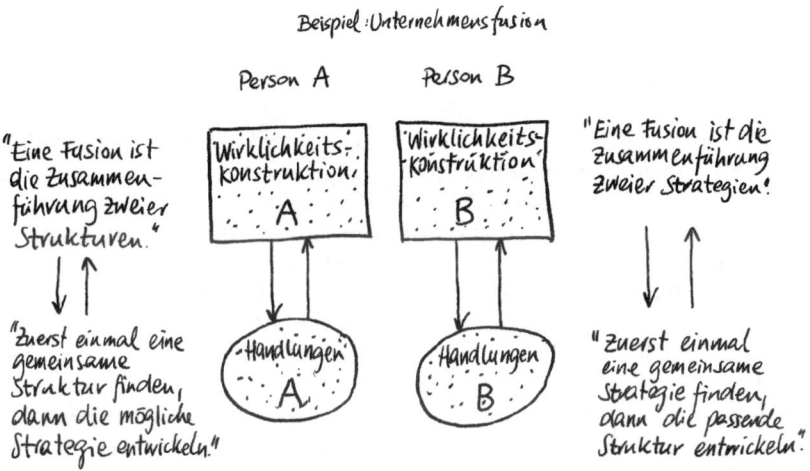

Jeder baut sein eigenes unverwechselbares Bild der Welt auf

Die Konstruktion von Wirklichkeit – Unterscheiden und Bezeichnen

Der Irrtum, Information sei etwas Objektives, das man sammeln könnte wie Briefmarken, ist weitverbreitet. Informationen sind weder Dinge, die man in einen Aktenkoffer packen kann, noch irgendwelche Bilder oder Daten, die man in einem Fotoalbum, Computer oder Großhirn aufbewahren könnte. Ob für einen Beobachter irgendwelche Phänomene zur Information werden, hängt weitgehend von ihm selbst ab. Wer nichts von den Feinheiten der Wirtschaft versteht, wird beim Lesen der Kursnotierungen des Börsenblatts immer nur „Bahnhof" lesen, jeden Tag und unverändert immer nur „Bahnhof". Der Kenner der Szene hingegen wird aus den täglichen Schwankungen der Kurse Trends ablesen, Magenschmerzen bekommen oder Jubellaute ausstoßen, Kauf- und Verkaufentscheidungen treffen. Aber: Diese Informationen sind nicht objektiv, jeder Leser und jede Leserin schöpft aus demselben Phänomen, der Druckerschwärze auf dem Papier, unterschiedliche Informationen. Die eine liest daraus die alltäglichen Unterschiede der Dynamik des Marktes ab, für den Anderen sind in der Flut von Zahlen keinerlei Differenzierungen zu erkennen. Die Bedingungen des Beobachters beziehunsweise der Beobachtung bestimmen, welchen Informationswert irgendein Phänomen für ihn gewinnt.

Der Anthropologe Gregory Bateson definiert „Information" mit „Jeder Unterschied, der einen Unterschied macht".[9] Was für den einen Menschen Information ist (einen Unterschied macht), ist für den anderen keine (macht für ihn keinen Unterschied). Das Bild der Welt wird von uns nicht wie vom Papier beim Buchdruck passiv aufgenommen, sondern aktiv, eher wie von einer Videokamera: Wenn der Strom nicht eingestellt ist, so kann sie nicht arbeiten und es wird kein Bild produziert; die Feinheit der Abbildungen hängt nicht allein von den dargestellten Gegenständen, sondern von der Auflösungsfähigkeit der Kamera ab; und die Farbsättigung, die von der Farbkamera zur Information gewandelt wird, stellt für die Schwarzweißkamera keinen Unterschied dar. Zwischen der äußeren Realität und dem Bild von ihr besteht keine geradlinige Ursache-Wirkungs-Beziehung, keine zwangsläufige Ähnlichkeit; stets bestimmen die Strukturen des Beobachters, was er beobachtet bzw. beobachten kann. Noch ein banales Beispiel dazu: Wenn Sie hungrig durch eine Stadt gehen, sehen Sie oft nur Restaurants, wenn Sie denselben Weg mit einem angenehm gesättigten Gefühl gehen, werden Ihnen diese gar nicht auffallen. Wenn Sie sich gerade ein Auto einer bestimmten Marke gekauft haben, wird Ihnen eine Zeitlang vorkommen, es sei fast nur noch diese Marke auf der Straße zu sehen.

Der englische Logiker George Spencer-Brown weist nach, daß alle logischen Strukturen, alle Formen menschlichen Denkens, auf solche Unterscheidungen zurückgeführt werden können.[10] Er vergleicht den Prozeß des Unterscheidens mit dem Zeichnen eines Kreises auf einem Blatt Papier. Durch diesen Vorgang wird eine Grenze gezogen, und ein Bereich im Inneren des Kreises (= nicht-außen) von dem Raum außerhalb des Kreises (= nicht-innen) getrennt. Durch die biologisch vorgegebenen Mechanismen unserer Wahrnehmung ziehen wir andauernd Grenzen und unterteilen kontinuierliche Abläufe in diskontinuierliche Abschnitte. Wir konstruieren Gegensatzpaare oder Einheiten, die von einer Umwelt abgegrenzt sind.

9 Bateson, G. (1979): Geist und Natur. Eine notwendige Einheit. Frankfurt (Suhrkamp) 1982, S. 274.
10 Spencer-Brown, G. (1969): Laws of Form. New York (Dutton) 1979.

Die Form dieser Einheiten wird gemeinsam von dem gebildet, was durch diese Unterscheidung ein- und ausgegrenzt ist, was sich zu beiden Seiten dieser Grenzziehung befindet.

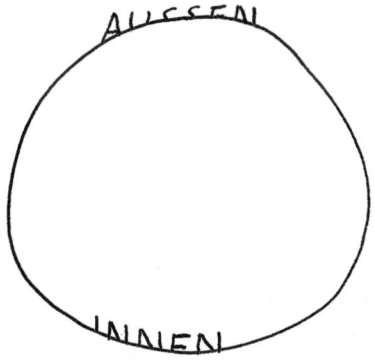

Durch den Vorgang der Wahrnehmung ziehen wir eine Grenze zwischen innen und außen.

Beide Seiten solcher Unterscheidungen, die konstruierte Einheit und ihre Umwelt, können bezeichnet werden, das heißt, ihnen kann ein Name, ein Begriff, ein Zeichen oder ein Wert zugeschrieben werden. Hier kommt nun die Fähigkeit des Menschen, Zeichen und Symbole – das heißt Bezeichnungen – zu handhaben, ins Spiel. Denn die Sprache spielt eine wesentliche Rolle beim Aufbau des menschlichen Weltbildes. Mit ihrer Hilfe können wir uns nicht nur über die direkt beobachtbare Welt austauschen, sondern auch über den Bereich unserer Wirklichkeit, der nicht der direkten Wahrnehmung zugänglich ist. Die Entwicklung unserer Auffassungen über abstrakte Prinzipien und Spielregeln, über moralische und ethische Werte, Gefühle und Vernunft, richtig und falsch, gut und böse, stark und schwach, sind an die Sprache, ihre Strukturen und ihren Gebrauch gebunden. Es handelt sich hier um einen relativ weichen Bereich der Realität, Begriffe ändern im Laufe der Zeit ihre Bedeutung, und verschiedene Menschen verwenden dieselben Begriffe mit unterschiedlichen Bedeutungen. Macht man sich nicht klar, daß dieselben objektiven Phänomene nicht zu denselben Bezeichnungen (Zuschreibungen von Begriffen, Namen, Zeichen oder Werten) führen, so läuft man Gefahr, die Landkarte mit der Landschaft zu verwechseln, das Verkehrszeichen mit der Verkehrsregel, die Speisekarte mit der Speise, das Zeugnis einer Business-School mit der Fähigkeit, ein Unternehmen zu leiten.

Will man wissen, welches die konkreten Bedeutungen solcher Zeichen sind, so muß man überprüfen, welche Bedeutungen derjenige, der sie gebraucht (ein Individuum, eine Kultur oder Subkultur etc.), den beiden Seiten der Unterscheidung – innerhalb und außerhalb des Kreises – zuschreibt. Daß die Bedeutung von Zeichen immer von beiden Seiten der Unterscheidung bestimmt ist, muß ausdrücklich betont werden, da dies in unserem alltäglichen Gebrauch von Sprach- und Zeichensystemen nicht deutlich wird. Aus ökonomischen Gründen wird meist nur die Innenseite der Unterscheidung bezeichnet, das heißt die Eigenschaften und Merkmale von Dingen, Systemen, Strukturen, Individuen und Atomen, nicht jedoch die „selbstverständlichen" Merkmale ihrer Umwelt – die Außenseite der Unterscheidung. Erst wenn diese Umwelt von der oft ganz selbstverständlich ausgegangen wird, nicht gewährleistet ist, wird deutlich, daß die Formen und Merkmale der von uns betrachteten Objekte ein Effekt des Zusammenspiels der beiden Seiten der Unterscheidung, von innen und außen, sind: Der Mensch bleibt nur solange Mensch, solange in seiner Umwelt genügend Sauerstoff vorhanden ist, um ihm zu erlauben, seine organische Struktur aufrechtzuerhalten. Die Bedeutung des Begriffs „Mensch" kann also erheblich mehr als nur die Eigenschaften eines Organismus umfassen.

Nehmen wir zum Üben zwei einfache Beispiele: die Begriffe „Rom", wohin bekanntlich ja die vielen Wege führen, und „Überleben" als ein Ziel von Erkenntnis. Wem zu Rom nur Pizzaessen einfällt, der kann sich damit begnügen, den Weg zum italienischen Restaurant an der Ecke zu erkunden. Auch wer den Papst treffen will, kann getrost zu Hause bleiben, denn der kommt früher oder später überall vorbei; und wer die Peterskirche sehen will, wird voll auf seine Kosten kommen, wenn er sich bei seinen Nachbarn zum Diaabend einlädt. Was Rom für einen Menschen bedeutet, wird deutlich, wenn man ihm zwei Fragen stellt: (1) Was kann man sich alles von Rom wegdenken, ohne daß es aufhört, Rom zu sein (das heißt, was muß auf jeden Fall innerhalb des Kreises sein)? Und: (2) Woran erkennt man, daß es sich nicht um Rom handelt (das heißt, was muß auf jeden Fall außerhalb des Kreises sein)? Wenn der Papst nach Avignon umziehen würde, wäre Rom dann noch Rom? Wenn die Peterskirche von der Walt-Disney-Corporation gekauft würde und in einen Vergnügungspark nach Florida transplantiert würde, wäre Rom dann noch Rom? Oder läge es dann in Florida? Wenn alle Bewohner in Iglus leben, kann es sich dann bei dieser Siedlung um Rom handeln? Erst wenn ganz konkret klar ist, was alles Bestandteil dieser Einheit „Rom" ist – die Stadt mit all ihren Museen, Kirchen, dem Papst, den Pizzerien, dem Kolosseum, der Engelsburg, der Liebesaffäre vor zwanzig Jahren und, und, und … –, dann erschließt sich, was für denjenigen, der sich auf den Weg nach Rom macht, das Ziel seiner Reise ist.

Dasselbe gilt für den Begriff und Wert „Überleben". Ist es noch Überleben, wenn man seine angesehene Stellung verliert, vom Partner verlassen wird, das Kind stirbt, die Firma pleite macht, die Nachbarn nicht mehr grüßen, die Bilanzen nicht stimmen, Verluste gemacht werden, die Zeitungen Schmähartikel publizieren usw? Ist es noch Leben, wenn man im Koma an Maschinen angeschlossen ist, welche die wichtigsten biologischen Funktionen aufrechterhalten? Wodurch unterscheiden sich Leben und Nicht-Leben?

Berechenbarkeit –
Triviale und nichttriviale Maschinen

Wie viele Psychologen braucht man, um eine Glühbirne einzuschrauben? Die Antwort ist einfach: Im Prinzip nur einen! Aber: Die Glühbirne muß wirklich wollen!

Dieser alte Psychologen-Witz läßt sich auch auf die Situation der Führungskraft anwenden: Ihre Aufgabe ist zielgerichtet, doch sie kann nicht einfach ein Ding drehen, um sie erfolgreich zu erfüllen. Sie hat es – im Gegensatz zu einem Elektriker oder Mechaniker – nicht mit unbelebten Gegenständen zu tun, die den Naturgesetzen gehorchen und sich von ihr, wenn sie nur diese Gesetze kennt, beherrschen lassen. Weit mehr als jeder Psychologe muß der Manager der Komplexität einer dynamischen und sich verändernden, lebenden Welt gerecht werden. Er ist verwickelt in ein undurchschaubares Netz von Wechselwirkungen, er muß mit unberechenbaren Größen, Märkten und Mächten, kalkulieren. Und er hat es mit Menschen zu tun, die manchmal – im Gegensatz zu Glühbirnen – gerade dann ihre brilliante Strahl- und Leuchtkraft zeigen, wenn sie außer Fassung geraten – aber eben nicht immer!.

Das in unserer westlichen Welt am weitesten verbreitete und im allgemeinen sehr erfolgreich praktizierte Muster, die Komplexität der Welt zu beherrschen, besteht im Ursache-Wirkungs-Denken. Man sieht sich selbst als außenstehenden Beobachter, den zu untersuchenden Gegenstand als „black box", eine schwarze Kiste, deren Innenleben unbekannt ist. Wer solch eine Kiste beim Entrümpeln auf dem Dachboden findet und, von Forschergeist beseelt, erkunden will, wie sie funktioniert, kann sie einer systematischen, wissenschaftlichen Untersuchung unterziehen. Nehmen wir an, daß sich dem neugierigen Kistenforscher folgendes Bild bietet: Auf der Außenseite der Box befinden sich vier verschiedene Knöpfe und vier verschiedene Lampen. Die Knöpfe sind farbig; einer ist rot, einer grün, einer gelb und einer blau. Auch die Glühbirnen sind farbig: rot, grün, gelb und blau. Unser Kistenforscher kann nun einen Katalog der Eingabe-Ausgabe-Relationen erstellen: Wenn er beispielsweise den roten Knopf drückt, dann leuchtet stets die rote Lampe, wenn er den gelben Knopf drückt, die gelbe, und beim Drücken des grünen Knopfes erstrahlt die grüne Birne, drückt er den blauen Knopf, die blaue. Sein Laborprotokoll könnte in dem hier als Beispiel gewählten Fall so aussehen:

Farbe des Knopfes	Farbe der Lampe
rot	rot
gelb	gelb
grün	grün
blau	blau

Diese schwarze Kiste ist also relativ schlicht strukturiert, ihr Verhaltensrepertoire ist sehr einfach. Es läßt sich durch Sätze wie „Immer wenn ich den roten Knopf drücke, dann leuchtet die rote Lampe" beschreiben. Es scheint eine Art Ursache-Wirkungs-Beziehung zwischen dem Drücken des Knopfes und dem Leuchten der Lampe zu bestehen. Aus solchen beschreibenden Regeln leiten sich ganz selbstverständlich vorschreibende Regeln, das heißt Handlungsanweisungen, ab: „Wenn Du willst, daß die grüne Lampe leuchtet, dann drücke gefälligst auf den grünen Knopf!"

Eine solche Kiste funktioniert nach den Prinzipien der sogenannten „trivialen Maschine"[11]. Über ihre inneren Zustände brauchen wir nichts zu wissen, wir können sie handhaben, wenn wir die Input-Output-Relationen kennen. Die meisten technischen Geräte, mit denen wir alltäglich konfrontiert sind, können von uns bedient und benutzt werden, weil sie (glücklicherweise) nach diesem Prinzip arbeiten: Wir brauchen nichts über die Mechanismen im Inneren eines Verbrennungsmotors zu wissen, um unser Auto fahren zu können, und wir müssen nichts von Transistoren und Bildröhren verstehen, um unseren Fernsehapparat einschalten zu können. Das Innenleben all dieser nützlichen Geräte kann uns egal sein, weil es konstant und daher in seiner Wirkung berechenbar bleibt. Es ist Teil einer härteren Realität, die durch die Untersuchung nicht verändert wird. Nur wenn solch eine Maschine kaputt ist, muß ein Spezialist für ihre Innereien gerufen werden, um ihre Trivialität, das heißt die Berechenbarkeit, wiederherzustellen.

11 Siehe dazu von Foerster, H. (1988): Abbau und Aufbau. In: F.B. Simon (1988): Lebende Systeme. Berlin/Heidelberg/New York (Springer) S. 19–33.

Ganz anders zeigt sich die Situation bei den sogenannten „nicht-trivialen Maschinen". Nehmen wir an, wir hätten es wieder mit einer schwarzen Kiste zu tun, deren Äußeres, wie ein Ei dem anderen, unserer ersten Kiste gleicht: An der Außenseite befinden sich die vier farbigen Knöpfe und die vier farbigen Lampen. Der einzige Unterschied: Die Maschine verfügt über zwei unterschiedliche innere Zustände: Sie kann „wollen" oder „nicht wollen", das heißt anders ausgedrückt, sich im Zustand A oder B befinden oder guter oder schlechter Laune sein. Der Name, den wir für diese zwei Zustände wählen, ist beliebig, bleiben wir also bei „guter" oder „schlechter Laune".

Wie die Laune unserer Maschine zu einem bestimmten Zeitpunkt ist, hängt nun – ganz menschlich – davon ab, wie ihre Laune vorher war. Jedes Bedienen des Knopfes soll eine Auswirkung auf ihre Laune haben und sie entweder ändern oder bestätigen. In den beiden Tabellen ist das merkwürdige Verhalten solch einer launischen Maschine beispielhaft katalogisiert. Die mittlere Spalte zeigt jeweils, ob und wie sich der innere Zustand der Maschine beim Drücken des Knopfes verändert (+ = Laune bleibt oder wird gut, – = Laune bleibt oder wird schlecht). Wenn die Laune unverändert bleibt, ist die Knopf-Lampe-Reaktion weiterhin aus derselben Tabelle abzulesen, ändert sich jedoch die Laune der Maschine, so ist ihre Reaktion auf den nächsten Knopfdruck aus der anderen Tabelle abzulesen:

Reaktion der Maschine bei guter Laune (+)		
Farbe des Knopfes	Farbe der Lampe	Laune wird
rot	rot	+
gelb	gelb	–
grün	grün	+
blau	blau	–

Reaktion der Maschine bei schlechter Laune (-)		
Farbe des Knopfes	Farbe der Lampe	Laune wird
rot	grün	+
gelb	blau	+
grün	gelb	–
blau	rot	–

Wenn unser fiktiver Forscher, der ja nicht in das Innere dieser Maschine schauen kann, versucht, ihre Struktur aus den Eingabe-Ausgabe-Relationen abzuleiten, so dürfte er an den Rand der Verzweiflung geraten. Zunächst ahnt er noch nichts Böses: Er gibt wieder, wie bei der ersten Maschine, Rot ein und erhält dafür wieder Rot und für Gelb bekommt er wieder Gelb. Jetzt jedoch zeigt sich die Tücke des Objekts: Das Drücken des gelben Knopfes hat die Laune der Maschine vollkommen verdorben (–), was sich beim nächsten Knopfdruck auswirkt. Wird jetzt nämlich Grün eingegeben, dann leuchtet erneut die gelbe Lampe. „Offenbar macht diese Maschine Fehler", denkt unser Forscher. Doch beim Drücken der blauen Taste erscheint, wieder anders als erwartet, das rote Licht. Naturwissenschaftlich geschult, beschließt er, die Versuchsreihe zu wiederholen. Er beginnt wieder bei Rot, worauf er diesmal Grün erhält, auf Gelb folgt Gelb, auf Grün Gelb, auf Blau Rot. Zunehmend verwirrt, beschließt er, jede Taste mehrfach hintereinander zu drücken: Für Rot erhält er zunächst Grün, dann kommt Rot, Rot, Rot, immer nur Rot. Jetzt schaltet er auf Gelb um und bekommt als Reaktion: Gelb, Blau, Gelb, Blau ... Er wird lange beschäftigt sein, um alle Möglichkeiten auszuprobieren. Bei nur zwei Eingabe- und Ausgabewerten gibt es 2^{16}, das heißt 65 536 mögliche Kombinationen.

Es bedarf also in solch einem simplen Fall schon einiger Ausdauer, um alle Möglichkeiten durchzuprobieren. Vollends unmöglich wird dies, wenn die Zahl möglicher Eingabe- und Ausgabewerte noch zunimmt. Bei nur acht solcher Werte erhöht sich die Zahl möglicher Maschinen schon auf $10^{969685486}$, eine Zahl, welche die Analyse solch einer Maschine schon aus reinen Zeitgründen unberechenbar macht. Es gibt einfach zu viele Möglichkeiten, als daß alle ausprobiert werden könnten.

Die hier vorgestellte nicht-triviale Maschine ist natürlich ein sehr gutmütiges Exemplar ihrer Gattung. Und ihre Komplexität ist gar nicht zu vergleichen mit der eines Pferdes, Kamels oder gar der eines Menschen oder der eines Unternehmens oder des Marktes mit ihren vielerlei Launen. Deren Komplexität ist um einige Dimensionen höher. Ihr Innenleben kann ja nicht nur zwischen verschiedenen vorgegebenen Zuständen wechseln, sondern es kann darüber hinaus vollkommen neue Zustände schöpferisch hervorbringen. Und der Versuch, sie zu analysieren, kann gerade dazu führen, daß sich ihre Struktur verändert. Marktforschung kann den Markt verändern, Psychoanalyse die Psyche – typische Beispiele weicherer Realität.

Die Anwendung eines schlichten Ursache-Wirkungs-Denkens ist bei der Behandlung solch komplexer Systeme wenig hilfreich. Die einzige Möglichkeit, ein wenig von der verlorenen Berechenbarkeit und Vorhersagbarkeit der Welt wiederzugewinnen, besteht in einer möglichst guten Modellierung der inneren Strukturen des jeweiligen Systems, das heißt der jeweiligen nicht-trivialen Maschine. Es gilt also, möglichst gute Annahmen über die inneren Strukturen eines Systems (Mensch, Unternehmen) zu treffen. Je besser sich etwa eine Führungskraft in einen Mitarbeiter oder eine Mitarbeiterin hineindenken oder einfühlen kann, desto leichter wird es ihr fallen, seine/ihre Reaktion auf ihr Führungsverhalten einzuschätzen.

Das schlichte Bild der geradlinigen Kausalität, in der kleine Ursachen auch nur kleine Wirkungen haben und ähnliche Ursachen ähnliche Wirkungen, ist dabei wenig brauchbar. Es ist in all den Bereichen nur beschränkt anwendbar, wo wir es mit Lebewesen (zum Beispiel Pferden, Kamelen, Menschen) oder sozialen Systemen (zum Beispiel Unternehmen, Märkte, Sprachen, Kulturen, Religionen etc.), zu tun haben. All solche komplexen Systeme sollen hier (etwas abweichend vom üblichen Sprachgebrauch) als „lebende Systeme" bezeichnet werden, da sie Leben und Lebewesen voraussetzen. Ihre Funktionsweise unterscheidet sich prinzipiell von der trivialer Systeme, mit der unser einfaches Ursache-Wirkungs-Denken so erfolgreich umzugehen weiß.

Schöpfung ohne Schöpfer –
Selbstorganisation und Evolution

Ob die Welt entstanden ist, weil am Anfang das Wort oder die Tat war, darüber streiten sich biblische und nachbiblische Autoren. Aber welche Antwort auf diese Streitfrage auch immer Gefallen finden mag, in beiden Fällen wird stillschweigend irgendein Schöpfer vorausgesetzt, der alles so gemacht hat, wie es ist; ein Beobachter, der nach getaner Arbeit das Wochenende genießt und sein Werk mit mehr oder weniger Wohlgefallen betrachtet. Er hat gesprochen oder getan, er hat entschieden, und die Welt gehorchte. Alles geschah, wie er es ersann: ein allmächtiger Gott als Chef-Ingenieur („Dem Ingenieur fällt nichts zu schwör"[12]). Er ist gewissermaßen die Ur-Ursache, der Ur-Knaller. Und wenn dieser Schöpfer den Menschen nach seinem Bilde gestaltet hat, dann erscheint es nur logisch, wenn Menschen sich häufig dieses Ingenieursmodell zum Vorbild nehmen. Stellen wir das Ganze einmal auf den Kopf (oder die Füße) und denken es andersherum: daß es der Mensch war, der sich Gott nach dem eigenen Bild gestaltet hat und ihn dann benutzt hat, um die Mängel des eigenen Ursache-Wirkungs-Weltbilds zu kaschieren.

Wie wir wohl alle – beglückt oder leidvoll – erfahren haben, ist die Welt nicht vollständig berechenbar: Der Mensch denkt, Gott lenkt, erstens kommt es anders, und zweitens als man denkt. Es klappt mit dem Planen nicht so recht. Also muß ein anderer, mächtigerer Planer anders geplant haben. Wenn es ihn gibt, so brauchen die Vorannahmen über die Welt und ihre prinzipielle Berechenbarkeit nicht in Frage gestellt werden.

Die Schwierigkeiten der Planwirtschaft, dieses Versuchs, ein Wirtschaftssystems nach dem Modell der trivialen Maschine zu konstruieren, die Tat-

---

12 Daniel Düsentrieb als verweltlichte Form dieses großen Erfinders, wiedererfunden von Walt Disney.

sache, daß Kriege immer anders verlaufen, als sie von den Strategen geplant wurden, und Murphys Gesetz, nach dem immer alles, was schiefgehen kann, auch wirklich schiefgeht, sind nur einige Belege für die begrenzten Möglichkeiten menschlichen Planens und Steuerns.

Die Bildung von Strukturen im Laufe evolutionärer Lebensprozesse unterscheidet sich vor allem durch die Idealisierung, welche der Ingenieur vornimmt. Er definiert, wozu er eine Maschine braucht, zu welchem Verhalten sie in der Lage sein muß, erfindet die dazu nötigen Teile, durchdenkt ihre Operationen, läßt dann alle nötigen Elemente herstellen und bemüht sich, ihre Aktionen aufeinander abzustimmen. Wenn er Erfolg hat, arbeitet die Maschine so, wie geplant: Sie stellt auf Knopfdruck frisch gebrühten Kaffee her, druckt Rechnungen aus oder produziert (in geplanter Kooperation mit anderen Maschinen) ganze Autos.

Die biologische Evolution verfährt dagegen wie ein Bastler, der in seinem Keller Kisten voller Schrauben, halbfertiger Teile und Drähte aufbewahrt, ohne zu wissen, ob und wie er sie später einmal brauchen kann[13]. Irgendwann werden sie dann für Zwecke verwendet, für die sie ursprünglich nicht gedacht waren; sie werden mit anderen Teilen zu einer neuen Struktur zusammengebastelt und gewinnen so eine Funktion, die sich niemand hätte träumen lassen. Doch auch der Vergleich mit dem Bastler ist nicht ganz treffend, denn auch in diesem Bild wird wieder jemand vorausgesetzt, der wie ein Mensch Entscheidungen trifft und bastelt. In der Entwicklung lebender Systeme treffen sich die Entscheidungen jedoch meist selbst: Die Elemente der Gerümpelkiste geraten, vom Zufall geschüttelt, durcheinander, manche Teile passen zusammen, fügen sich in eine Ordnung und haben plötzlich eine Funktion. Lebende Systeme sind selbstorganisierend, sie bedürfen – wie Verkehrsstaus – keines Schöpfers, der sie plant, sie entstehen einfach so durch das Zusammenwirken ihrer Elemente ...

Eine der wesentlichen Voraussetzungen für den Erfolg des Ingenieursmodells ist die Unterscheidung zwischen dem Gegenstand, der zusammengebaut werden soll und dem, der baut. Beim Bau von Maschinen gelingt dies zumeist, nicht jedoch im Management. Selbst der Roß-und-Reiter-Vergleich stößt hier an seine Grenzen: Wo hört der Reiter auf, und wo fängt das Pferd an? Der Manager, oder zumindest seine Handlungsweise, ist Element des zu managenden Unternehmens (des Pferdes). Hier liegt der Grund, warum wissenschaftliche Erkenntnisse für den Manager als Praktiker oft nicht sehr brauchbar sind: Sie sind – wie andere Glaubenssysteme – immer aus der objektivierenden Position des außenstehenden Beobach-

13 Vgl. Jacob, F. (1981): Das Spiel der Möglichkeiten. Von der offenen Geschichte des Lebens. München (Piper) 1983, S. 41 ff.

ters formuliert. Ihr Nutzwert ist ebenso groß oder klein, wie für den Fuß-
ballspieler der neunmalkluge Kommentar eines Reporters oben auf der Tribüne. Er kann im besten Fall aus solchen Beobachtungen nach dem Spiel
Konsequenzen für die Zukunft ziehen, im aktuell ablaufenden Match ist er
aber immer allein. Er braucht ein Schema, nach dem er seine Wahrnehmungen ordnen und bewerten kann, um so – häufig unter Zeitdruck –
Entscheidungen treffen zu können.

Um den hinkenden Vergleich noch einmal auszureizen und dann zu Ende
zu kommen: Die Aufgabe des Managers ist weit komplizierter als die des
Reiters oder der Reiterin. Es ist die des Bastlers, der sich selbst in eine Ba-
stelarbeit einbaut, an der gleichzeitig auch noch viele andere herumbasteln.

Beständigkeit und Veränderung

Jahrzehntelang in Schulen und Universitäten darauf gedrillt, die Welt als
triviale Maschine zu betrachten, laufen wir Gefahr, daß unser Weltbild
nicht zur Welt, unsere innere Landkarte nicht zur Landschaft paßt. In unserem Alltagsdenken gehen wir meist stillschweigend davon aus, daß die
Welt und all die Objekte, die wir in ihr wahrnehmen, so bleiben wie sie
sind, es sei denn, irgendwer oder -was verändert sie. Die Dinge erscheinen
statisch, ein Auto bewegt sich im allgemeinen nicht vom Fleck, es sei denn,
jemand startet den Motor, betätigt die Kupplung und tritt aufs Gaspedal.
Hat es eine Delle, so bleibt sie solange im Kotflügel, bis ein Mechniker sie
ausbeult. Es scheint selbstverständlich, daß der Status quo passiv erhalten
bleibt. Einer Erklärung bedarf dann lediglich die Veränderung. Wer Wandel einleiten möchte, muß, einem solchen Weltbild gemäß, aktiv werden
(verändern, reparieren ...). Wenn nichts Besonderes passiert, so scheint es,
bleibt alles wie es war.

Bei lebenden, selbstorganisierenden Systemen verhält es sich jedoch genau umgekehrt: Nichts bleibt passiv so, wie es ist, es sei denn, jemand
sorgt aktiv dafür, daß alles so bleibt. Hat also jemand eine Beule auf der
Stirn, so verschwindet sie – anders als beim Kotflügel eines Autos – nach
geraumer Zeit von allein, es sei denn, der Besitzer der Stirn sorgt durch
regelmäßiges Mit-dem-Kopf-gegen-die-Wand-Laufen für ihr Überleben.[14]
Erklärt werden muß also nicht die Veränderung von Strukturen, sondern
ihre Beständigkeit. Kein Organismus erhält passiv seine Struktur. Er braucht
dazu das Funktionieren eines komplizierten Stoffwechsels, die Zufuhr von

14 Vgl. Simon, F.B. (1988/93): Unterschiede, die Unterschiede machen. Frank-
furt (Suhrkamp); Simon, F.B. (1990): Meine Psychose, mein Fahrrad und ich.
Zur Selbstorganisation der Verrücktheit. Heidelberg (Carl-Auer-Systeme) 6.
Auflage 1997.

Nahrung, die Ausfuhr von Ballaststoffen und Stoffwechselprodukten, er muß ein- und ausatmen. Nur solange die Aktivitäten, welche derartige lebende Strukturen herstellen, erhalten bleiben, bleibt das lebende System ein lebendes System.

Dies gilt aber nicht nur für Lebewesen, sondern auch für die Systeme, die durch deren Aktivitäten entstehen: Eine Sprache, die von niemandem mehr gesprochen wird, stirbt aus, ein Unternehmen, in dem niemand mehr arbeitet, das weder Produkte noch Dienstleistungen auf dem Markt anbietet und keine Einnahmen hat, kann nicht überleben. Es geht allerdings auch zugrunde, wenn die von ihm angebotenen Produkte keine Käufer mehr finden. Das Überleben eines lebenden Systems hängt nicht nur von seinen eigenen Aktivitäten ab, sondern auch von denen seiner Umwelt, oder besser gesagt: davon, daß die eigenen Aktivitäten zu denen der Umwelt passen.

Die Außenperspektive –
Der Mitarbeiter als Umwelt des Unternehmens

Es gibt keine Systeme „an sich", es gibt lediglich Beobachter, die irgendetwas als „System" bezeichnen, zum Beispiel ein Unternehmen, eine Abteilung oder den Markt. Beobachter machen Unterscheidungen und grenzen dadurch Einheiten von einer Umwelt ab. Sind solche Einheiten aus Elementen zusammengesetzt, dann kann man sie „System"[15] nennen.

Wer als Beobachter ein Unternehmen, die Wirtschaft oder den Markt betrachtet, spürt sehr schnell die Qual der Wahl: Was soll er als System, als Ganzheit, was als Element oder Teil betrachten, was als Umwelt solch einer zusammengesetzten Einheit? Dabei geht es nicht um objektiv richtige oder falsche Unterscheidungen, sondern um die Frage: Welche sind nützlich, welche mehr oder weniger sinnvoll wozu?

Die Antwort auf diese Frage scheint auf der Hand zu liegen: Das Unternehmen besteht aus seinen Mitarbeitern und Mitarbeiterinnen und den Produktionsmitteln, seine Umwelt ist dann der Markt, der wiederum aus Kunden besteht usw. Die Elemente des Systems „Unternehmen" sind dann Angestellte und Arbeiter, die zu Subsystemen, genannt Abteilungen, Werken, Divisionen (oder so ähnlich), zusammengefaßt sind. Diese vermeintlichen Elemente des Unternehmens werden bei Konferenzen gerne in Flußdiagrammen dargestellt und durch Kästchen symbolisiert. Im oberen Käst-

15 Der Begriff System leitet sich ab von griech. *syn*, „zusammen, zugleich" und *histein*, „stellen, sich stellen".

chen steht dann beispielsweise die Inschrift „Vorstand", darunter die Namen einzelner organisatorischer Einheiten wie etwa Produktion, Entwicklung, Vertrieb. Die Wichtigkeit eines jeden Mitarbeiters innerhalb solch eines Schemas ermißt sich an der Zahl der Kollegen und Kolleginnen, mit denen er sein Kästchen zu teilen hat. (Erfahrungsgemäß sind derlei Darstellungen, wenn sie auf den Tisch gelegt werden, bereits durch den Fluß der Ereignisse überholt.) Außerdem gibt es dann noch die nichtlebenden Teile und Elemente des Unternehmens: Fabrikgebäude, Maschinen, Konstruktionspläne, Lastwagen, Bankkonten und andere Kapital- oder Vermögenswerte.

Der Nachteil eines solchen Modells ist, daß es die Komplexität von Unternehmen und Märkte, nicht genügend vereinfacht, um der Führungskraft für ihr alltägliches Handeln Orientierung zu geben. Der Manager braucht für seine Entscheidungen eine Art geistiger Landkarte, die ihm eine Ahnung davon vermittelt, welche Informationen er über die Landschaft, in der er sich bewegt, auf jeden Fall berücksichtigen muß und welche er sich ungestraft wegdenken kann; sie muß ihm Leitlinien bieten, aus denen er ablesen kann, wohin die Wahl des einen oder anderen Weges führen könnte. Daß dies aus derartigen Organigrammen abzuleiten ist, erscheint eher zweifelhaft: Bei dieser allgemein üblichen Methode der Unterscheidung hat es der Manager mit vielerlei verschiedenen Elementen, Systemen und einer Umwelt zu tun, die allesamt selbst hochkomplex sind. Ihre Wechselbeziehungen bleiben für ihn verwirrend undurchschaubar; er kann aus diesem Modell keine Verhaltensrezepte ableiten.

Ganz anders stellt sich die Situation dar, wenn man das, worum es bei Entscheidungen von Führungskräften geht, in den Mittelpunkt des Interesses rückt: das eigene oder fremde Verhalten. Auch wenn dies unseren Denkgewohnheiten zuwider läuft, lassen sich aus einer systemtheoretischen Sicht auch Verhaltensweisen als die Elemente eines Unternehmens oder des Marktes betrachten. Solche Systeme sind dann nicht aus materiellen, lebenden oder nicht lebenden, Bestandteilen wie Maschinen, Verwaltungsgebäuden, leitenden Angestellten oder Konsumenten zusammengesetzt, sondern aus höchst vergänglichen, immer wieder neu herzustellenden, Elementen: dem Verhalten von Menschen und Maschinen.

Der einzelne, ganze Mensch ist dann nicht als Teil, sondern als Umwelt eines Unternehmens anzusehen. Dasselbe gilt für die Produktionsmittel: Es ist erheblich nützlicher, sie als Umweltfaktoren zu betrachten, welche die Voraussetzung dafür bilden, daß ein Unternehmen arbeiten kann, ohne daß sie selbst Bestandteil des Unternehmens sind. Ohne die Gewährleistung dieser Voraussetzung könnten wirtschaftliche Prozesse ebensowenig stattfinden, wie sich Leben ohne die dafür nötigen physikalischen und chemischen Umweltbedingungen auf der Erde entfalten könnte: keine Arbeit ohne eine Person, die sie verrichtet. Nur in Alices Wunderland kann die Cheshire-Katze verschwinden, während ihr Grinsen bleibt.[16] Aber nicht alle Verhaltensweisen eines Mitarbeiters gehören zum Unternehmen: Wenn er Milch einkauft oder fernsieht, wenn er ißt, trinkt oder schläft, so sind das alles Handlungen, die nicht Elemente des Unternehmens sind.

Noch einmal zusammengefaßt: Wenn niemand die Verhaltensweisen produzieren würde, die das Unternehmen und den Markt bilden, dann gäbe es natürlich weder Markt noch Unternehmen. Die Systeme Unternehmen und Markt enthalten jedoch nicht die Maschinen, welche die Waren produzieren, und sie enthalten auch nicht die Geschäftspartner, welche miteinander verhandeln, Verträge abschließen und Zahlungen leisten. Es ist erheblich nützlicher und einfacher, nur die Verhaltensweisen, welche von diesen Menschen und Maschinen produziert werden, zu betrachten – unabhängig davon, wer sie herstellt.[17]

Umwelten des Unternehmens

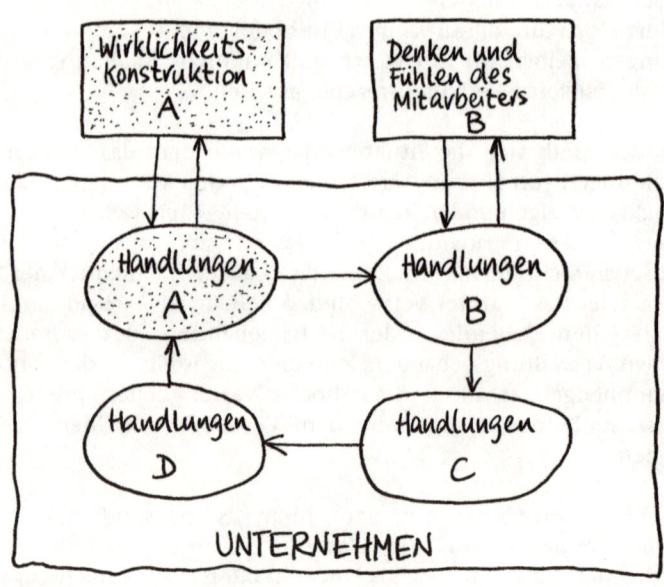

16 Carroll, L. (1865): Alice im Wunderland. Frankfurt (Insel) 1973, S. 68/69.
17 Vgl. dazu auch Luhmann, N. (1984): Soziale Systeme. Frankfurt (Suhrkamp).

Zur Illustration: Die einzelnen Karosserieteile eines PKWs können von Arbeitern oder vollautomatischen Robotern zusammengeschraubt werden. Für das Überleben der Autofabrik ist es dabei lediglich von Bedeutung, daß dieses Verhalten überhaupt realisiert wird. Dasselbe gilt auch für die Verwaltung, das Marketing, das ganze Management: Wer was macht, ist vollkommen egal, solange das, was fürs Überleben des Betriebes notwendig ist, gemacht wird. Das heißt nicht, daß alle Verhaltensweisen, die in einem Unternehmen produziert werden, für sein Überleben nötig sind. Manche sind sogar schädlich und verringern die Wahrscheinlichkeit des Überlebens. Und das heißt auch nicht, daß alle diese Verhaltensweisen von jedem in gleicher Weise und Qualität erbracht werden könnten: Wenn ein Berufsanfänger tätig wird, dürfte das Ergebnis anders als bei einem ausgefuchsten Routinier ausfallen; ein langjähriger Verkaufsleiter wird in seiner neuen Rolle als Geschäftsführer anders handeln als die ebenso erfahrene Marketingleiterin.

Es empfiehlt sich also, auch die Person der Führungskraft – wie alle anderen Beschäftigten – als eine Umwelt der Systeme Unternehmen, Abteilung etc., nicht aber als ihr Element zu betrachten. Wer die Verantwortung für den Erfolg solch eines Systems übernimmt, muß sich Gedanken darüber machen, welche Verhaltensweisen nötig sind, um es zum Erfolg zu führen (oder auch nur am Leben zu erhalten) und welche Verhaltensweisen auf jeden Fall unterlassen werden müssen, um das Scheitern zu vermeiden. Dazu muß er berücksichtigen, welches die übrigen Umweltbedingungen für das eine oder andere sind: Wie die Menschen im allgemeinen (auch er selbst) oder die Dinge, mit deren Verhalten er kalkulieren muß, funktionieren, und wer oder was unter welchen Umständen welche Verhaltensweisen realisieren kann und wird.

Das System, die Ganzheit Unternehmen, läßt sich bei solch einer Betrachtungsweise mit dem Spiel einer Fußballmannschaft vergleichen. Um erfolgreich die Saison zu überleben, bedarf es der Herstellung bestimmter Verhaltensmuster. Es müssen möglichst viele Siege produziert werden, das heißt genügend eigene Tore erzielt und Gegentore verhindert werden. Wenn dies gelingt, dann kommen genügend Zuschauer und kaufen Eintrittskarten, Fernsehgesellschaften übertragen die Spiele, und schließlich erhalten die einzelnen Spieler unverdient hohe Gehälter, die sie mit sich und der Welt im Reinen sein lassen, was dann dazu führt, daß ihre Spiellaune gut ist, sie phantastische Spielzüge komponieren, viele Tore schießen, Gegentore verhindern, viele Zuschauer kommen usw. Und wenn sie nicht gestorben sind, dann werden sie immer noch Tabellenführer sein. Es könnte aber auch so kommen, daß sie selbstzufrieden, fett, faul und gefräßig werden, sich lieber mit der festverzinslichen Anlage ihrer unverdient hohen Gehälter, mit Wein (Kokain), Weib und Gesang beschäftigen und in der Folge weniger Tore produzieren, dafür viele Gegentore kassieren, die

Zuschauer verschrecken usw. Wenn auch die einzelnen Spieler daran nicht sterben werden, so doch das Unternehmen: Die Mannschaft steigt ab, fällt auseinander, rien ne va plus, das Spiel ist aus ... Das lebende System „Spiel der Mannschaft XY" stirbt daran, daß die für sein Überleben nötige Umwelt zerstört ist.

Die beliebte Seminarfrage „Wie motiviere ich meine Mitarbeiter?" erweist sich demnach als Frage nach dem „Umweltschutz". Ein lebendes System, welches die für sein Überleben nötige Umwelt zerstört, zerstört sich selbst.[18] All diese Zusammenhänge lassen sich aus der Perspektive des neutralen, außenstehenden Beobachters beschreiben, der – gewissermaßen aus der Position des Zuschauers auf der Tribüne – das Spiel „Wirtschaft" betrachtet. Er kann sich gleichsam die Menschen wegdenken, abstrakte Systeme konstruieren und den Gewinn der Fußballweltmeisterschaft durch die eigene Nationalmannschaft auf glücklich zusammenpassende Verhaltensweisen reduzieren. Dies ist die Position aus Sicht der Theorie und der Wissenschaft. Daß es in der Praxis nicht so einfach ist, eine Mannschaft erfolgreich zum Ziel zu führen, wie die Theorien solcher Schlachtenbummler suggerieren, weiß jeder, der schon einmal Fußball gespielt oder als Manager gearbeitet hat: Er kann sich weder seine Mitspieler noch sich selbst wegdenken, sondern muß mit ihnen (über-)leben.

Die Innenperspektive – Das Unternehmen als Umwelt des Individuums

Wenn man im Hubschrauber die Autobahn überfliegt, um für den Verkehrsfunk zu ermitteln, wo der Verkehr ungehindert fließt und wo es zu Stauungen oder Stop-and-go-Verkehr kommt, so erscheint der Verkehr – vor allem dort, wo er fließt – wie von einer unsichtbaren Hand geordnet: An den Ein- und Ausfahrten reihen sich die Wagen in den Strom der Fahrzeuge ein, andere scheren aus. Eine Spielzeugautobahn, gelenkt und ferngesteuert von einem findigen Hobbybastler, könnte von oben gesehen ein ähnliches Bild abgeben. Doch als langjährige Autofahrer und Staubildner wissen wir, daß es keinen zentralistischen Fahrdienstleiter gibt, der die Verantwortung für die Steuerung des Verkehrs und die fachgerechte Planung und Herstellung von Stauungen übernommen hat. Es gibt „nur" die Verhaltensweisen der einzelnen Autofahrer, die sich zum Muster (Stau oder nicht Stau) fügen. Der Verkehr organisiert sich selbst.

Jeder einzelne Autofahrer, jede einzelne Fahrerin verhält sich dabei egozentrisch, das heißt so, als ob er oder sie das Zentrum der Welt wäre. Den-

---

18 Vgl. Bateson, G. (1971): Die Kybernetik des „Selbst". In: G. Bateson (1972) (Hrsg.): Ökologie des Geistes. Frankfurt (Suhrkamp) S. 429.

noch muß, um Unfälle zu vermeiden, das eigene Fahrverhalten mit dem der Nachbarn koordiniert werden. Dies wird um so leichter gelingen, je höher das Verständnis dafür ist, daß auch die anderen Verkehrsteilnehmer sich für das Zentrum der Welt halten. Deshalb schaut der erfahrene Chauffeur auf die vor ihm fahrenden Wagen, blickt in den Rückspiegel, nach rechts, nach links, gibt Gas, bremst, weicht aus. Wenn jeder Fahrer sich in die Position der anderen Verkehrsteilnehmer versetzt und sein Verhalten auf ihres abstimmt, dann fließt der Verkehr ohne Störungen (falls bestimmte äußere Bedingungen gegeben sind, zum Beispiel die Straße breit genug ist, keine Sonntagsfahrer unterwegs sind, kein Kind vor einen Wagen läuft etc.).

Der Verkehr, der aus der Außenperspektive als geordnete Gesamtheit erscheint, entsteht aus einer Vielzahl individueller, egozentrischer Entscheidungen von Verkehrsteilnehmern, nicht aber irgendeiner hierarchisch übergeordneten, planenden und steuernden Entscheidungsinstanz.

Schauen wir, was dies für den einzelnen Verkehrsteilnehmer bedeutet, dem kein Flugzeug die Distanzierungsmöglichkeit bietet, den großen Überblick zu gewinnen, der nicht auf der Tribüne sitzt, sondern mitspielen muß. Setzen wir seine Innenperspektive der Beobachtung der Außenperspektive entgegen. Er kann und muß seine Verhaltensweisen aus dem Universum all der möglichen Verhaltensweisen auswählen. Dabei muß er berücksichtigen, daß sein Verhalten nicht nur zur Herstellung oder Nicht-Herstellung eines einzigen sozialen Systems beiträgt: Seine Handlungen gewinnen Bedeutung für die Aufrechterhaltung oder das Untergehen vieler verschiedener Systeme. Um im Bild zu bleiben: Wer im Stau steckt, ist in dieser Zeit nicht an seinem Arbeitsplatz, nicht bei seiner Familie, nicht im Theater. Und er trägt durch das Betätigen des Gaspedals nicht nur zur Entstehung oder Auflösung des Staus bei, sondern auch zur Erhöhung der Luftverschmutzung, des Straßenlärms usw. Was immer ein Mensch tut, es kann in vielen unterschiedlichen Kontexten unterschiedliche Bedeutungen gewinnen.

Die Innenperspektive dessen, der durch sein Verhalten zur Entstehung von Interaktionssystemen beiträgt, muß dieser Bedeutungsvielfalt seines Handelns, der Unterschiedlichkeit der Spielfelder, in denen er sich bewegt, gerecht werden. Was im einen Kontext als gut erscheint, kann in einem anderen als schlecht bewertet werden. Wer bis Mitternacht in seinem Büro sitzt und arbeitet, wird sich vielleicht einen Lorbeerkranz vom Arbeitgeber verdienen; bei seinem Lebenspartner bzw. seiner Partnerin und den Kindern, die derweil möglicherweise sehnsuchtsvoll zu Hause warten, dürfte er weniger Begeisterung ernten ...

Seine Handlungen tragen eben nicht nur zur Herstellung, der Aufrechterhaltung und dem Überleben eines Systems bei, sondern sie können als

Element mehrerer Systeme wirksam werden. Aus seiner Innensicht dürfte es dabei gewichtige Unterschiede geben, was die Wichtigkeit der Aufrechterhaltung solcher verschiedener Systeme betrifft. Der Erhalt des eigenen Lebens dürfte heute für viele Leute wichtiger sein als der ihrer Firma, der Wohlstand ihrer eigenen Familie bedeutsamer als der des Vaterlandes. Was all diese Systeme miteinander verbindet, sind menschliche Verhaltensweisen, die vielfältige beabsichtigte und unbeabsichtigte Wirkungen haben. Was für das eine System nützlich ist, kann für das andere schädlich sein.

Sowohl Unternehmen als auch jeder einzelne ihrer Mitarbeiter können als zielgerichtete Systeme betrachtet werden. Sie versuchen durch ihre Organisationsformen und Verhaltensweisen ihr Überleben (wirtschaftlich oder auch physisch) zu sichern. Dabei benutzen sie sich gegenseitig als Mittel zum Zweck: Das Verhalten des Unternehmens dient dem Mitarbeiter, das Verhalten des Mitarbeiters dem Unternehmen. Im Idealfall entsteht hier eine Synergie, eine symbiotische, gegenseitige Nützlichkeit. Es kann allerdings auch zu Zielkonflikten kommen, wenn ein Verhalten, das dem aus der individuellen Perspektive betrachtet höher bewerteten System dient, einem subjektiv weniger gewichteten schadet.

Die Integration von Außen- und Innenperspektive – Verhalten als Ware

Das Modell der Radikalen Marktwirtschaft bietet einen Ansatz, die Innen- und Außenperspektive der Beobachtung in einem einheitlichen Konzept zu integrieren.

Beginnen wir beim einzelnen, ganzen Menschen beziehungsweise dem, was wir als Beobachter – von außen – von ihm wahrnehmen können. Schließlich sehen wir von ihm nur das, was außerhalb der Grenzen seiner Haut liegt. In sein Inneres können wir nicht hineinschauen. Er ist eine Art nicht-trivialer Maschine, weder sein Fühlen oder Denken, noch die biologischen Prozesse, die ihn am Leben erhalten, können wir direkt beobachten. Was wir sehen, sind äußere Merkmale und Verhalten: die mehr oder weniger gepflegte Frisur, das nervöse Zucken der Augenbrauen, das artige Grüßen, nuschelnde Sprechen, das unbeherrschte Fluchen und das ängstliche Autofahren. Über solche Beschreibungen von Verhalten – das Unterscheiden verschiedener Verhaltensweisen und ihre Bezeichnung und Bewertung – können verschiedene Beobachter sich einigen, das heißt ihre Beobachtungen lassen sich „objektivieren".

Da wir beim Unterscheiden stets Einheiten herstellen, können wir gegeneinander abgegrenzte Verhaltensweisen genauso wie dingliche Einheiten als Waren betrachten, denen ein mehr oder weniger großer Wert zugeschrieben werden kann. Eine solche Betrachtung des Verhaltens ist sicher nichts Neues, schließlich leben wir in einer Dienstleistungsgesellschaft. Neu ist, *alle* Verhaltensweisen einer Person als Waren zu betrachten: nicht nur ihre Arbeit als Fußpfleger, Ärztin, Coiffeur, Managementberaterin etc., sondern auch ihr Schlafen, querulatorisches Meckern, Trinken, Fernsehen, Kartenspielen, die Einladung an jemand anderen, mit ins Kino zu gehen etc. Alle Interaktion zwischen Menschen, ja das ganze Leben, läßt sich so – ganz radikal – unter der marktwirtschaftlichen Perspektive sehen.

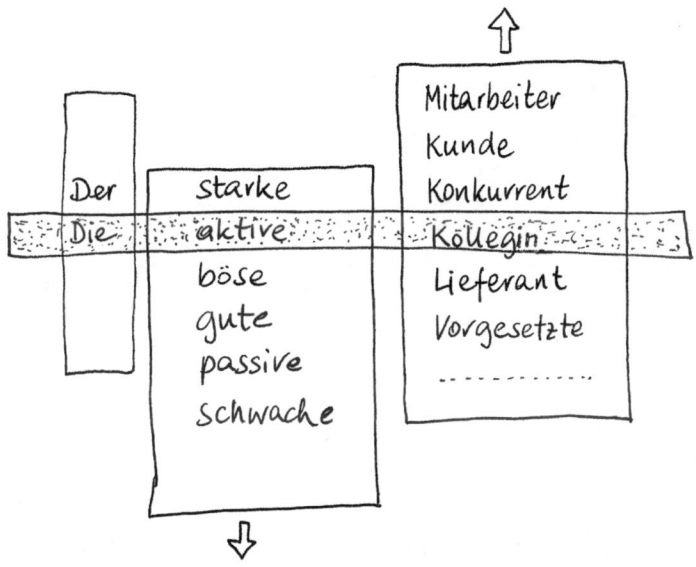

Beim Unterscheiden stellen wir
stets Einheiten her

Wir tragen jeden Tag unser Verhalten zu Markte und tauschen es ein gegen die Verhaltensweisen unserer Mitmenschen: Der Markt für Verhalten ist ein Tauschmarkt. Jeder einzelne ist dann mit einem Unternehmen oder einer Fabrik vergleichbar, ständig Waren produzierend und auf dem freien Markt anbietend: Wer handelt, der handelt.[19]

19 Daß solch ein Verständnis nicht aus der Luft gegriffen ist, zeigt sich in den Strukturen unserer Sprachen und ihrer Geschichte. Der englische Begriff für

Auf diesem Markt für Verhaltensweisen gibt es keine allgemein akzeptierte Währung; auch Geld ist nur eines von unzähligen Tauschmitteln. Dies begrenzt die Geschäftsbeziehungen weitgehend auf den Bereich der direkten Interaktion. Der Tausch von Verhaltensweisen erfolgt dabei nach dem bewährten Vorbild des Barter-Geschäftes: Röhren gegen Erdgas.[20] Sollte Geld doch eine Rolle spielen, so nur als ein Sonderfall des Tauschs von Verhaltensweisen. Musterbeispiel: das „älteste Gewerbe" der Welt – Gibst du mir ein Verhalten – wichtig und wertvoll für mich –, gebe ich dir Geld.

Damit wären wir auch schon bei einer Besonderheit dieses Marktes, die weitreichende Folgen hat. Es gibt keine abstrakte, situationsunabhängige Bewertung der zu handelnden Waren (= Verhaltensweisen). Es muß stets im Einzelfall, konkret und nur für die aktuelle Situation gültig, hier und jetzt, ausgehandelt werden, welches Verhalten gegen welches Verhalten getauscht wird und welchem der Geschäftspartner wann welches Verhalten wieviel wert ist. Jeder einzelne Mensch bewertet die von ihm oder anderen produzierten Verhaltensweisen (= Waren) nach seinem individuellen und persönlichen Wertsystem.

Jedes Individuum ist einem Staat vergleichbar, in dem eine nicht frei konvertible Währung gilt. Innerhalb der Grenzen des jeweiligen Staates kann sie benutzt werden, sie ist aber unbrauchbar, um Transaktionen mit der Umwelt zu tätigen. Sie spielt in der inneren Dynamik (auf der psychologischen oder biologischen Ebene = innere Struktur und Dynamik einer nichttrivialen Maschine) eine Rolle, hat aber ihre Gültigkeit und Bewertungsfunktion nur innerhalb der nach außen hin geschlossenen Grenzen dieser Systeme.

Wir müssen also zur Beurteilung der subjektiven Auswahlkriterien individuellen Verhaltens einzig und allein die interne Bewertung betrachten. Dies führt zu dem banalen, trotzdem aber revolutionären Schluß, daß die Tatsache, daß jemand ein bestimmtes Verhalten produziert, beweist, daß er sich mehr oder weniger bewußt entschieden hat, sich so (und nicht anders) zu verhalten; wie ein Unternehmen, das bestimmte Waren anbietet, sich offensichtlich entschlossen hat, diese Waren anzubieten. Jeder Teilnehmer am aktuell ablaufenden Tausch von Verhalten verhält sich stets

---

Fabrik lautet *factory* und leitet sich vom Lateinischen *facere* her, das „machen, tun, handeln" bedeutet. In der Fachsprache des Handels (!) sind die Spuren der bereits im Lateinischen vollzogenen Gleichsetzung von Tun und Handeln zu finden: die Faktorei ist die Handelsniederlassung in Übersee, fakturieren heißt „Rechnung erstellen" usw.; vgl. Duden Fremdwörterbuch, S. 234, Bibliographisches Institut, Mannheim, 1974.
20 Der englische Begriff *barter* („etwas geben im Tausch für …") leitet sich vom lateinischen *prattare* („tauschen, betrügen") ab, das seinerseits auf das griechische *práttein* („machen, tun") zurückgeht.

so, wie es seiner eigenen, internen Bewertung der zu zahlenden und zu erhaltenden Verhaltensweisen (= Waren), das heißt seiner Sicht von Angebot und Nachfrage, entspricht. Jeder Mensch verhält sich in diesem Sinne immer und überall ökonomisch-rational.

Das heißt nicht, daß seine Entscheidungen aus der Sicht eines außenstehenden, „objektiven" Beobachters auch rational und ökonomisch sinnvoll wären oder gar sein müßten. Sie können sogar vollkommen verrückt und unsinnig erscheinen. Aus der Innenperspektive dessen jedoch, der ständig neue Entscheidungen über sein Verhalten treffen und eine Auswahl unter den ihm verfügbaren Möglichkeiten treffen muß, sind sie immer rational. Er handelt aktuell stets so, wie es gemäß seiner aktuellen und situationsabhängigen Einschätzung und Kenntnis der Marktlage nach ökonomisch optimal ist.

Die Bewertung solcher Entscheidungen muß aus der Innen- und Außenperspektive zwangsläufig verschieden sein. Sie ergibt sich aus den unterschiedlichen Wertmaßstäben, die jeder Beobachter perspektivabhängig zugrunde legt.

Das Fehlen einer dem Geld vergleichbaren, frei konvertiblen Währung im direkten Tausch von Verhalten hat aber weiterreichende Folgen. Geld ermöglicht es, Wert zu verdinglichen und zu objektivieren, das heißt aus dem aktuellen interaktionellen Kontext lösen,[21] Vergangenheit und Zukunft miteinander zu verbinden, den heute geschaffenen Wert morgen zu nützen. Es ist so etwas wie ein Gedächtnis, ein materielles Symbol, durch das der Unterschied zwischen Vergangenheit und Gegenwart, Gegenwart und Zukunft aufgehoben werden kann. Ein heute in der einen Geschäftsbeziehung erwirtschafteter Wert läßt sich in Form von Geld sparen und lagern, sodaß er einen gewissen Grad zeitunabhängiger Beständigkeit gewinnt und sich morgen in einer anderen Geschäftsbeziehung nutzen läßt.[22]

Die Möglichkeiten dazu sind im direkten, geldfreien Tausch von Verhalten sehr beschränkt. An ihre Stelle tritt eine andere, konkretere Form der Kontoführung und des Gedächtnisses: *Jeder einzelne führt – mehr oder weniger bewußt – die Konten über Geben und Nehmen aller Interaktionspartner in seiner eigenen privaten Währung.*

---

21 Vgl. Simon, F.B. (1984): Der Prozeß der Individuation. Göttingen (Vandenhoeck & Ruprecht) S. 191 ff.
22 Vgl. Keynes, J.M. (1936): „Die Bedeutung des Geldes rührt im wesentlichen daher, daß es ein Verbindungsglied zwischen Gegenwart und Zukunft darstellt." Zitiert nach Hankel, W. (1986): John Maynard Keynes. Die Entschlüsselung des Kapitalismus. München (Piper) S. 19.

Jede Person führt in ihrer eigenen Privatbank pro Partner – egal ob der dies wünscht oder nicht (vielleicht kennt der erwählte Partner unseren Bankier nicht einmal) – ein Soll-Haben-Konto. Gibt er einem Partner etwas, tut er oder leistet er etwas „für diesen", so verbucht er unter dessen Kontonummer ein Soll; der Partner schuldet ihm nun etwas im Äquivalent zum Wert der von ihm für diesen Partner erbrachten Leistung.

Die Schatten von Vergangenheit und Zukunft, das heißt die Kontostände aller Beteiligten in der Buchführung aller Beteiligten, fließen in die aktuellen Geschäftsbeziehungen ein. Nicht jede verkaufte Ware wird sofort bezahlt, nicht jede gute oder böse Tat sofort belohnt oder bestraft. Dennoch werden in der Interaktion ständig Soll und Haben bilanziert, Kreditlinien festgelegt und Forderungen eingeklagt: *Interaktionsmuster entstehen aus dem Zusammenspiel der Bilanzierungsmuster und Kontostände aller Teilnehmer und Teilnehmerinnen an der Interaktion.*

Es ist möglich, in der Beziehung zu anderen Menschen (sowohl zu Individuen als auch zu Gruppen) Investitionen zu tätigen oder zu sparen, Zinsen zu zahlen oder zu erhalten. Sie werden allerdings ebenfalls in Form von Verhalten gezahlt oder eingefordert. Wenn ein Mensch sich unterschiedlichen Menschen gegenüber unterschiedlich verhält und ihnen unterschiedliche Erwartungen entgegenbringt, so liegt dies daran, daß ihre Schuld- und Verdienstkonten in seiner Buchführung über unterschiedliche Guthaben verfügen.[23]

Aber nicht nur dem, was man tut, auch dem, was man läßt, kann Wert zugeschrieben werden. Der Tauschwert eines Verhaltens kann gerade darin bestehen, etwas Unangenehmes oder Unerwünschtes zu unterlassen (Adam und Eva im Paradies hatten in der Beziehung zu ihrem Schöpfer nur die Unterlassung des Apfelpflückens und -essens vom Baum der Erkenntnis zum Tausch zu bieten. Alles andere war in der Beziehung zu Gott erlaubt, das heißt, es machte für ihn keinen Unterschied). Die Qualität der Verhaltensmuster eines Menschen kann gerade darin bestehen, daß er bestimmte Verhaltensweisen nicht zeigt. Er streitet sich nie, muckt nie auf, widerspricht nie, äußert nie eine abweichende Meinung, denkt nie über Sinn oder Unsinn von Anordnungen nach etc.

Es gibt aber auch Verhaltensweisen, die nicht unbedingt als Waren gehandhabt werden. *Sie sind eher dem bei der Herstellung dinglicher Produkte anfal-*

---

23 Der ungarisch-amerikanische Familientherapeut Ivan Boszormenyi-Nagy hat sehr ausführlich auf die Wichtigkeit der Schuld- und Verdienstkonten für die Dynamik der familiären Interaktion, auch über mehrere Generationen hinweg, hingewiesen; vgl. Boszormenyi-Nagy, I. u. G. Spark (1973): Unsichtbare Bindungen. Die Dynamik familiärer Systeme. Stuttgart (Klett-Cotta) 1981.

lenden Abfall vergleichbar. Essen, Trinken und Schlafen sind Beispiele solcher meist nicht in den Tausch einbezogenen Verhaltensweisen. Sie können allerdings auch zum Tauschobjekt werden, wenn zum Beispiel ein prominenter politischer Gefangener oder eine Tochter aus gutem Hause beschließt, in den Hungerstreik zu treten. Er oder sie unterläßt dann irgendwelche stillschweigend als normal und selbstverständlich vorausgesetzten und daher nicht als Ware bewerteten Verhaltensweisen, so daß die Wiederherstellung des üblicherweise gezeigten Verhaltens an Wert gewinnt.

Bewertung und Tausch von Verhaltensweisen sind eng an den Prozeß der Konstruktion von Wirklichkeit gebunden. Dieser wird seinerseits weitgehend von der Fokussierung der Aufmerksamkeit in der Kommunikation geleitet.[24] Wie bei der Vermarktung anderer Produkte auch, gilt das Prinzip: Was ich nicht weiß, macht mich nicht heiß! *Ware ist nur, was wahrgenommen wird.* Verhaltensweisen, die nicht unterschieden oder nicht unterschiedlich bezeichnet werden, können keine kommunikative Bedeutung und Bewertung gewinnen. Waren, die nicht wahrgenommen werden, können nicht gehandelt werden.

Wenn ein Vorgesetzter – obwohl er die Arbeit seiner Mitarbeiter schätzt – dies nicht ausdrücklich anerkennt, belohnt oder lobt, weil er davon ausgeht, daß sie dies ohnehin wissen, läuft er Gefahr, daß sie in Zukunft keine gute Arbeit mehr leisten. Er bietet keine Gegenleistung zum Tausch.

Auch Dinge erhalten ihren Wert nur dadurch, daß irgendwer ihnen einen persönlichen Wert beimißt. Geld ist in diesem Sinne zunächst auch nur eine Ware wie alle anderen auch. Es unterscheidet sich allerdings durch seine nahezu universelle Tauschbarkeit und zeitliche Beständigkeit, so daß es als Kommunikationsmittel für Wert Verwendung finden kann. Es bildet im Spektrum der getauschten Waren das Extrembeispiel von Austauschbarkeit, dem am entgegengesetzten Ende des Spektrums das konkrete, einmalige und unverwechselbare Verhalten gegenübersteht.

Spricht man also über Wert, so muß man unterscheiden, über welchen Bereich von Phänomenen man eine Aussage machen will. Der sogenannte Tauschwert ist der jeweils aktuelle zu erzielende Marktwert für ein Verhalten bei einem bestimmten Gegenüber in Abhängigkeit von dessen Wertsystem.

---

24 Der Wortstamm von Ware geht auf das altfriesische *ware* zurück, was „Gewahrsam, Aufmerksamkeit" bedeutet und eng verwandt ist mit dem mittelhochdeutschen *warn*, was „aufmerken" bedeutet und auch die Wurzel des Begriffs *wahrnehmen* bildet (vgl. F. Kluge: Etymologisches Wörterbuch. Berlin (de Gruyter) 1975, S. 832 und 838). Auch die englischen Begriffe *awareness* (Wahrnehmung) und *ware* (Handelsware) leiten sich von diesem Wortstamm ab.

Ein Beispiel:
In einer Managementsitzung wird die mangelnde EDV-Unterstützung kritisiert, die sich auch schon in einer Erhöhung der Kundenreklamationen auswirkt. Ein Verkaufsleiter sagt dazu: „Kein Wunder, wir haben ja solche EDV-Probleme, daß wir vieles mit dem Taschenrechner bearbeiten müssen."

Die Marketing-Leiterin greift das auf und kritisiert nochmals die derzeitige schwierige Situation. Darauf antwortet der Geschäftsführer (der Chef von allen) abwehrend: „Mit Ihnen ist es sowieso problematisch, so wie Sie mit Ihren Mitarbeitern umgehen ..."

Das Thema EDV ist damit für einige Zeit vom Tisch, bis ein junger Abteilungsleiter in ähnlichen Worten wie die Marketingchefin die EDV-Problematik darstellt. Dazu sagt der Geschäftsführer: „Ja, ja, ich weiß, ich bemühe mich ohnedies schon um eine Lösung ...", und erläutert seine Vorgehensweise.

Als Folge dieser Sequenz ergibt sich die Regel „Bemühe dich, falls du Kritik äußern willst, lieber um die Unterstützung des jungen Abteilungsleiters und vermeide die Hilfe der Marketingchefin!"

Aus der Außenperspektive des Zuschauers auf der Tribüne, der die Interaktion beobachtet, lassen sich in dieser wie jeder anderen Situation „Preislisten" erstellen, das heißt Interaktionssequenzen und Tauschfolgen von Verhalten beschreiben. Welcher Wert von den Teilnehmern an der Interaktion den einzelnen Verhaltensweisen positiv oder negativ zugeschrieben wird, läßt sich von außen nicht direkt beobachten (es ist nur der Selbstbeobachtung zugänglich) und kann nur aus dem Verhalten gefolgert werden.

In der geschilderten Situation etablierte sich ein Markt, in dem es zu einem Preisverfall für die Kritik der Marketingleiterin kam. Kritische Äußerungen waren eine Ware, die sie im Überfluß (vor allem ihren eigenen Mitarbeitern gegenüber) produzierte, so daß es zu einer Entwertung kam: Es wurde nicht mehr „gekauft". Der junge Abteilungsleiter, der seltener kritisierte, bot eine Mangelware, die höher bewertet wurde.

Generell läßt sich das Modell des Tauschs auf die Interaktion eines lebenden Systems mit seiner Umwelt (zum Beispiel eines Mitarbeiters mit seinem Unternehmen, oder auch umgekehrt: eines Unternehmens mit seinem Mitarbeiter) anwenden. Stets werden Rechnungen präsentiert, muß Nutzen mit Kosten bezahlt werden. Allerdings sind die Zahlungsfristen in einer solchen Beziehung meist länger als in der Interaktion zwischen Individuuen und die Kosten-Nutzen-Relationen weniger durchsichtig, da die Folgen eines Verhaltens häufig sehr diffus und nicht direkt erfaßbar sind. Sie werden außerdem meist erst relativ spät eingeklagt. Aber auch hier gilt: Alles Verhalten hat irgendwelche Folgen, das heißt, alles hat seinen Preis.

Wendet man solch ein radikal marktwirtschaftliches Modell an, so löst sich der Gegensatz zwischen Ökonomie und Ökologie, zwischen Erkenntnistheorie und Ethik auf: Es geht dann im Leben immer und überall um Bewertungen.

Da jeder Beobachter seine eigenen Bewertungen entsprechend seiner nicht konvertiblen Währung vornimmt, kann niemand sich auf irgendwelche objektiven Werte berufen und beanspruchen, zu wissen, was richtig und gut, falsch und böse usw. ist.

Das Modell der Radikalen Marktwirtschaft bietet eine Möglichkeit, aus der Außenperspektive – wie beim Monopoly – die Spielregeln eines Interaktionssystems, die Komplexität und Vernetzung von Interaktion zu beschreiben. Es zeigt, welche Spielzüge hoch und niedrig bewertet werden und für welche Produkte (Verhaltensweisen) kurz- oder langfristig welche Preise gezahlt werden müssen. Es eröffnet aber auch das Verständnis für die individuellen Entscheidungen, die der Zweckrationalität dieses Marktes zuwider laufen. Es trägt nämlich der Autonomie der beteiligten Individuen Rechnung, das heißt ihrer internen Wertmaßstäbe und der verschiedenen Märkte, auf denen sie ihr Verhalten anbieten. Darüber hinaus bringt es die historische Dimension von Interaktion ins Blickfeld, indem es die im Hier und Jetzt wirkende gegenseitige Kontoführung über früher erbrachte Verdienste und künftig erwartete Gegenleistungen berücksichtigt.

Rezepte

– *Unterscheiden Sie zwischen Speisekarte und Speise, zwischen Worten und Taten! Wenn Sie wissen wollen, was jemand denkt, dann hören Sie weniger auf das, was er sagt, sondern schauen Sie, was er tut (das gilt natürlich auch für Sie selbst).*

– *Mißtrauen Sie allen Abstraktionen und Worthülsen, sie sind stets vieldeutig! Wann immer Sie mit irgendwelchen Begriffen konfrontiert werden („Spitzenleistung", „Erfolg" etc.), so übersetzen sie diese in Verhalten: Zeichnen Sie einen Kreis auf ein Blatt Papier und schreiben Sie in den Kreis, an welchen Verhaltensweisen welcher Menschen Sie erkennen würden, daß dieser Begriff verwendet werden kann (zum Beispiel wenn Sie „erfolgreich" sind, hält Ihnen der Chauffeur die Tür auf – und noch viele andere Leute verhalten sich charakteristisch, Sie selbst wahrscheinlich auch); und außerhalb des Kreises schreiben Sie die eigenen und fremden Verhaltensweisen, die damit verbunden sind, daß dieser Begriff nicht paßt („erfolglos" heißt dann zum Beispiel, daß Sie Zeit haben, den Roman zu lesen, den Sie schon immer lesen wollten, kein Geld haben, um in den Urlaub zu fahren etc.). Erstellen Sie Kosten-Nutzen-Rechnungen für die Herstellung beider Seiten der Unterscheidung!*

– Entscheiden Sie sich, wiederum unter Abwägung von Kosten und Nutzen, worauf Sie alltäglich ihre Aufmerksamkeit richten und was Sie beobachten wollen. Diese Wahl wird die Welt verändern! Was müssen Sie wissen, was brauchen Sie nicht zu beachten und was nehmen Sie besser überhaupt nicht zur Kenntnis?

– Rechnen Sie mit der Unberechenbarkeit der Welt! Verzichten Sie auf Sicherheit und begnügen Sie sich mit Wahrscheinlichkeit. Versuchen Sie nie, etwas ganz und gar zu durchschauen oder zu verstehen!

3. ORGANISATION

„Das Wort Organisation ist ein Substantiv, und es ist außerdem ein Mythos. Wenn Sie nach einer Organisation suchen, werden Sie sie nicht finden. Was Sie finden werden, ist, daß miteinander verbundene Ereignisse vorliegen, die durch Betonwände hindurchsickern ..."
Karl E. Weick[1]

„Wir haben Shiva eingebüßt, den Tänzer des Hinduismus, dessen Tanz auf der trivialen Ebene sowohl kreativ als auch destruktiv, dessen Wesen als Ganzes aber die Schönheit ist. Wir haben Abraxas verloren, den schrecklichen und schönen Gott des Tages und der Nacht, wie ihn die Gnostiker kannten. Uns ging der Totemismus verloren, der Sinn für die Parallelität zwischen der menschlichen Organisation und der von Tieren und Pflanzen."
Gregory Bateson[2]

Die Hausfrau und der Künstler – Die Herstellung, Aufrechterhaltung und Auflösung von Ordnung

Es gibt im Prinzip zwei unterschiedliche Arten menschlicher Tätigkeit oder Arbeit. Die erste gewinnt die Aufmerksamkeit des Beobachters, wenn sie geleistet wird, die zweite fällt nur dann auf, wenn sie nicht erledigt wird. In beiden Fällen werden Ereignisse hergestellt, die zu dem beitragen, was man dann zusammengenommen „Organisation" nennt: ein System koordinierter Verhaltensweisen.[3]

Beginnen wir mit einigen Beispielen des zweiten Typs von Leistung. Sie soll hier – weil es so schön griffig ist – „Hausfrauenarbeit" genannt werden: der Abwasch, der nicht gemacht ist, die Wohnung, die nicht aufge-

---

1 Weick, K. (1979): Der Prozeß des Organisierens. Frankfurt (Suhrkamp) 1985, S. 129.
2 Bateson, G. (1979): Geist und Natur. Eine notwendige Einheit. Frankfurt (Suhrkamp) 1982, S. 28/29.
3 Vgl. Weick, K. (1979): Der Prozeß des Organisierens. Frankfurt (Suhrkamp) 1985, S. 83.

49

räumt ist, die Mülltonne, die übel riecht, wenn sie nicht geleert wurde, die Straße, deren Schlaglöcher nicht ausgebessert sind, der Motor, dessen Ölwechsel vergessen wurde, der Brief, dessen erster Absatz zu schreiben vergessen wurde, die Unterschrift, die auf der Überweisung fehlt, so daß die Gehälter nicht überwiesen werden können, der Säugling, der nicht gestillt wurde ... – all dies sind die mehr oder weniger auffälligen Resultate nicht ausgeführter Hausfrauenarbeit. Daß es sich dabei nicht im biologischen Sinne um geschlechtsspezifische Aufgaben handelt, dürfte deutlich sein. Den Begriff „Hausfrauenarbeit" haben wir aber dennoch mit Bedacht zur Charakterisierung dieser Art organisatorischer Leistung gewählt, weil solche Arbeiten – speziell im Privatbereich, aber weitgehend auch im betrieblichen Umfeld – in unserer Gesellschaft überdurchschnittlich häufig von Frauen ausgeübt werden. Sie sind es, die – ihrer traditionellen Rolle entsprechend – sehr häufig die Verantwortung für die Herstellung und Aufrechterhaltung einer selbstverständlichen Ordnung zugewiesen bekommen und übernehmen.

Solange derartige Tätigkeiten ausgeführt werden, sind sie buchstäblich unsichtbar. Vergleicht man die Organisation menschlichen Zusammenlebens und -arbeitens mit dem Funktionieren eines lebenden Organismus, so sind die durch Hausfrauenarbeit aufrechterhaltenen Prozesse dem Kreislauf und Stoffwechsel vergleichbar. Sie sorgen für die selbstverständliche Aufrechterhaltung der innerhalb der Grenzen der Haut liegenden Strukturen. Daß wir verdauen, merken wir meist erst, wenn wir unter Verstopfung leiden, daß wir atmen, erst, wenn uns die Luft wegbleibt usw. Das Bewußtsein für solche, eine selbstverständliche Ordnung herstellende Aktivitäten, entsteht erst, wenn sie nicht mehr funktionieren.

Es gibt Unterschiede in der Überlebenswichtigkeit dieser Prozesse und Strukturen: Ohne Blinddarm läßt sich gut, ohne Bein recht und schlecht, ohne die Aktivität von Kopf, Herz oder Leber gar nicht mehr leben.

Wie der Körper, so bedürfen auch jede Organisation und jedes Unternehmen bestimmter Prozesse, die ihre Infrastrukturen schaffen und erhalten. Soziale Ordnung ist keine Selbstverständlichkeit, die vom Himmel fällt, sondern das höchst unwahrscheinliche Ergebnis menschlichen Verhaltens. Und wenn niemand da ist, der dieses Verhalten immer wieder neu produziert, so zerfällt diese Ordnung. Eine Maschine, die nicht gewartet wird, verliert ihre Funktionsfähigkeit. Gesetze, die nicht überwacht werden, verlieren ihre praktische Gültigkeit. Ein Sollzustand, der nicht kontrolliert wird, bleibt nicht oder wird nicht der Ist-Zustand. Abweichendes Verhalten, das nicht sanktioniert wird, führt zur Veränderung der Normen und Regeln und damit zu einer Änderung der Ordnung oder auch zu Unordnung und Chaos. Hausfrauenarbeit in diesem Sinne ist konservativ, sie sorgt für Berechenbarkeit. Ihre Resultate sind vergänglich und haben „an sich" keinerlei Ewigkeitswert. Erst ihre ständige Wiederholung, ihre Regelmäßigkeit erbringt ihren zeitüberdauernden Wert, wobei allerdings die einzelnde Tat – jeder einzelne Abwasch, und mit ihm der- oder diejenige, der oder die das Geschirr gespült hat – vergessen wird.

Als Gegenstück zu dieser Art ordnender Arbeit sollen hier die Aktivitäten von „Störern" jeder Art beziehungsweise deren Extremform, „Terroristen", genannt werden. Jede Störung bedroht die gegebene Ordnung. Die politische Absicht terroristischer Anschläge ist destruktiv und zielt auf die Auflösung der bestehenden Ordnung. Wo das Vertrauen in die Selbstverständlichkeit ihrer Regeln nicht mehr gegeben ist, wird die Komplexität der Welt größer, sie erscheint chaotisch, unberechenbar und ungeordnet.

Eine dritte Form des Verhaltens, deren Wirkung so etwas wie ein Kompromiß zwischen den scheinbar unüberwindlichen Gegensätzen zwischen Hausfrauenarbeit und terroristischer Störung darstellt, ist die Tätigkeit des „Künstlers" oder „Erfinders". Auch hier handelt es sich natürlich nicht um eine biologische Vorgabe, wenn von „dem Künstler" gesprochen wird. Daß nur relativ wenig Frauen als Künstlerinnen anerkannt werden, sollte hier nicht zu Fehlschlüssen führen.

Die Arbeit von Künstlern zeichnet sich dadurch aus, daß sie nicht selbstverständlich und nicht austauschbar ist. Ihre Ergebnisse fallen (wenn auch nicht immer angenehm) auf, weil sie in irgendeiner Weise über die Grenzen der gewohnten Ordnung hinausgehen, ihr sogar oft zuwiderlaufen und sie stören. Sie erschaffen kreativ etwas Neues, noch nie Dagewesenes. Soweit die Produkte solch einer Tätigkeit dinglicher Natur (Häuser, Bilder, Bücher, Noten, Entwürfe, Produktionspläne usw.) sind, können sie die Zeit überdauern, so daß die Nachwelt ihrem Schöpfer Lorbeerkränze flechten oder Tantiemen bezahlen kann. Bei dieser Art von Arbeit zählt die einzelne Tat. Das Werk. Es lebt weiter, und sein Schöpfer kann nach vollbrachter Tat im optimalen Falle auf einer Südseeinsel faulenzen. Die soziale Wirkung solch kreativer Aktivitäten ist manchmal beunruhigend, sie stören die gewohnte Ordnung, weichen von den Normen des Selbstverständlichen ab und bringen Unberechenbarkeit ins Leben. Gleichzeitig sind aber gerade derartige Aktivitäten für Neues verantwortlich, sie bringen Innovation und erweitern das Handlungsrepertoire eines Systems um neue Optionen.

Wenn wir versuchen, die Merkmale dieser beiden idealtypischen Verhaltensweisen durch einige Stichworte zu charakterisieren, so ergibt sich folgende Tabelle:

Hausfrauenarbeit	Künstlerarbeit
(Bewahren → Ermöglichen von Veränderung)	(Veränderung → auf der Grundlage des Bewahrenden)
Aufrechterhalten einer bestehenden Ordnung – sicherheitsstiftend	Störung einer bestehenden Ordnung – Unsicherheit stiftend
Herstellung und Aufrechterhaltung von Strukturen	Auflösung von Strukturen
zuverlässig, normativ, konservativ	überraschend, nicht normativ, innovativ
Normalität, Starrheit	Verrücktheit, Flexibilität
Bestätigung von Erwartungen, Berechenbarkeit	Enttäuschung von Erwartungen, Unberechenbarkeit
Ruhe, Ordnung	Unruhe, Chaos

Um den Unterschied zwischen diesen beiden Formen der Wirkung individuellen Verhaltens in Organisationen zu illustrieren, hier einige Beispiele aus dem Unternehmensalltag.

Neutralisierung von Abweichung und Aufrechterhaltung von Ordnung versus Verstärkung von Abweichung und Veränderung der bestehenden Ordnung: Die unerschöpflichen Geistesblitze des Firmenpatriarchen auf dem Golfplatz und die sporadischen *Feuerwerke*, die er im Unternehmen *abschießt* (Maschinenkäufe nach Firmenrundgängen, ab sofort gültige Anweisungen und Verordnungen etc.) müssen von seinem Platzhalter beziehungsweise Assistenten in „machbare" und „nicht-machbare" unterschieden werden, um sie so in Handlungsanleitungen zu übersetzen, die für das Unternehmen verdaubar sind. Anderenfalls hätten sie wohl eher eine „terroristische" Wirkung.

Die Sekretärin unseres Firmenpatriarchen transkribiert die Protokolle der monatlichen Strategiemeetings, an welchen nur die erste Hierachieebene der Linie teilnimmt. Sie fordert die Ergebnisse der verteilten Hausaufgaben ein und läßt die protokollierten Inhalte den Projektmanagern zukommen, die formal auf der dritten hierarchischen Ebene angesiedelt sind, damit diese ihre Projekte auch auf die beschlossenen Vorgaben hin ausrichten können. Sie wirkt hier als diejenige, ohne deren Aktivitäten die Strukturen, die zur Umsetzung der Strategien nötig sind, nicht hergestellt beziehungsweise aufrechterhalten würden.

Die Wirkung auf die Handlungsoptionen – zuverlässig, normativ, konservativ versus überraschend, nicht-konservativ, innovativ: Traditionell werden in stark arbeitsteiligen Unternehmenskulturen Anlagen immer dann – und nur dann – gewartet, wenn die Kontrollinstrumente „Minimum", „Toleranz überschritten" usw. anzeigen; oder aber, wenn die Wartungspläne einer im dritten Stock des Verwaltungsgebäudes beheimateten Abteilung dies vorsehen; nur dann, und dann immer, wird gewartet. So passiert auch selten etwas, es sei denn ein Maschinenteil bricht vor dem Ende der berechneten Lebenserwartung. Auf diese Weise steht die Anlage aber einmal bei der Wartung, ein zweites Mal beim Werkzeugwechsel, ein drittes Mal beim Spannvorrichtungswechsel für ein neues Los und eventuell ein viertes Mal, weil gerade Pause ist; und das alles mit System: gemäß der zuverlässigen „hausfraulichen" Normen von vier verschiedenen Abteilungen.

Die „künstlerische" Lösung des Wartungs- und Stillstandproblems der Anlage: Die Abstimmung der Wartung und Instandhaltung mit dem Werkzeug- und Spannvorrichtungswechsel sowie sonstigen Maschinenstillständen, um so den Stillstand der Anlage zu minimieren, dürfte am ehesten gelingen, wenn die Verantwortlichkeit für diese verschiedenen Aktivitäten aus den Abteilungen hin zum Bedienungspersonal der Anlage verlagert wird. Aus der Sicht der Abteilungen ist solch eine Neuorganisation aber stets mit einem Verstoß gegen vorgegebene Normen verbunden. Ihre Wirkung ist aber – aus einer höheren Warte betrachtet – destruktiv (für die Ordnung der Abteilung) und konstruktiv (für die Firma als Ganzes) zugleich.

Wer dagegen überwiegend Verhaltensweisen zeigt, deren Wirkungen als destruktiv für das Unternehmen erachtet werden, wird nicht als Künstler, sondern als „Nur-Störer" angesehen und früher oder später ausgegrenzt. Aus diesem Grunde brauchen wir uns mit dem Verhaltensmuster „Terrorist" nicht näher zu beschäftigen. Allerdings werden Künstler nur zu oft des Terrorismus verdächtigt, wenn die positive Wirkung ihrer Störungen nicht gesehen wird.

Wie sich aus diesen wenigen Beispielen leicht ableiten läßt, handelt es sich bei der Verhaltensweise „Hausfrauenarbeit" um negative Rückkopplungsmechanismen. Dagegen liegt bei der „Störung" eine positive Rückkopplung vor. Werden im ersten Fall Abweichungen ausgeglichen und die bestehende Ordnung bestätigt, so werden im zweiten Fall Abweichungen verstärkt. Im Falle der Tätigkeit des Künstlers oder Erfinders geschieht beides. Es wird

Abweichung von Ordnung verstärkt und dennoch Ordnung – eine neue Ordnung – geschaffen.

Der Cocktail von Bedeutungen, die mit diesen idealtypischen Aktivitäten – Haufrauenarbeit und künstlerische Tätigkeit – innerhalb eines Unternehmens verknüpft werden können, ließe sich noch vielfach erweitern. In dem hier beispielhaft vorgestellten Katalog sind Zuschreibungen aus der Außenperspektive des unbeteiligten Beobachters und aus der Innenperspektive der Betroffenen gemischt. Je näher sie der Innenperspektive kommen, desto wertender ist ihr ideologischer Beiklang. Bewahren überkommener Strukturen versus Innovation, das sind die beiden, scheinbar unvereinbaren Pole und Ziele, auf die hin sich nicht nur politische Parteien, sondern auch sonst die verantwortlichen Entscheidungsträger in Organisationen orientieren.

Betrachtet man lebende Systeme, so wird deutlich, daß es eines ihrer unverwechselbaren Kennzeichen ist, daß sie beide Tendenzen in einem dynamischen Gleichgewicht halten. Sie sind paradox organisiert. Sie erhalten ihre Ordnung dadurch, daß sie in der Lage sind, sie aufzulösen. Der Körper überlebt und erhält seine Gestalt, indem er sich verändert Der berühmte Halm, der sich im Winde biegt, ist stabiler als der Mast, der bricht. Lebende Systeme sind antagonistisch organisiert, sie überleben, weil sie in sich gegensätzliche, Ordnung und Chaos stiftende, Tendenzen vereinen.[4]

Eine Organisation, zum Beispiel ein Unternehmen, eine Institution oder eine Familie, die in einer unveränderlichen und stabilen Umwelt lebt, braucht sich selbst im Prinzip auch nicht zu verändern. In solch einem theoretischen Fall reichen zum Überleben die Aktivitäten, welche die traditionelle Ordung aufrechterhalten. Nur ist dies heutzutage leider äußerst selten der Fall. Bei Eingeborenenstämmen, die abgeschlossen von der Außenwelt in einer sich nur wenig verändernden Urwaldumwelt lebten, waren solche Verhältnisse noch gegeben.

In unserer schnellebigen Gesellschaft hier und heute trifft dies noch am ehesten für jene Institutionen zu, deren Verhalten der Befriedigung elementarer menschlicher Bedürfnisse dienen. Schulen, Ämter und Behörden, auch Restaurants, Krankenhäuser, Freudenhäuser und Gefängnisse etc. haben ihre Interaktionsmuster und internen Strukturen im Laufe der Zeiten nur in sehr geringem Maße verändert. Sie brauchen – solange es ihre Umwelten, das heißt ihre Kunden, zulassen – nicht oder nur wenig zu lernen und können in verblüffendem Maße so bleiben wie sie sind.

4 Edgar Morin spricht in diesem Zusammenhang von „systemischem Antagonismus", vgl. Morin (1977): La méthode. Tome 1: La nature de la nature. Paris (Seuil).

Um es radikal marktwirtschaftlich auszudrücken: Für ihr Verhalten gibt es immer einen Markt, so wie essen und trinken für den individuellen Organismus lebensnotwendig sind, bedürfen derartige Organisationen bestimmter, ihre Ordnung und Struktur erhaltender Tätigkeiten. Wer für den Tausch seiner eigenen Produkte (Verhalten, Handlungen, Arbeiten) „auf Nummer sicher gehen" und eine Abnahmegarantie haben will, sollte sich einen Beruf in diesem Bereich suchen. Auf gesamtgesellschaftlicher Ebene ist solche Hausfrauenarbeit die traditionelle Aufgabe des Beamten. Die Kehrseite einer solchen Wahl ist allerdings, daß die Nicht-Sichtbarkeit der Herstellung von Selbstverständlichkeit dazu führt, daß solche Arbeit nur gering oder gar nicht bewertet wird. Sie wird nicht als Leistung betrachtet, sondern als gegeben vorausgesetzt. Das ergibt für denjenigen, der sie ausführt, eine ungünstige Marktlage für den Tausch seiner Verhaltensweisen: Was nicht wahrgenommen wird, wird nicht zur Ware. Erst der „Dienst nach Vorschrift" von Fluglotsen oder der Streik der Müllmänner bringt die Unverzichtbarkeit ihrer Tätigkeiten ins öffentliche Bewußtsein.

Anders sieht es in der freien Wirtschaft aus. Hier gibt es keinerlei Abnahmegarantien, weder für die Produkte der Firmen, noch für die Verhaltensweisen ihrer Mitarbeiter. Natürlich gibt es auch in Unternehmen mehr oder weniger austauschbare Tätigkeiten, und der Grad dieser Austauschbarkeit oder Nicht-Austauschbarkeit bestimmt den niedrigeren oder höheren Marktwert der Tätigkeiten eines jeden Mitarbeiters. Insgesamt gilt aber für die Organisation von Wirtschaftsunternehmen, daß ihr Überleben nicht gesichert und ihre Umwelt nicht beständig ist. Der Markt, in dem sie sich bewähren müssen, verändert sich. Angebot und Nachfrage sind nicht konstant, und im allgemeinen besitzt keine Firma, im Gegensatz zu einer Behörde, das Monopol auf ein Produkt.

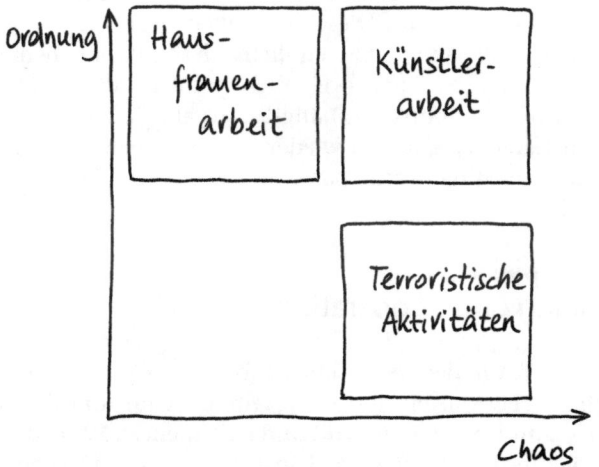

55

Ein Unternehmen, das auf dem freien Markt auftritt, bedarf also sowohl der Hausfrauenarbeit, als auch künstlerischer Tätigkeit. Nur so kann es sich ausreichend ändern, um seine Stabilität in einer sich dynamisch verändernden Welt zu erhalten. Je schneller sich der Markt verändert, desto flexibler und schneller muß das Unternehmen reagieren, seine inneren Strukturen verändern, lernen und kreatives Potential entwickeln. Ein Unternehmen der Computerbranche etwa, in der die Technologie sich mit einem rasanten Tempo weiterentwickelt, wird eine andere Beziehung zwischen kreativen und konservativen Tendenzen organisieren müssen als eine Fabrik für Gartenzwerge, deren Herstellungsverfahren und Märkte über die Jahre konstant bleiben.

Schematisch lassen sich diese unterschiedlichen Organisationsformen als Konflikt- oder Kraftfeld darstellen, in dem jeweils die ordnenden, Abweichungen beseitigenden, oder die innovativen, Abweichungen verstärkenden Kräfte ein Übergewicht gewinnen und eine wichtigere Funktion ausüben.

Die Organisation eines Unternehmens muß, wenn sie nicht erstarren will, eine für die aktuellen und künftigen Umweltbedingungen optimale Mischung aus Verhaltensweisen finden, die auf Ordnung und Chaos wirken, und diese beiden gegenläufigen Tendenzen miteinander verbinden. Darin liegt die Kunst des Managements.

Der Konflikt zwischen diesen beiden organisatorischen Tendenzen zeigt sich meist auch in der scheinbar unüberwindlichen Abneigung der Mitarbeiter der Entwicklungsabteilung eines Unternehmens gegenüber denen der Produktion, dem Streit zwischen Vertrieb und Finanzabteilung, zwischen denen, die auf Wachstum setzen, und denen, die die Konsolidierung des Erreichten fordern. Die einen haben neue Ideen im Kopf, die anderen sind froh, die alten Ideen endlich „im Griff" zu haben. Doch dieser Konflikt ist nicht nur unausweichlich, sondern zweckmäßig. Es gibt nun einmal keine situationsunabhängige, für alle Zeiten beste Mischung dieser beiden Tendenzen. Immer wieder muß aufs neue eine zu den Überlebens-(= Markt-)Bedingungen „passende" Lösung im Widerstreit ausgehandelt werden.

Zusammenspiel – Arbeitsteilung und Kooperation

Alle berühmten Teams der Weltgeschichte bestanden aus Personen mit sehr gegensätzlichen Eigenarten und Fähigkeiten: Adam und Eva, Dick und Doof, Romeo und Julia, Terence Hill und Bud Spencer, Winnetou und Old Shatterhand, Bonny and Clyde. In kleinster Form stellen solche mehr oder weniger spontan entstehenden Partnerschaften das Grundmodell einer Organisation dar, in der gemeinsame Unternehmungen aufeinander abgestimmt werden.

Eine Organisation besteht aus Ereignissen, die (unter anderem) durch das Verhalten von Menschen und Maschinen hergestellt werden. Angesichts der Tatsache, daß der Tag nur 24 Stunden dauert und, auch wenn man die Nacht hinzurechnet, nicht viel länger wird, ist die Möglichkeit zur Herstellung von Ereignissen für einzelne Personen sehr begrenzt. Ein zweiter limitierender Faktor ist, daß nicht jeder die Fähigkeit hat, alle Arten von Ereignissen herzustellen. Ein etwas zwanghafter, genauer und penibler Mensch etwa wird vielleicht einen guten Buchhalter abgeben, ob er bei der Erstellung der strategischen Richtlinien der Unternehmenspolitik oder der Leitung eines Entwicklungsbüros gleichermaßen erfolgreich sein würde, darf bezweifelt werden.

Wo immer Ereignisse oder Verhaltensweisen benötigt werden, welche die Kapazität von Einzelpersonen überschreiten, entsteht eine Organisation, das heißt, die Verhaltensweisen mehrerer Personen werden so miteinander verbunden, daß sie ineinandergreifen, aneinander anschließen und zu einem Prozeß werden, einem Muster der Interaktion, einem Spiel, das sich durch bestimmte Regeln beschreiben läßt.

Die Fähigkeit solch einer Organisation kann die von Einzelpersonen übersteigen, weil sie die Unterschiede zwischen den Potentialen der einzelnen nutzt und koordiniert. Scheinbar unvereinbare Gegensätze, zum Beispiel Hausfrauenarbeit und Störung der Ruhe und Ordnung, lassen sich zu einem funktionellen Gesamtkunstwerk zusammenfügen.

Eine der Folgen dieser Art von Arbeitsteilung und Kooperation ist, daß sie zwangsläufig die Spezialisierung fördert. Die Unterschiede zwischen dem, was die einzelnen tun, werden immer größer. Jeder macht zunächst das, was er besonders gut kann, er kultiviert sein Produkt und pflegt die Marktlücke seiner Fähigkeiten. Im Laufe der Zeit aber verfestigen sich solche Strukturen, sie werden zur Ordnung, durch kollektive Erwartungen getragen und durch starre Rollenvorgaben festgeschrieben. Schließlich kann es dazu kommen, daß solche Vorgaben und Erwartungen die Entfaltungsmöglichkeiten der einzelnen beschränken. Ihre Fähigkeiten werden nicht mehr optimal genutzt, Spezialisierung und Fachidiotentum behindern schließlich die Kooperation.

Auch das Familienleben kann als Organisation betrachtet werden. Die Männer- und Frauen-Rollen in der Familie liefern ein gutes und überschaubares Beispiel für Vorteile wie Nachteile von Arbeitsteilung und Kooperation. Alleinerziehende Eltern wissen, wie anstrengend es ist, alles selbst

machen zu müssen, nichts delegieren zu können, niemals überrascht feststellen zu können, daß irgendeine Arbeit schon erledigt ist, ohne daß man
selbst es war, der oder die sie erledigt hat. Das Zusammenspiel zweier Partner eröffnet beiden einen größeren Freiraum und das Leben läßt sich öko-
nomischer organisieren. Nicht beide müssen einkaufen gehen, nicht beide
eine eigene Wohnung mit teurer Badezimmerinstallation bezahlen. Doch
nur zu leicht wird aus dem Blick verloren, daß die Spezialisierung, die mit
den beiden Rollen verbunden ist (klassisch: „Der Mann geht hinaus ins
feindliche Leben ... und drinnen waltet die tüchtige Hausfrau, die Mutter
der Kinder ..."), wechselseitig abhängig ist. Entbunden von häuslichen
Pflichten, kann der Partner, der hinaus ins feindliche Leben geht (das kann
natürlich auch die Frau sein), sich ins Erwerbsleben stürzen und sich darauf verlassen, daß abends zu Hause der Tisch gedeckt, die Wohnung geheizt, das Essen gekocht und womöglich auch noch das Bett vorgewärmt
ist. Und wer zu Hause den Abwasch macht, der oder die braucht sich nicht
darum zu kümmern, Geld zu beschaffen, weil dies ja der Partner oder die
Partnerin erledigt.

Inzwischen sind diese Rollenaufteilungen in der Familie und im Zusammenleben von Männern und Frauen nicht mehr so starr und festgefügt.
Sie paßten offenbar nicht mehr zu ihrer Umwelt, das heißt zu den Bedürfnissen der Beteiligten. Daß dieses Beispiel hier so ausführlich dargestellt
wurde, hat folgenden Grund: Es soll dazu dienen, das Konzept der „Kollusion" (wörtlich übersetzt: „Zusammenspiel") zu illustrieren.[5] Dieses aus der
Familienforschung stammende Modell beschreibt, daß Partner häufig einen Konflikt, den jeder von ihnen hat, zum Beispiel die Ambivalenz zwischen Wünschen nach Bindung und Sicherheit einerseits, die Angst vor
dem Verlust der individuellen Freiheit in einer verpflichtenden Bindung
andererseits, gemeinsam dadurch lösen, daß sie die beiden Seiten dieser
Ambivalenz, dieses Konflikts, jeweils einem der Partner als Eigenschaft
zuschreiben; er oder sie handelt dann so, als sei er oder sie, frei von allen
zwiespältigen Gefühlen, stets für immerdauernde Nähe zwischen den Part-
nern („Wir wollen niemals auseinander gehen"), während der andere auf
seine Freiheit pocht. Der eine klammert dann, der andere scheint ständig
auf der Flucht vor dem Gefängnis einer zuverlässigen Bindung.

Jeder hat aus seiner Innenperspektive als Mitspieler in diesem partner-
schaftlichen Drama den Eindruck, vom Schicksal mit einem nicht zu ihm
passenden Partner geschlagen zu sein, der immer genau das Gegenteil von
dem möchte, was er selbst will. Aus der Außenperspektive wird deutlich,
daß jeder den anderen braucht, um sich selbst frei von Ambivalenz, frei
von zwiespältigen Wünschen und Gefühlen, halten zu können. Würde
der oder die eine nicht klammern, so könnte der oder die andere nicht

5 Siehe dazu J. Willi (1975): Die Zweierbeziehung. Reinbek (Rowohlt).

seine oder ihre Fluchtwünsche spüren, sondern müßte möglicherweise
merken, daß auch er beziehungsweise sie Zuverlässigkeit und Sicherheit
sucht; und umgekehrt würde er oder sie nicht dauernd Freiheits- und Unge-
bundenheitswünsche zeigen, so würde sein oder ihr Partner merken, daß
auch er/sie solche Wünsche hat und die Vorstellung einer sicheren Beziehung nicht nur angenehm, sondern auch erschreckend ist. Die Ambivalenz beider Beteiligter ist in ihrem Zusammenspiel innerhalb des Gesamt-
systems Zweierbeziehung „weg"-organisiert, beide gegenläufigen Tendenzen sind repräsentiert und bleiben im Gleichgewicht. Gleichzeitig kann
jeder der beiden Mitarbeiter dieser Organisation das tun, was er oder sie
besonders gut kann (und womöglich dabei immer besser lernt): Klammern
oder Flüchten, für Erhalt der bestehenden Ordnung oder für Innovation
kämpfen.

Würden sich solche arbeitsteiligen und kooperativen Organsiationsformen
nicht spontan ergeben (Selbstorgansiation), so müßte man sie erfinden.
Die Gefahr, die damit aber verbunden ist, besteht darin, daß die Beteiligten, aus der Innenperspektive des Mitspielers, ein zu schlichtes Weltbild
entwickeln. In ihrem Selbst- und Fremdbild kommen Ambivalenzen nicht
vor, jeder Person werden klar identifizierbare Eigenschaften zugeschrieben, die eigentlich Ergebnis des Zusammenspiels mehrerer sind. Wer in
solchen Mustern des Zusammenspiels welche Verhaltensweisen zeigt, ist
eigentlich vollkommen egal. Hauptsache ist, daß getan wird, was getan
werden muß. Ein lebendes System als Ganzes muß immer alle für sein
Überleben notwendigen Funktionen wahrnehmen.

Dazu eine der beispielhaften Geschichten, wie sie das (Zusammen-)Leben
schreibt:

Der Mitarbeiter einer EDV-Abteilung, der im Innendienst in der Nähe seines Wohnortes tätig war, ärgerte sich ständig über die Unselbständigkeit
seiner Gattin und bemängelte, daß immer er für die Erledigung aller strukturerhaltenden Aufgaben sorgen müsse. Ihre Unselbständigkeit war grau-
enhaft und das einzige, aber gewaltige, Übel in der Beziehung. Sie akzeptierte ihre Unselbständigkeit und bewunderte ihren Gatten wegen seines
zielgerichteten Auftretens.

Als er dann befördert wurde und vermehrt im Außendienst beziehungsweise im Ausland tätig war, bemängelte er im Freundeskreis plötzlich eine
Veränderung seiner Gattin. Sie sei anders als früher, ihre Lieblichkeit und
Anschmiegsamkeit sei geringer. Sie beachte ihn irgendwie zuwenig und
würdige nicht seine anstrengende neue Tätigkeit.

Was war passiert? Solange der Mann „zu Hause" war, kümmerte er, der
Selfmademan und Macher, sich um alles außerhalb des Haushalts, speziell

dort, wo Zuschauer zu finden waren. Dann hatte er seine Bewunderer bei den Kunden im Ausland, und er konnte seinen strukturerhaltenden Aufgaben – außer der, Geld nach Hause zu bringen – schon deswegen nicht nachkommen, da er ja nur noch sporadisch während der Woche anwesend war. Seine Gattin, die früher so Unselbständige, füllte nun wie automatisch diese Lücke aus und übernahm zusehends seine ehemaligen, systemerhaltenden Funktionen, worüber sie sich mitunter selbst wunderte. Sie besorgte die Amtswege, engagierte Handwerker fürs Haus, erledigte die Bankgeschäfte usw. Und sie hatte ihre eigenen Zuschauer und Bewunderer, die ihre neuen Verhaltensweisen wahrnahmen – unter anderem sich selbst – gefunden. Die Marktsituation für ihre Verhaltensweisen hatte sich radikal verändert. Der Marktwert für Anschmiegsamkeit war gesunken, für eigenverantwortliches Handeln gestiegen, die Rollen der beiden änderten sich …

Wenn bestimmte Handlungen immer wieder getan werden müssen, so ist es wahrscheinlich, daß sich Rollen herausbilden. Die Tatsache, daß jemand etwas einmal gemacht hat, erhöht die Wahrscheinlichkeit, daß er es auch ein zweites Mal macht. Er hat nun entsprechende Vorerfahrung, er lernt, gewinnt neue Fähigkeiten; er hat ein Produkt (Verhalten) entwickelt, dessen Marktwert zu nutzen nur logisch ist. Für jeden anderen ist der Aufwand, seine Tätigkeit zu übernehmen, größer als für ihn. Ein Mechanismus, der die Abweichung verringert, ist in Gang gesetzt. Es entwickeln sich bestimmte Erwartungen, wer was zu tun hat: „Das haben wir schon immer so gemacht …!"

Es hat sich eine soziale Ordnung entwickelt, von niemandem geplant, aber dennoch wirksam. Dabei sind an jeden der Beteiligten bestimmte Erwartungen gerichtet, die seinen Handlungsspielraum definieren – ein Hochrechnen der Erfahrungen der Vergangenheit auf die Zukunft. Diese Erwartungen bestimmen, was er tun oder lassen muß, und sie sind verbunden mit stillschweigenden Zuschreibungen persönlicher Eigenschaften. Schließlich braucht man – so lautet die dahinter liegende Logik – bestimmte Qualitäten (oder den Mangel an bestimmten Qualitäten), um bestimmte Verhaltensweisen zeigen oder unterlassen zu können.

Wenn diese Erwartungen und Zuschreibungen dann von der ursprünglichen, konkreten Person abgelöst werden, so ist eine Rolle entstanden. Ein anderer kann an deren Stelle schlüpfen, die Erwartungen und Zuschreibungen sagen ihm oder ihr, welches Verhalten geliefert werden muß, wie er oder sie zu „sein" hat, um die Organisation funktionsfähig zu halten. Eine Stellenbeschreibung ist entstanden. Für alle Beteiligten wird dadurch die Komplexität des Systems reduziert. Da ihnen der Blick aus der Außenperspektive im allgemeinen nicht zugänglich ist – je größer und komplexer das System, desto weniger gelingt es, „alles" im Blick zu behalten und dabei gleichzeitig zu handeln –, erhalten sie nun für ihr Handeln als Mitspieler einen begrenzten Rahmen, auf den sie ihre Aufmerksamkeit richten und in dem sie sich orientieren können.

Aus dem Gesamtsystem, zum Beispiel einem Konzern, mit einer unüberschaubaren Anzahl von Akteuren wird ein Segment (Markt) herausgeschnitten, in dem sie – ganz ambivalenzfrei – wissen, mit wem sie es zu tun haben und welches Verhalten sie in den Tausch einzubringen haben: Jemand hat zum Beispiel nur für die Entwicklung neuer Produkte zu sorgen oder nur für sparsames Haushalten, nur mit den Mitarbeitern XYZ umzugehen, nie jedoch mit UVW. Er weiß, auf welche Tauschpartner er zu achten hat und mit wem er kooperieren muß. Wie der Autofahrer im Verkehrsgetümmel kann er sich darauf beschränken, die Fahrer in seiner unmittelbaren Nähe zu beobachten und sich mit ihnen abzustimmen.

Wer der Innenperspektive des Mitspielers verhaftet ist, verliert zwangsläufig die ganzheitlichen Zusammenhänge und Verknüpfungen aus dem Blickfeld (falls sie da überhaupt je drin waren).

Dennoch ist solch eine festgeschriebene organisatorische Struktur im allgemeinen sinnvoll, da sie vorschreibende Regeln und Automatismen zur Verfügung stellt. Es muß nicht immer wieder neu geklärt werden, wer was zu tun hat. Die Kompetenzbereiche sind abgesteckt, das Zusammenspiel ist geregelt. Das Gesamtsystem kann einen Grad von Komplexität erreichen, welcher das Erkenntnisvermögen aller einzelnen Beteiligten weit übersteigt.

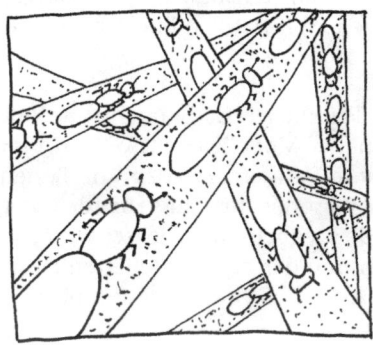 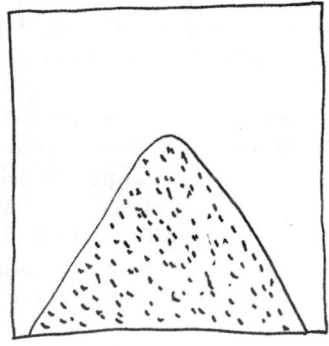

Wer in der Innenperspektive verhaftet ist, verliert zwangsläufig den Überblick.

Rollen dienen innerhalb einer Organisation zur Gewährleistung bestimmter Verhaltensweisen. Sie sind also inhaltlich durch erwartete Handlungen und beziehungsmäßig durch die Verknüpfung mit erwarteten Handlungen aus anderen Rollen definiert (die Ware, welche die verschiedenen Rollenträger zu liefern haben).

Wenn diese Waren innerhalb der Organisation unterschiedlich hoch oder niedrig bewertet werden, so werden schließlich auch die Rollen und die Personen, die sie innehaben, unterschiedlich bewertet. Es werden Haupt- und Nebenrollen und ihre Beziehungen zueinander formal festgeschrieben. Das Organigramm, die Beschreibung und Bewertung von Positionen ist geboren.

Bei organisatorischen Regeln beziehungsweise Strukturen und Prozessen handelt es sich um gemeinschaftliche Handlungsautomatismen, welche so etwas wie Außer-Streit-Stellungen darstellen. Sie helfen, die Bewältigung des betrieblichen Alltags zu vereinfachen und einmal in ihrer Effizienz optimierte Strukturen langfristig zu garantieren.

In der Verkürzung und Vereinfachung der alltäglichen Abläufe, die durch derartige Handlungsautomatismen und Schemata gegeben ist, liegt der Vorteil, aber auch die Gefahr organisierter Prozesse. Sie können auch längst überholte und nicht mehr optimale Abläufe am Leben erhalten. Was gestern die organisatorische Lösung war, ist morgen schon verbesserungsbedürftig. Wichtige Umwelten, wie Kunden, Lieferanten, das Rechtssystem, die Familien der Mitarbeiter, die Mitarbeiter selbst, zeigen ihre Nichttrivialität und halten sich nicht an das, was von ihnen erwartet wird. Währungen verfallen, Werte wandeln sich, so daß einstmals gewinnbringende Waren auf dem Markt der Handlungen zu negativen Buchungen auf den Konten der Beteiligten führen können.

Es erscheint oft schwer genug, in der Familie zur traditionellen Aufteilung in Männerrolle und Frauenrolle alternative Modelle zu entwickeln, obwohl es sich nur um eine begrenzte Zahl von Verhaltensweisen und Beziehungen handelt, die zwischen nur zwei Personen neu ausgehandelt werden müssen. In einem Unternehmen ist dies jedoch noch viel schwieriger. Die Zahl der zu erbringenden Leistungen und der daran beteiligten Personen ist unermeßlich viel größer, das entstehende System weit komplexer.

Der Wundertüteneffekt – Das Verhalten ganzer Menschen und seine Bewertung

Ein Unternehmen kann man nicht küssen. Genausowenig kann man ein bestimmtes Verhalten engagieren. Man kann nur indirekt dafür sorgen, daß eine Organisation erhalten bleibt, indem man die Mittel zur Herstellung von Verhalten besorgt. Man muß die Kuh kaufen, auch wenn man nur einen Liter Milch braucht. Man muß ganze Menschen, mit Haut und Haaren, ihren Macken und Marotten beschäftigen, auch wenn man nur bestimmte Dienste und Leistungen von ihnen will. Dies ist Chance und Risiko jeder Organisation, jedes Unternehmens.

Man geht gewissermaßen in ein Geschäft, um eine bestimmte Ware, ein spezielles Verhalten zu kaufen, bekommt das gewünschte Produkt aber nur, wenn man gleichzeitig noch ein Paket anderer Artikel miteinkauft. Hier liegt die Unwägbarkeit. Den Inhalt dieser Wundertüte kann man sich im allgemeinen nicht aussuchen; er kann voll nutzbringender, die Organisation weiterentwickelnder, oder aber voll störender und lästiger Produkte sein.

Der einzelne Mensch ist autonom, das heißt er handelt nach seinen inneren Wertmaßstäben, seiner persönlichen Wirklichkeitskonstruktion, seinem Weltbild, seinen Motiven und Zielen entsprechend. Er ist eine nichttriviale Maschine, deren Verhalten im Prinzip unberechenbar und von außen nicht steuerbar ist. Und dennoch gelingt das scheinbar Unwahrscheinliche: die Zusammenarbeit mehrerer Menschen, die Herstellung berechenbarer, ineinandergreifender Handlungsabläufe mehrerer Personen.

Die Erklärung dafür ist einfach: Jeder einzelne Mensch, der zu organisiertem Verhalten beiträgt, hat sich seine Nichttrivialität „abkaufen" lassen. Er verzichtet auf die Nutzung seiner Unberechenbarkeit und er verhält sich aufgrund seiner eigenen Entscheidung, als ob er steuerbar und berechenbar wäre. Er hält sich an Spielregeln, obwohl er das eigentlich nicht müßte. Und er tut dies, weil es sich für ihn rechnet, weil es ökonomisch sinnvoll ist und die Kosten-Nutzen-Rechnung in seiner persönlichen Währung vorteilhaft ist.

Dazu ein Beispiel: Ein Warenhaus der Modebranche mit 17 Warengruppen wie zum Beispiel Damenmäntel, Damenoberbekleidung, Accessoires, ..., führt ein neues Planungssystem ein, das die Entscheidungskompetenzen der Vertreter der Warengruppen erheblich reduziert. Sie wehren sich und versuchen, das neue Planungssystem zu unterlaufen. Sie lassen sich ihre nichttrivialität nicht nehmen. Die Vertreter einer Warengruppe (Accessoires) haben dieses Problem nicht. Sie fügen sich in das neue System vorbildlich ein.

Die Erklärung: Diese Warengruppe wird innerhalb des Warenhauses als nicht so wichtig wahrgenommen. Der Gewinn, sich die Nichttrivialität abkaufen zu lassen, besteht in der Aufmerksamkeit, Beachtung und Anerkennung, die der Vorstand für das makellose Funktionieren des neuen Planungssystems gewährt.

In diesem Fall haben die Abteilung und jeder einzelne ihrer Mitarbeiter einen ähnlichen Gewinn. Dies ist aber nicht die Regel. So wie jeder einzelne Mitarbeiter für die Organisation Mittel zum Zweck ist, ein Umweltfaktor, der für das Überleben – wie die Luft zum Atmen – nötig ist, so ist für den einzelnen Mitarbeiter die Organisation immer Mittel zum Zweck und nur in den seltensten Fällen der Zweck an sich. Nicht die gemeinsame Zieldefinition bringt Menschen zur Zusammenarbeit, sondern das gemeinsame Mittel. Jeder Mitarbeiter eines Unternehmens hat seine eigenen, intern definierten Werte. Was alle verbindet, ist der gemeinsame Weg zur Realisierung dieser verschiedenen Werte: das Unternehmen.[6]

Aber nicht alles, was der Realisierung dieser unterschiedlichen, individuellen Ziele und Werte dient, scheint auf den ersten Blick auch den Zielen des Unternehmens zu dienen. Mitarbeiter einer Organisation produzieren immer mehr beziehungsweise anderes Verhalten, als zur Aufrechterhaltung der Organisation theoretisch eigentlich benötigt wird (sie gehen zur Toilette, flirten miteinander, gähnen, lösen Kreuzworträtsel, dösen, klatschen über Kollegen, telefonieren mit der Tante usw.). Sie machen sich aber eventuell auch Gedanken über die Verbesserung von Produktionsverfahren, neue Produkte und günstigere organisatorische Abläufe (Zitat eines Marketing-Managers: „Die besten Ideen kommen mir in der Badewanne.“), obwohl dies ebenfalls nicht zu ihrem eng umrissenen Aufgabenbereich gehört, wie er in ihrer Stellenbeschreibung vorgezeichnet ist – falls es eine gibt. Und ein weiterer Faktor tritt hinzu: Möglicherweise kommt dem Mitarbeiter XY die Idee für das neue Produkt gerade beim Plaudern mit der Kollegin Z während der Dienstzeit. Darüberhinaus pflegen die Mitabeiter einer Organisation Beziehungen, die im Organisationsplan nicht nur nicht vorgesehen, sondern sogar unerwünscht sind, da sie die formale Struktur informell in Frage stellen (die Leiterin der Abteilung X schläft mit dem Sachbearbeiter der Abteilung Y außerhalb der Dienstzeit). Dadurch aber wird möglicherweise – Bettgeflüster – der Informationsfluß zwischen den Abteilungen ungeplant und unvorhersehbar verbessert. Kurzfristig und theoretisch negativ bewertete Verhaltensweisen von Mitarbeitern können langfristig positive Wirkungen haben – und umgekehrt, natürlich. Dies ist ein Wundertüteneffekt, der sich jeglicher Planung entzieht und das Potential für Aufstieg und Fall eines Unternehmens beinhaltet.

Da die Elemente eines Unternehmens (Handlungen) nie direkt zu beschaffen und in eine Gesamtkonstruktion einzubauen sind, kann der Aufbau einer Organisation nie nach dem Ingenieursmodell funktionieren. Jede Planung muß daher vage und vieldeutig bleiben, Unberechenbarkeit mit-

---

6 Vgl. dazu Weick, K. (1979): Der Prozeß des Organisierens. Frankfurt (Suhrkamp) 1985, S. 133.

berechnen. Sie muß sich damit begnügen, einen Rahmen abzustecken, der die Freiheit des einzelnen Stelleninhabers begrenzt, wo sie schädliche Wirkungen haben könnte, ohne sie dort zu blockieren, wo sie nützlich sein könnte. Das heißt, sie muß sich damit begnügen festzulegen, was auf jeden Fall gemacht und was auf jeden Fall unterlassen werden muß.

Das führt zu der Frage, welche Bedeutung und welcher Wert welchem Verhalten welchen Mitarbeiters zu welchem Zeitpunkt auf welchem Posten zugeschrieben wird oder werden muß.

Hier zeigt sich ein gravierender Unterschied zwischen der Innen- und der Außenperspektive der Beobachtung. Dies mag eine weitere Geschichte verdeutlichen:

Zur Planung eines Krankenhausneubaus wurde unter anderem auch die Zusammenarbeit zwischen dem Labor beziehungsweise den Laboranten und Laborantinnen und dem Pflegepersonal auf den Stationen untersucht. Dabei zeigten sich die Arbeitsabläufe folgendermaßen organisiert: Jeden Morgen brachte von jeder Station eine der Krankenschwestern oder einer der Pfleger die Blut- und Urinproben in das im Keller befindliche Labor. Um ins Labor zu gelangen, mußten sie den Fahrstuhl oder, was erheblich länger dauerte, aber merkwürdigerweise dennoch sehr beliebt war, die Treppe benutzen. Nach einigen Minuten Fußweg erreichten sie so das unter einem Nebengebäude lokalisierte Labor. Hier gaben sie einem Mitarbeiter des Labors die Proben mit den jeweils beigefügten Laborzetteln, auf denen vermerkt war, welche Untersuchungen angefordert wurden. Im allgemeinen war die Übergabe der Proben mit einem weniger formalisierten Austausch von Informationen verbunden. So gab das Pflegepersonal Hintergrundinformationen über die Patienten, denen die Untersuchungen galten: von ihren Diagnosen über ihren aktuellen Gesundheitszustand, den Verlauf der Krankheit, bis hin zu den Schwierigkeiten, die der behandelnde Arzt mit diesem Patienten hatte. Daneben wurde anderer Klatsch ("welcher Doktor mit welcher Schwester …") getauscht. Meist vergingen fünf bis zehn Minuten (eine "Zigarettenlänge") bis die Übergabe der Proben beendet war. Insgesamt dauerte es etwa 20 bis 25 Minuten, bis die Pflegekraft, die ins Labor gegangen war, wieder auf der Station war.

Dieser Zeitaufwand erschien bei der Neuplanung der Klinik als unökonomisch, so daß die Installation einer Rohrpostanlage für den Transport der Proben ins Labor und den Rücktransport der Befunde auf die Stationen beschlossen wurde.

Bereits wenige Wochen nach Inbetriebnahme der neuen Klinik zeigte sich, daß die durchgeführten Veränderungen nicht die gewünschten Rationalisierungswirkungen hatten. Der Krankenstand beim Laborpersonal stieg scheinbar unerklärlich an, und die Qualität der Laborleistungen sank. In den folgenden Monaten dramatisierte sich die Situation. In Notfällen kam es zu zeitlichen Verzögerungen, welche die angemessene Versorgung der Patienten gefährdete. Am Ende des ersten Jahres nach Einweihung der Klinik mußte eine starke Fluktuation beim Laborpersonal festgestellt werden. Eine Befragung derer, die ihre Stelle gekündigt hatten, ergab, daß aus ihrer Sicht die Einführung der Rohrpost der Unterschied war, der den Unterschied zwischen einer gut und einer schlecht funktionierenden Laborabteilung machte. Während das Laborpersonal vorher das Arbeitsklima sowohl in der Klinik im allgemeinen als auch speziell im Labor als gut und die Arbeitszufriedenheit als hoch eingeschätzt hatte, verkehrten sich diese Einschätzungen nun ins Gegenteil.

Aber nicht nur die Klinik und das Labor wurden nun anders beschrieben. Die Mitarbeiter beschrieben und bewerteten sich selbst und ihre Rolle nunmehr anders. Vorher waren sie wichtig und hatten das Gefühl, in einer direkten Beziehung zur Krankenversorgung zu stehen. Auch wenn sie die Patienten nicht oder nur selten persönlich kannten, so wußten sie doch einiges über sie. Vor allem hatten sie eine Vorstellung davon, wozu die angeforderten Untersuchungen nötig waren und welchen Wert die eigene Arbeit für den Patienten und alle diejenigen, die an seiner Behandlung beteiligt waren, hatte.

Die wesentliche mit der Einführung der Rohrpost verbundene Veränderung war offenbar nicht die Beschleunigung des Transportes von Blut- und Urinproben, sondern ein Eingriff in weit komplexere Regulationsmechanismen: die Interaktions- und Kommunikationsmöglichkeiten zwischen den Stationen und dem Labor. Dieser Wandel der organisatorischen Struktur der Klinik führte bei den Laboranten und Laborantinnen zu einer Änderung ihrer Wirklichkeitskonstruktion, das heißt ihres Bildes der Klinik, des Labors und von sich selbst, die weitreichende Wirkungen hatte.

Ob die Kosten-Nutzen-Analyse dieser aus der Außenperspektive des Planers vorgenommenen Rationalisierungsmaßnahme langfristig ein positives Ergebnis ausweist, soll hier nicht diskutiert werden. Was wir zeigen wollten, ist, daß bei derartigen Eingriffen in ein organisatorisches Gefüge nicht so ohne weiteres von den Bewertungen derer, die diese Veränderungen aus der Innenperspektive erleben, abgesehen werden kann.

Dies ist ein Beispiel dafür, daß die Planer die Vieldeutigkeit menschlichen Verhaltens, die kurz- und langfristige Beziehung von Mittel und Zweck, für die Krankenschwestern auf der einen Seite, für die Gesamtorganisation des Krankenhauses auf der anderen Seite, nicht genügend berücksichtigt haben.

Auf der Ebene des Tauschs von Verhaltensweisen haben die Krankenschwestern und -pfleger und die Laboranten und Laborantinnen ein für sie jeweils befriedigendes Geschäft gemacht. Untereinander haben sie Zigaretten und Feuer, Zuwendung, gegenseitige Aufmerksamkeit, Klatsch über das Personal und die Patienten getauscht. Dies war für sie der unersetzbare Zweck des morgendlich ritualisierten Besuchs im Labor. Der oberflächliche organisatorische Zweck, der Transport des Blutes, war für sie nur Mittel zum Zweck und formale Legitimation für Mittel wie Zweck. Dennoch kam in diesem ursprünglichen Arrangement auch die Organisation auf ihre Kosten. Sie hat eine für sie überlebensnotwendige Tätigkeit (nicht nur den Transport des Blutes, sondern darüber hinaus außerordentlich sachgerechte und schnelle Laborarbeit) als Gegenleistung erhalten. Ein faires Geschäft, dessen Voraussetzung eine spezielle Art der Verknüpfung von Tätigkeiten verschiedener Personen war.

Die Gesamtorganisation funktioniert, solange sich solch eine gegenseitige „Mittel-zum-Zweck"-Beziehung zwischen der Organisation und ihren einzelnen Mitarbeitern herstellt. Gelingt dies nicht oder wird der Gewinn zu einseitig (zu Gunsten oder Ungunsten der Organisation/zu Gunsten oder Ungunsten der Mitarbeiter), so wird jeweils, wie in dem genannten Beispiel, die lebenssichernde Umwelt in Frage gestellt.

Man kommt also nicht umhin, sich sehr genau darüber zu informieren, welche Art von Bezahlung erforderlich ist, um Mitarbeitern ihre nichttrivialität abzukaufen, oder im Sinne unseres radikal-marktwirtschaftlichen Modells: in welcher Währung jeder einzelne seine Kontoführung durchführt.

Jeder Mitarbeiter einer Organisation ist ein Beobachter, der Unterscheidungen vornimmt, ihnen einen Namen (zum Beispiel „arbeiten", „führen", „organisieren") und einen Wert (zum Beispiel „gut", „schlecht", „effizient", „angenehm", „lustvoll", „profitabel" etc.) zuschreibt. Organisation ist insofern immer ein Ergebnis menschlicher Kommunikation, ein Ereignis, das sich in den Köpfen der Beteiligten abspielt.

Linienorganisation, Stablinienorganisation, Mehrlinienorganisation, Matrixorganisation, Tensororganisation; funktionale Gliederung, regionale Gliederung, Sparten- oder Produktgliederung; Zentralisierung, Dezentralisierung; formal, informell; Delegation, Integration; Aufbau, Ablauf; horizontal, vertikal; Strukturen, Prozesse, Regeln, Vorschriften, Handlungsanleitungen, Evaluierungsverfahren, Organisationsinstrumente, Modelle, Organigramme ...etc.: all diese Begriffe schwirren durch die Köpfe von Führungskräften und durch die Gänge von Verwaltungsgebäuden, werden in Betriebskantinen mit Verständnis oder Unverständnis geflüstert und in betriebswirtschaftlichen Seminaren diskutiert. Was aber haben diese Unterscheidungen im Bereich der Sprache, diese Kästchen und Pfeile auf Flipchart-Papier, mit dem zu tun, was in einem Unternehmen passiert, mit den Rezepten, nach denen gekocht und dann auch gegessen wird?

Es sind Versuche, Erfahrungen zu beschreiben, aus gelungener oder miß-
lungener Organisation seine Lehren zu ziehen und sie sich zu merken.
Aber wessen Erfahrungen lassen sich in solch einer Sprache beschreiben?
Entsprechen die Unterscheidungen, die in solchen Modellen zur Beschreibung der gelungenen Organisation vorgenommen werden, den Unterscheidungen derer, die dieses Verhalten produzieren (sollen)? Erfassen die so –
aus der Außenperspektive – konstruierten Ursache-Wirkungs-Beziehungen
die relevanten Zusammenhänge zwischen Ziel und Mittel für das Gesamtsystem Unternehmen wie auch für die Mitarbeiter? Können aus ihnen
Handlungsanleitungen für den Alltag – die Innenperspektive – abgeleitet
werden? Matrixorganisation, Stablinienorganisation: Wie macht man das?
Und vor allem: Wozu sollen sie eigentlich dienen?

Bei allen Organisationsmodellen besteht die Gefahr, Speisekarte und Spei-
se miteinander zu verwechseln, das heißt dem Irrglauben zu verfallen, der
Name einer Sache sei die Sache, die Eigenschaften der Sprache und ihrer
Begriffe würden die Eigenschaften dessen abbilden, was sie benennen, der
Name des Kochs sei ein Rezept.

Die Evolution organisatorischer Muster – Ein Experiment

Die Entwicklungsprinzipien von Organisationen, die Verfestigung von
Strukturen und die Schwierigkeiten, sie zu verändern, lassen sich am besten durch ein Experiment veranschaulichen, das zur Not auch als Gedankenexperiment durchgeführt werden kann.

Zutaten:
Man nehme eine Gruppe von Menschen (10–20 Personen) und einen Ball.
Nun geben man den Beteiligten folgende Aufgabe:

Jeder hat eine dreistellige Zahl zu sagen und jeder hat die Aufgabe, sich
möglichst viele Zahlen und das zu jeder Zahl gehörende Gruppenmitglied
zu merken. Wenn alle ihre Zahl genannt haben, dann wirft ein Gruppenmitglied den Ball einem anderen Gruppenmitglied zu und nennt dabei die
vom Empfänger zuvor genannte Zahl. Stimmt die Zahl nicht, so verweigert der Empfänger die Annahme des Balls und sendet ihn dem Absender
zurück. Stimmt die Zahl, so behält der Empfänger den Ball und wirft ihn
seinerseits unter Nennung der vermuteten Zahl einem anderen Gruppenmitglied zu usw.

Hier das Protokoll solch eines Experiments:
Die Sequenz der Zahlen sah zunächst folgendermaßen aus: 974, 167, 853,
385, 425, 333, 439, 672, 333, 167, 539, 218, 999, 167, 911, 873, 111, 112,
333, 167, 999, 743, 629, 218, 167, 124, 333, 111, 999, 167, 218, 333 ...

Nach einigen Minuten tauchen bestimmte Zahlen immer wieder auf: 333, 218, 999, 111, 167 ..., manche sind am Anfang ein- oder zweimal genannt worden, manche überhaupt nie. Welche Zahlen dies sind, ist von Zufall und Notwendigkeit bestimmt. Die Notwendigkeit ist durch den Handlungsdruck der Teilnehmer an diesem Spiel gegeben. Jeder muß, wenn er mitspielen will, den Ball weiterspielen. Dazu braucht er einen Empfänger, das heißt, er muß sich die Zahl zumindest eines anderen Mitspielers merken, um den Anschluß nicht zu verpassen. Und am leichtesten fällt es ihm als Beobachter und Mitspieler, sich solche Zahlen zu merken, die sich für ihn irgendwie aus der Masse der anderen Zahlen herausheben und seine Aufmerksamkeit fesseln. Dies kann zum einen durch die unverwechselbare Eigenart der Zahlen bedingt sein (111, 333 und 999 sind durch ihre Regelmäßigkeit „objektiv", das heißt für jeden Mitspieler, sehr auffällig). Zum anderen kann es durch eine mehr oder weniger individuelle und persönliche Zuweisung von Bedeutung zu einer Zahl zur Fokussierung der Aufmerksamkeit auf sie kommen: 218 (die Nummer des Abtreibungsparagraphen), 911 (die Typnummer des eigenen Porsches) usw.; oder beides trifft zusammen, objektive Merkmale der Zahl und subjektive Bedeutungszuweisung: 333 (bei Issos Keilerei).

Dazu kommen noch weitere Faktoren: die Geschichte des Spiels, die Beziehungen der Mitspieler und Mitspielerinnen zueinander. Mit jeder Nennung einer Zahl erhöht sich die Wahrscheinlichkeit, daß der Empfänger erneut angespielt wird. Seine Adresse, sein Name, wird erneut allen anderen Mitspielern in Erinnerung gerufen. Je früher eine Zahl ins Spiel gebracht wird (hier beispielsweise 167), desto größer die Chance. Es handelt sich hier um ein Beispiel für das altbekannte „Matthäus-Prinzip": Denen, die haben, wird noch gegeben werden, denen, die nicht haben, wird noch genommenwerden.[7] Etwas Ähnliches gilt für die Wichtigkeit, die einzelnen Gruppenmitgliedern von den anderen zugebilligt wird. Die Wahrscheinlichkeit, daß die Zahl einer prominenten Persönlichkeit erinnert wird, ist größer, als bei der, die von den anderen als „Underdog" wahrgenommen wird.

Die Struktur des Spiels, das immer wiederkehrende Muster der Interaktion (wer wirft wem den Ball zu), wird also von allgemeinen wie individuellen Faktoren bestimmt: von den vorgegebenen Geboten und Verboten, der

---

7 Siehe dazu die Ausführungen des Wissenschaftssoziologen Robert K. Merton, der dieses Prinzip auch für den Wissenschaftsbetrieb nachweist, wo der vielzitierte Autor immer mehr zitiert wird und zu immer mehr Publikationen aufgefordert wird, der unbekannte nie zitiert wird und Schwierigkeiten hat, seine Arbeiten zu veröffentlichen; Merton, R. K. (1965): Auf den Schultern von Riesen. Frankfurt (Suhrkamp) 1980, S. 80.

Geschichte des Spiels und der Fokussierung der Aufmerksamkeit der Mitspieler, die weitgehend von ihren individuellen Bedeutungsgebungen bestimmt ist. Aus dem Zusammenspiel nicht-trivialer Maschinen ist ein regelmäßiges Muster geworden.

Dieses Spiel modelliert die Prozesse bei der Entwicklung organisatorischer Muster so gut, weil alle relevanten Elemente einer Organisation enthalten sind. Für die Mitspieler ist ihr Verhalten ein Mittel zum Zweck – sie wollen nicht aus dem Spiel herausfallen. Aus diesem Grund halten sie sich an vorgegebene Spielregeln; Gebote, die ihnen sagen, was sie auf jeden Fall zu tun haben (Ball weitergeben und Zahl nennen), und Verbote, die ihnen sagen, was sie auf keinen Fall tun dürfen (Ball annehmen bei falscher Zahl). Es entsteht so zwischen jeweils zwei Personen eine Interaktion, die mit dem Abschluß eines Vertrages zu vergleichen ist. Der erste Spieler bietet eine Ware an (spielt den Ball zu, nennt eine Zahl), der zweite nimmt das Angebot an (behält den Ball und spielt ihn weiter), der Tausch ist geglückt, oder er lehnt das Angebot ab (gibt den Ball zurück), der Tausch mißglückt. Sprache und Handlung müssen dabei in besonderer Weise miteinander verknüpft sein. Wer dem einen den Ball zuspielt, dem anderen die für ihn richtige Zahl sagt, bleibt im Spiel. Das Muster, das auf diese Weise entsteht, ist von keinem einzelnen zu kontrollieren. Auch der innovationsbewußte Mitspieler, der sich alle Zahlen aller Beteiligten gemerkt hat, kann auf Dauer nicht gewährleisten, daß eine von ihm protegierte Zahl von den anderen einbezogen wird. Er kann sie selbst zwar möglichst häufig anspielen, aber wenn sie von den anderen bewußt ausgegrenzt wird, riskiert er, dadurch auch selbst ausgegrenzt zu werden.

Ein weiterer Faktor, der Interaktion erleichtert oder erschwert, wird in diesem Experiment deutlich. Die hier vorgegebenen Spielregeln ermöglichen das Anspielen eines anderen nur unter der einen Bedingung, daß man etwas über ihn weiß („seine" Zahl). Es wird also Wissen vorausgesetzt.

Fordert man die Spieler nach einiger Zeit, wenn sich ein festes, immer wieder-kehrendes Muster entwickelt hat, auf, sie sollten auf Teufel komm raus, ein neues, anderes Muster entwickeln, so passiert im allgemeinen erst einmal gar nichts Neues. Innerhalb der alten Spielregeln ist Innovation so gut wie unmöglich. Weder guter Wille noch Drohungen führen dazu, daß die einmal vergessenen Zahlen wieder erinnert werden. Erst die Ankündigung, die Mitspieler und Mitspielerinnen würden wie bei einer Papstwahl eingemauert, fördert ein wenig die Kreativität. Irgendeine Mitspielerin stellt die Grundregel, es müsse eine Zahl genannt werden, in Frage und nennt zum Beispiel den Namen des Adressaten und seinen Geburtsort. Dieses Sprengen des prinzipiellen Rahmens führt dann zunächst meist zu einer beliebigen Folge von Verknüpfungen zwischen Ballwurf und sprachlicher Bezeichnung: Religionen, Himmelsrichtungen, Parteien oder ähnliches wird genannt. Es entsteht so aber kein für die anderen sinnvolles und berechenbares Muster, die individuelle Freiheit aller Beteiligten bleibt unbegrenzt, es bleibt ihrer Willkür überlassen, was sie sagen, es ist beliebig und unvorhersehbar. Es macht keinen Unterschied mehr, ob überhaupt etwas gesagt wird oder nicht, es entwickelt sich auch keine erkennbare Ordnung im Zuspiel, da es für die Beobachter keine für alle verbindlichen Zeichen und Symbole gibt, die auf ihre Regelmäßigkeit hin untersucht werden könnten.

Nach einer Phase des Chaos und der Anarchie treten aber dann im allgemeinen Ermüdungserscheinungen auf, alle oder zumindest die überwiegende Mehrheit teilt den Wunsch, endlich die weißen Rauchsignale senden zu können: Wir haben eine neue Ordnung!

Einer der Spieler nennt seine eigene Zahl (den Absender) beim Werfen des Balles, andere folgen seinem Beispiel. Die in dieser Handlungsweise implizit vorgeschlagene Spielregel erlaubt es, den Raum der möglichen Anspielpartner auf alle Beteiligten zu erweitern. Wissen über diese wird dabei nicht vorausgesetzt. Die Muster hängen nicht mehr von den Merkmalen der Kennzahlen ab, sondern von persönlichen Vorlieben, den einen oder die andere ins Spiel zu bringen. Allerdings ist dies nur bei einer Gruppe mit einer längeren gemeinsamen Vorgeschichte der Fall. Wo das nicht so ist, entsteht auf längere Sicht keine Einschränkung der angespielten Partner, es bleibt ein großer Freiraum, eine Erweiterung der Möglichkeiten zur Interaktion.

Es sind, wie auch in diesem Experiment, immer Spielregeln, welche die Wahrscheinlichkeit der Entstehung der einen oder anderen Organisationsform erhöhen oder erniedrigen, Optionen erweitern oder einengen. Beim Aufbau und der Strukturierung eines Unternehmens können nie Organisationsformen als Ganzes beschlossen werden, sondern immer nur Spielregeln, das heißt ein begrenzender Rahmen, innerhalb dessen die Selbstorganisation von Kommunikationsmustern stattfindet.

Rezepte

– *Stellen Sie „Hausfrauen" genügend „Künstler" zur Seite, damit diese nicht ersticken, und stellen Sie „Künstlern" genügend „Hausfrauen" zur Seite, damit diese nicht verhungern.*

– *Fragen Sie sich zu formalen Regelungen: Was ermöglichen sie, was verhindern sie? Was gelingt durch sie leichter, was schwerer? Was wird wahrscheinlicher, was unwahrscheinlicher? Wem dienen sie, wem schaden sie? Wie sind sie entstanden, und wie und warum werden sie aufrechterhalten?*

– Stellen Sie sich vor, sämtliche Projektgruppen, Arbeitskreise, Sitzungsformen, die derzeit bestehen, blieben auf Dauer in Ihrem Unternehmen erhalten. Wenn Sie also organisatorische Strukturen gestalten, so überlegen Sie auch genau, wie Sie die Entsorgung regeln, das heißt diese Strukturen wieder wegschaffen können, wenn das entsprechende Problem gelöst, die Arbeit beendet, die spezifische Koordinationserfordernis bewältigt ist. Halten Sie sich Möglichkeiten dafür offen.

– Organisieren Sie selbst nicht zu viel, sondern schaffen Sie die Rahmenbedingungen, daß die beteiligten Personen ihre Zusammenarbeit selbst gestalten können.

– Suchen Sie nicht die perfekte Organisation. Sie würden im Chaos enden. Begnügen Sie sich mit Strukturangaben und verlangen Sie von den Leistungserbringern, daß sie Geschäftsprozesse, nicht aber Stellen managen. Dabei ersparen Sie der Organisationsabteilung das mühsame Erstellen von Handbüchern, die oft gerade dann ihre Gültigkeit verlieren, wenn sie fertiggestellt sind. Andererseits verlieren Sie dann aber eine wichtige Kenngröße für die Unterscheidung von geplanter (geschriebener) und gelebter Organisation.

4. LEISTUNG

> *„So ist verflucht der Ackerboden deinetwegen. Unter*
> *Mühsal wirst du von ihm essen alle Tage deines Lebens.*
> *Dornen und Disteln läßt er dir wachsen, und die Pflan-*
> *zen des Feldes mußt du essen. Im Schweiße deines*
> *Angesichts sollst du dein Brot essen, bis du zurückkehrst*
> *zum Ackerboden; von ihm bist du gekommen."*
> *Genesis 3, 19*

> *„Manager kommen deswegen in Schwierigkeiten, weil*
> *sie vergessen, in Kreisen zu denken."*
> *Karl E. Weick[1]*

Die Leistungsfähigkeit von „Leistung"

In nahezu allen Bereichen der Wirtschaft stößt man auf „Leistung" als einen allgegenwärtigen Begriff: „Leisten sie erst einmal etwas, bevor sie Forderungen stellen!", „Bei uns werden Mitarbeiter nach ihrer Leistung bezahlt", „Von den zwölf Mitarbeitern meiner Gruppe sind drei bis vier die
wesentlichen Leistungsträger", „Es ist ihre Aufgabe als Führungskraft, die
Leistung ihrer Mitarbeiter zu bewerten!", „Die Leistungsfähigkeit der amerikanischen Industrie ist im Vergleich zur deutschen und japanischen in
den 90er Jahren gestiegen", „Die Leistungsfähigkeit des kapitalistischen
Wirtschaftssystems ist der der kommunistischen Planwirtschaft überlegen",„Leistung muß sich wieder lohnen!"...

Die offensichtlich vielfältige Anwendbarkeit des Leistungsbegriffs hängt
damit zusammen, daß es sich um einen äußerst schwammigen und weichen Begriff handelt. In seiner Bedeutung werden inhaltlich zwei Definitionen miteinander vermischt: Leistung im technisch-naturwissenschaft-
lichen und im betriebswirtschaftlich-ökonomischen Sinn.

In der Mechanik ist Leistung auf Bewegung bezogen; sie ist als das Produkt
aus aufgewandter Kraft und zurückgelegtem Weg pro Zeiteinheit definiert:
(Kraft x Weg) / Zeit. Je weiter der Weg, je schwerer der Wagen und je schneller das Ziel erreicht wird, desto größer ist die Leistung.

Die Arbeitswissenschaften haben für die Anwendung dieses mechanischen
Arbeitsbegriffs auf menschliche Arbeit den Begriff „Intensität" geprägt: Sie

---

1 Weick, K.E. (1979): Der Prozeß des Organisierens. Frankfurt (Suhrkamp)
1985, S.126.

äußert sich in der Geschwindigkeit und der Kraftanspannung bei der Bewegungsausführung.

Das alles hört sich nach Mühe an, je mehr ich keuche, desto mehr leiste ich. Die Menschheit nach dem ersten Sündenfall, die Vertreibung aus dem Paradies, eine puritanische Ethik: Anstrengung an sich ist gut, mehr davon ist besser. All dies ist aber nicht unbedingt Ausdruck wirtschaftlichen Denkens.

In der Betriebswirtschaft bedeutet Leistung traditionellerweise eine Input-Output-Relation. Leistung ist gleichgesetzt mit Effizienz, dem quantifizierten Input-Output-Verhältnis. Je kleiner der Input und je größer der Output und , desto effizienter arbeitet ein System und desto leistungsfähiger ist es.

Der entsprechende Begriff innerhalb der Arbeitswissenschaften lautet „Wirksamkeit". Die Wirksamkeit ist ein Ausdruck für die Güte der Arbeitsweise einer Person. Sie ist daran zu erkennen, wie geläufig, zügig, beherrscht, ruhig, zielsicher, rhythmisch und locker gearbeitet wird.

Hier bedeutet Leistung kluges Kalkül im Sinne von kontinuierlicher Optimierung: Listigkeit, Schlankheit ohne überflüssige Pfunde, wenn Anstrengung, dann zur richtigen Zeit.

Die Bewertung der Leistung – hier kommt die Außenperspektive ins Spiel – ist daran gebunden, an welchen Zielen ein Beobachter sie mißt. Ein gutes Beispiel aus dem Bereich der Technik ist der Wirkungsgrad eines Verbrennungsmotors. Dabei wird im allgemeinen die in Form von Brennstoff zugeführte Energie (Verbrauch) zu der als Antriebsenergie nutzbar gemachten Energie ins Verhältnis gesetzt. Bei den üblichen Automobilmotoren liegt dieser Wert irgendwo in der Gegend von 30 Prozent. Mit den restlichen 70 Prozent wird unter anderem die Umgebung geheizt (auch im Sommer). Die Abwärme und die Abgase werden bei der üblichen Definition der Leistung eines Motors in PS nicht ins Kalkül einbezogen, sie stellen einen Unterschied dar, der keinen Unterschied macht, sie werden weggedacht ... (wenigstens in dieser Konstruktion von Wirklichkeit, genannt „Leistungsdefinition").

Der Leistungsbegriff hat auch weitreichende Folgen für zwischenmenschliche Beziehungen. Er legitimiert Differenzierungsprozesse, die Aufhebung und gleichzeitige Bestätigung der in der französischen Revolution aufgestellten Gleichheitsforderung.[2] Leistung liefert die Begründung für Unter-

2 Heintel, P. (1989): Hierarchie und Projektorganisation. Klagenfurt (unveröffentlichtes Manuskript).

schiede zwischen „an sich" gleichen Menschen: In Napoleons Armee hat jeder Soldat den Marschallstab in seinem Tornister.

Die Beliebtheit des Leistungsbegriffs in der Wirtschaft spricht für seine Nützlichkeit. Sie dürfte gerade in seiner Vieldeutigkeit begründet sein, die dem Anwender und Beobachter die Möglichkeit eröffnet, gerade diejenigen Größen als „Input" und „Output" zueinander in Beziehung zu setzen – radikal-marktwirtschaftlich gesehen als Kosten und Nutzen –, die er in Beziehung setzen will; und diejenigen auszublenden, die er nicht berechnet sehen will.

Jede Einbeziehung neuer Größen in die Effizienzberechnung verändert den gesamten Prozeß für alle Beteiligten. Würde es der Umwelt (oder ihren Anwälten) beispielsweise gelingen, ihren Verschleiß kostenwirksam als Input-größen (Kosten) im betrieblichen Cash flow berücksichtigen zu lassen, so würde sich dieser – wie allgemein bekannt – radikal verändern. Notwendig wäre dann, die Regeln des Spiels Wirtschaft zu verändern und die Grenzen der jeweiligen „wirtschaftlichen Überlebenseinheiten", drinnen und draußen, neu zu definieren.

Wendet man den betriebswirtschaftlichen Leistungsbegriff an, so begibt man sich immer in die Außenperspektive, trennt zwischen System und Umwelt, zwischen Input und Output. Es ist immer eine mehr oder weniger willkürliche Trennung, deren Leistungsfähigkeit immer von den Zielen abhängt, denen sie dienen soll. Denn auch Ziele sind ja nie „gegeben", sondern immer das Ergebnis von Vereinbarungen und Entscheidungen. Einigen sich mehrere Personen, die gemeinsam arbeiten, auf eine gemeinsame Wirklichkeitskonstruktion von „Leistung", so sind damit eine Menge von Spielregeln festgelegt, an denen sich nicht nur die Bewertung und Auswahl des Verhaltens von einzelnen orientiert, sondern auch die Interaktion aller Beteiligten, ihr Tausch von Verhalten.

Paradoxa –
Leistung in der betrieblichen Planwirtschaft

„Das Regeln – die Regelung – ist ein Vorgang, bei dem eine Größe, die zu regelnde Größe (Regelgröße), fortlaufend erfaßt, mit einer anderen Größe, der Führungsgröße, verglichen und abhängig vom Ergebnis dieses Vergleichs im Sinne einer Angleichung an die Führungsgröße beeinflußt wird. Der sich dabei ergebende Wirkungsablauf findet in einem geschlossenen Kreis, dem Regelkreis, statt." (DIN 19 226).

Dieses Regelkreismodell liefert meist den Rahmen, innerhalb dessen der Leistungsbegriff innerbetrieblich verwendet wird. Es gibt zwei zusammenwirkende Elemente: das ausführende (die Regelstrecke) und das Kontroll-

und Lenkungsorgan (den Regler). Der Mitarbeiter (oder besser: sein Verhalten) wird zur Regelstrecke, der Vorgesetzte (sein Verhalten) zum Regler.

Dem Unternehmens- oder Bereichsziel kommt in solch einem Modell die Funktion einer Führungsgröße zu. Das Ergebnis einer Leistungsbewertung oder -überprüfung die Funktion der Regelgröße und eine (neue) Zielvereinbarung oder Leistungsvereinbarung die Funktion einer Stellgröße. Durch Ziel- oder Leistungsvereinbarungskaskaden über alle hierarchischen Ebenen hinweg entsteht daraus ein durchgängiges betriebliches Steuerungsmodell. Am weitesten formalisiert sind solche Modelle in ausdifferenzierten „Management-by-objectives"-Konzepten.

Soviel zum theoretischen Hintergrund. In der Praxis führt dieses auf der Speisekartenebene so rational erscheinende Konzept immer wieder zu höchst ungeplanten Wirkungen.

Ein erstes Beispiel – Erdölverarbeitende Industrie:
In einem deutschen Unternehmen der Erdölindustrie wurde nach einer langen Entwicklungs- und Entscheidungsphase für alle außertariflichen Führungskräfte ein personenbezogenes Leistungsentgeltsystem eingeführt. Voraussetzung dafür war die Bewertung der Leistung jeder einzelnen Führungskraft durch ihren Vorgesetzten. Dazu wurde ein firmenspezifisch konzipiertes Instrument zur Vereinbarung von strategischen, operativen und verhaltensbezogenen Leistungszielen entwickelt. Jeder Vorgesetzte hatte ab nun mit jeder ihm unterstellten Führungskraft eine verbindliche Vereinbarung über die Leistungsziele des kommenden Geschäftsjahres herzustellen. Vor dem Hintergrund dieser Vereinbarung wurde dann nach einem Jahr die Leistung der Führungskraft und der von ihr geleiteten Organisationseinheit in einem Bewertungsgespräch festgestellt. Je nach Ergebnis dieser Bewertung wurde innerhalb einer erheblichen Bandbreite das Gehalt für das darauffolgende Jahr festgelegt.

Die irritierende Wirkung: Nach dem ersten Jahr der Anwendung des neuen Systems wurden die persönlichen Leistungen der Manager in diesem Zeitraum in den Bewertungsgesprächen im Schnitt zwischen sehr gut bis hervorragend bewertet – gleichzeitig stagnierte jedoch die Umsatzentwicklung des Unternehmens in einer nicht durch äußere Faktoren erklärbaren Weise.

Ein zweites Beispiel – Computerhersteller:
Weniger spektakulär, aber ähnlich irritierend, ist die Erfahrung eines Computerherstellers bei der Einführung einer verkaufsunterstützenden Laptop-Software-Kombination. Über Laptop und Modemanschluß erhielten die Verkäufer die Möglichkeit, unmittelbar vor Ort während des Verlaufs eines Gesprächs mit dem Kunden Informationen abzurufen oder zu

verarbeiten und Vereinbarungen zu treffen. Früher war dies nur im Rahmen mehrerer Termine möglich. Ziel der damit verbundenen Investitionen war es, die Verkäufer von administrativen Arbeiten und Reisezeiten zu entlasten. Dadurch erhoffte man sich, daß den Verkäufern für deren ureigenste Aufgabe – Verkaufen – mehr Zeit zur Verfügung stehen würde. Gleichzeitig mit der Bereitstellung des Systems wurde vereinbart, um die Wirksamkeit der Maßnahme bewerten zu können, die Anzahl der Kundenkontakte aufzuzeichnen und im Sinne einer Regelgröße als Leistungskriterium heranzuziehen.

Eine Bewertung der Maßnahme nach einem Jahr ergab eine deutliche numerische Steigerung der Kundenkontakte. Allerdings, und das war die höchst verunsichernde und unangenehme Überraschung, nur dadurch, daß die Verkäufer alte gute Kunden wesentlich öfter kontaktierten als früher. Die erhoffte Belebung echter Akquisitionstätigkeit im Neukundenbereich war gänzlich ausgeblieben.

Die problematischen und ungeplanten Nebenwirkungen entstehen in beiden Fällen dadurch, daß alle an dem Vorhaben Beteiligten genau das tun, was vereinbart wurde.

Das paradoxe Ergebnis läßt sich mit Hilfe des radikal-marktwirtschaftlichen Modells erklären.

Im ersten Beispiel des erdölverarbeitenden Unternehmens wurde durch die Kopplung der Gehaltsfindung an vereinbarte Leistungsziele eine tiefgreifend veränderte Marktsituation für das Verhalten der betroffenen Führungskräfte innerhalb des Unternehmens geschaffen. In der Vergangenheit war es ihnen und ihren Vorgesetzten in den situativ durchgeführten Gesprächen überlassen, welche Verhaltensweisen wann als Leistung zu betrachten waren. Sie konnten dabei aus einem großen Topf prinzipiell möglicher Aktivitäten schöpfen. Durch das neue Modell hingegen waren für den Zeitraum eines Jahres alle möglichen Verhaltensweisen, die in den Genuß des Prädikats „Leistungsziel mit Gehaltsauswirkung" kommen konnten, bereits im voraus aufgezählt. Zwei Beispiele solcher Leistungsziele:

– Initiative (Eigenständigkeit im Wahrnehmen, Übernehmen und Durchführen von notwendigen Aufgaben, Initiieren und konsequentes Verfolgen von Optimierungsprozessen und Neuem)

– Behauptung der Kostenführerschaft bei Polypropylen

Ebenso festgeschrieben wurden die Tauschbedingungen. Das neue Modell legte einen formal-quantitativen Zusammenhang zwischen dem Umsetzungsgrad eines Leistungsziels und der Höhe des variablen Gehaltsanteiles des Folgejahres fest. Die damit initiierten Warentauschprozesse dürften aus der Perspektive der Führungskräfte etwa folgendermaßen abgelaufen sein: „Liefere fünf Einheiten Initiative plus acht Einheiten Behauptung der Kostenführerschaft bei Polypropylen gegen 5000,- DM variablen Gehaltsanteils ..."

Offensichtlich ist es den Führungskräften dieses Unternehmens hervorragend gelungen, mit der vorgeschriebenen, eingeschränkten Produktpalette und den neu festgelegten Tauschbedingungen individuell erfolgreich zu wirtschaften – gemessen an den hervorragenden Ergebnissen der durchgeführten Leistungsbewertungen.

Der innerbetriebliche Marktwert des Produkts „Umsatz machen", der in der Vergangenheit offensichtlich höher war, ist gesunken. Auf der anderen Seite dürften sich die Geschäfte, die auf dem neuen Markt mit den oben genannten Produkten – wie eben zum Beispiel Initiative und Behauptung der Kostenführerschaft – ermöglicht wurden, als so lukrativ erwiesen haben, daß es den betroffenen Führungskräften, guten Geschäftsleuten, angebracht erschien, als Ergebnis ihrer sorgfältig durchgeführten Marktanalysen ein neues strategisches Marketingkonzept in die Praxis umzusetzen. Etwas weniger kompliziert ausgedrückt: Sie haben getan, was sich für sie lohnte, aber nicht mehr mit dem übereinstimmte, was sich für das Unternehmen lohnte.

Eine ähnliche Dynamik hat sich wahrscheinlich bei den Verkäufern des Computerherstellers aus Beispiel zwei ereignet. Auch hier geriet durch die Einführung eines neuen verkaufsfördernden EDV-Systems beziehungsweise durch die neuen Spielregeln der Leistungsbewertung der angestammte innerbetriebliche Markt in Bewegung. Für das alte Produkt „Kundenkontakte" wurde seitens des Managements eine unbegrenzte Abnahmegarantie unterschrieben. Besonders lukrativ schien dieses Geschäft wohl durch den ebenfalls mit dem Abnehmer für die Laufzeit eines Jahres vereinbarten, angebotsunabhängigen Tauschwert. Die recht allgemein gehaltene Produktspezifikation ermöglichte zudem in unbegrenzter Menge die Verwendung des billigen Rohmaterials „Altkunden".

Die Marktdynamik, die hier sichtbar wird, läßt sich durch folgende Merkmale charakterisieren:

– Der für ein Produkt, das als Ware angeboten wird, festgelegte Wert ermöglicht den Tausch zwischen solchen Waren nach vorweg bekannten, verbindlichen Paritäten.

– Bei jedem Produkt ist festgelegt, für welche Menge die Abnahme nach den definierten Bedingungen gewährleistet wird.

– Es ist festgelegt, welches Produkt auf einem Markt gegen welches eingetauscht werden kann, in welcher Menge, nach welcher Parität.

– All diese Bestimmungen sind durch eine zentrale, planende Autorität
erfolgt.

Am treffendsten läßt sich diese Dynamik wohl als Warentausch nach „planwirtschaftlichen" Regeln bezeichnen. Das damit verbundene soziale und
ökonomische Risikopotential ist dem einer Planwirtschaft vergleichbar. Der
einfache Regelkreis ist ein Modell, das der Komplexität menschlicher Beziehungen hier offensichtlich nicht gerecht wird. Das Denken in Kreisen
allein reicht also nicht, um Manager vor dem Scheitern zu bewahren: Es
müssen die „richtigen" Kreise sein.

Schwarzmarkt –
Die Selbstorganisation ungeplanter Regelungsstrukturen

In planwirtschaftlichen Systemen entstehen Schwarzmärkte, die – parado-
xerweise – das Überleben der Planwirtschaft sichern. Dies gilt auch für die
innerbetriebliche Planwirtschaft, wie sie sich in den dargestellten, am Regelkreis orientierten, Leistungsbewertungssystemen manifestiert. Am deut-
lichsten wird dies im betrieblichen Alltag an der Dynamik von Akkord-
systemen.

Akkord ist eine bestimmte Form von Leistungslohn. Der prinzipielle Aufbau eines Akkords ist einfach: Für jeden Bearbeitungsschritt ist eine bestimmte Zeit veranschlagt, die „Normalzeit". Das ist die Zeit, die ein sich
normal anstrengender und normal geschickter Mensch dafür braucht.

Wer eine Stunde normal arbeitet, erhält einen „Scheck" über 60 Minuten.
Wer schneller arbeitet, erhält zum Beispiel 75 Minuten oder 80 Minuten
auf seinem Scheck. Im Primärkreislauf verdienen Arbeiter daher nicht Geld,
sondern Zeit, gemessen in der Währung „Minuten". In diesem Modell läßt
sich daher die Leistung von Arbeitenden nach folgender Formel leicht berechnen:

Leistungskennzahl Z = (vorgegebene Zeit/tatsächlich benötigte Zeit) x 100 (%).

Angenommen der Scheck beläuft sich auf 75 Minuten, ergibt sich daraus
eine Leistungskennzahl von: (75/60) x 100 = 125%. Man erhält somit für
diese Stunde um 25% mehr als normal vorgesehen.

Solche Zeitguthaben sind frei konvertibel in Geld. Der Umrechnungskurs
ist durch einen Kollektivvertrag oder eine Betriebsvereinbarung festgelegt,
also von Einzelpersonen nicht zu beeinflussen. Das Geld erhält man, wenn

man die Schecks, sogenannte „Akkordscheine", im Lohnbüro eintauscht. Oder man spart sie an, um für schlechte Zeiten vorzusorgen.

Das Akkordsystem ist konsequent im Sinne des betriebswirtschaftlich-ökonomischen Leistungskontextes geplant. Effizienz ist die Input-Output-Relation. Aus der Perspektive des Produktionsplaners ist der Output eines Arbeitsplatzes die Anzahl der ihn verlassenden Gutteile, Input ist der Geldwert, der dafür ausgegeben wird. Dieser ist nun einerseits von der Anzahl der Minutenschecks abhängig, andererseits vom Wechselkurs Geld/Minuten. Die Anzahl der Minutenschecks hängt ihrerseits davon ab, was als Normalzeit definiert wurde. Das ist in den sogenannten Planzeitkatalogen festgelegt. Die Erstellung und Wartung dieser Kataloge erfolgt in einer anderen Abteilung: der Arbeitsvorbereitung.

Die Produktivität ist um so höher, je geringer – bei konstanter Gutteilzahl – die Minutenkosten sind. Solange sich der Umrechnungsfaktor nicht ändert, bleibt die Effizienz der Stelle unangetastet. Aus der Perspektive der Produktionsplanung liegt der Vorteil des schnelleren Arbeitens jedoch auf der Hand. Je höher die Leistungskennzahl Z ausfällt, desto höher ist der Nutzungsgrad der Anlagen.

Wechseln wir die Perspektive, betrachten wir die Stelle aus der Sicht des Arbeiters. Dann stellt sich die Effizienzrechnung ganz anders dar: Minutenschecks als Output, Einsatz von Mühe, Geschick, Erfahrung und Wissen als Input.

Im Sinne des radikal-marktwirtschaftlichen Modells ist damit wieder eine Dynamik beschrieben, die den oben dargestellten Mechanismen eines Warentausches nach planwirtschaftlichen Regeln entspricht:

– Der für die Ware „Geschick und Mühe" festgelegte Wert, der durch den Vergleich mit der Normalleistung definiert ist, ermöglicht den Tausch mit der Ware „Minuten" nach vorweg verbindlichen Paritäten: Jeder Arbeitende weiß, wofür er eine „Minute" erhält.

– Auch für die Menge an „Geschick und Mühe" ist innerhalb einer Bandbreite eine betriebliche Abnahmegarantie vereinbart. Sie liegt üblicherweise zwischen 85 und 48 Normminuten pro Stunde, also zwischen 70% und 140%.

– Die Arbeitsvorbereitung als zentrale Autorität legt fest, welches Verhalten (Produkt) an einem Arbeitsplatz in welcher Menge und nach welcher Parität in Minutenwährung getauscht werden kann. Das läßt sich in Planzeitkatalogen nachlesen.

Solange sich nun Arbeitende innerhalb dieser planwirtschaftlichen Regeln bewegen, läuft das Geschäft folgendermaßen ab: Durch Einsatz von Geschick und Mühe entstehen Gutteile. Dafür gibt es im Tausch die pro Gutteil festgelegte Menge an Minuten als Gutschrift auf dem Scheck. Innerhalb einer bestimmten Mengenbandbreite (Abnahmegarantie) gelingt es, durch Erhöhung oder Reduktion des Einsatzes von Geschick und Mühe den Output von Minutenwährung pro Stunde und damit den möglichen Stundenlohn im selben Verhältnis zu erhöhen oder zu reduzieren.

Auf Dauer ist dies für einen guten Geschäftsmann kein befriedigendes Resultat. Die eigenen Waren sind preisreguliert, ein höherer Preis läßt sich aus eigenem Dazutun nicht erzielen. Verbessern läßt sich das Ergebnis nur, wenn es gelingt, den Wechselkurs zwischen der angebotenen Ware „Geschick und Mühe" und den dafür eingetauschten Einheiten der Minutenwährung zu verändern. Dazu stehen prinzipiell zwei Wege offen:

1. den Geschick- und Mühe-Aufwand pro Gutteil zu reduzieren, wenn – etwa bei Vereinfachung im Produktionsprozeß – sichergestellt werden kann, daß die pro Gutteil festgelegte Minutenwährung gleich bleibt;
2. produzierte Teile, die „in Wirklichkeit" Schlechtteile sind, als Gutteile zu deklarieren.

Dies sind jedoch alles Mittel, die den Interessen von Produktionsplanung und Arbeitsvorbereitung entgegenlaufen. Somit sind sie am offiziellen „weißen Markt" nicht zu realisieren.

Diese Erkenntnis liefert das Startsignal für einen je nach Unternehmen mehr oder weniger blühenden Schwarzmarkt. Die wichtigsten Händler sind dabei Arbeitende, Betriebsräte, Meister und die Zeitnehmer aus der Arbeitsvorbereitung. Dabei werden äußerst kreativ Produkte entwickelt, angeboten und gegen unterschiedliche, ebenfalls äußerst kreativ ersonnene Waren eingetauscht. Solche Geschäfte können beispielsweise so verlaufen:

Qualitätskontrolleure kontrollieren großzügiger, dafür erhalten sie soziale Anerkennung und Achtung von den Produzenten, sowohl am Arbeitsplatz als vor allem auch außerhalb des Betriebes, dort vor allem auch ihre Familienangehörigen ...

Ein Zeitstopper verzichtet darauf, bei Anschaffung einer neuen Maschine, die wesentlich weniger Geschick und Mühe – Aufwand – erfordert, den in den Planzeitkatalogen festgelegten Normalzeitbetrag pro Gutteil zu verändern. Dafür wird er bei anderen seiner Aktivitäten von den Arbeitenden weniger attackiert ...

Ein Meister ist bereit, wenn all diese Geschäfte gemacht werden, ein Auge zuzudrücken. Dafür erklärt sich ein Betriebsrat bereit, ihn in einer Personalangelegenheit beim Personalleiter zu unterstützen ... usw.

Eine Hand wäscht die andere. Regelkreise werden eben nicht nur geplant, sie entstehen auch spontan und organisieren sich selbst.

Das Besondere an diesen Beispielen ist, daß sie nichts Besonderes sind. Produktionsleiter wissen davon ein Lied zu singen. Wo Märkte durch zentrale Autoritäten planwirtschaftlich reguliert werden, entstehen blühende Schwarzmärkte. Dadurch wird das alltägliche Geschäftemachen wieder vergnüglich und die drohende Monotonie verhindert. Es können neue Verhaltensweisen (Waren) entwickelt werden, es kann gefeilscht werden, Kartelle können begründet, Preisabsprachen vereinbart werden ...

Vom „weißen Markt" werden die Waren „Geschicklichkeit und Mühe" in beträchtlichen Mengen abgezogen. Der Handel damit ist eben am Schwarzmarkt erheblich lukrativer. Aus der betriebswirtschaftlichen Außenperspektive bedeutet dies einen erheblichen Produktivitätsverlust.

Aber das ist nichts Besonderes, wie folgendes Beispiel zeigt: Der Ort der Handlung ist eine Papierfabrik. Im Zuge des Fertigungsprozesses durchlaufen die als Output der Papiermaschinen anfallenden Papierrollen einen sogenannten „Kalander". Die Funktion dieses Kalanders ist die Glättung der Papieroberfläche. Erreicht wird dies dadurch, daß die Papierbahnen mehrere hintereinander geschaltete Walzenpaare durchlaufen. Dabei wird das durchlaufende Papier zwischen diesen Walzen immer wieder zusammengepreßt und verdichtet. Die Oberfläche wird dabei immer mehr geglättet. Am Ende dieses Prozesses werden die einzelnen Papierbahnen aufgerollt, in einem nächsten Arbeitsabschnitt beschnitten, verpackt und dann versandt. Eine Papierbahn muß den Kalander so oft durchlaufen, bis die gewünschte Glätte hergestellt ist. Wann dies erreicht ist, entscheidet der Maschinenführer. Er legt, um die Glätte zu prüfen, immer wieder die Hand auf die herauslaufende Papierbahn. Zu geringe Glätte führt zu Reklamationen der Kunden: Das Papier ist dann schlecht zu bedrucken, beziehungsweise die Druckqualität wird schlecht.

Zu viel Glätte bedeutet weniger Gewinn, weil das Papier überflüssig oft durch den Kalander geführt wurde. Die dabei anfallenden erheblichen Kosten werden vom Kunden nicht vergütet.

Maschinenführer am Kalander zu sein, ist demgemäß eine recht verantwortungsvolle Funktion. Für diese Aufgabe werden also nur verläßliche und erfahrene Papiermacher eingesetzt.

Im Zuge einer umfassenden technischen Investition ändert sich, ähnlich dem Beispiel des Computerherstellers, das Szenario grundlegend. Ein elektronisches Glättemeßgerät wird „on line" installiert. Ein in diesem Meßgerät eingebauter Meßfühler erfaßt die Glätte des vorbeigleitenden Papiers und vergleicht sie mit einem eingestellten Sollwert. Erreicht die Ist-Glätte den Sollwert, ertönt ein akustisches Signal. Gemäß der von der Produktionsleitung erstellten Arbeitsinstruktion hat der Maschinenführer nun den Durchlauf der Rolle zu beenden. Die weiteren Aufgaben sind dann, die fertig geglättete Rolle aus der Maschine zu heben, abzulegen und eine neue Rolle einzulegen, um den beschriebenen Vorgang erneut zu starten. Die Funktion der Glätteprüfung ist damit ausdrücklich nicht mehr die Aufgabe des Maschinenführers.

Einer der Maschinenführer kann es jedoch nicht lassen, die angezeigte Glätte durch Handauflegen zu überprüfen. Dabei stellt er erstaunlicherweise immer wieder einmal fest, daß seiner Einschätzung nach die Sollglätte noch nicht erreicht ist, wenn das Meßgerät ihr Erreichen signalisiert. Das Meßgerät irrt sich offensichtlich. Da aber die klare und eindeutige Instruktion vorliegt, sich auf das Gerät zu verlassen, informiert er jedesmal den Schichtführer. Und jedesmal erhält er die Anweisung, endlich mit dem Überprüfen des Meßgeräts aufzuhören und die angezeigten Werte zu akzeptieren.

Der Maschinenführer erteilt sich nun selbst einen Geheimauftrag. Er hält sich strikt an die Anweisungen des Meßgeräts, notiert aber sorgfältig die Chargennummern jener Rollen, bei denen er eine Fehlmessung vermutet, und vergleicht diese Nummern mit denen der Reklamationsfälle. Je höher seine private Trefferquote, desto zufriedener ist er mit sich, seiner persönlichen Leistung und seiner Tätigkeit. Dies ändert jedoch nichts daran, daß monatelang immer wieder Ausschuß produziert wird, obwohl (oder weil) Schichtführer und Maschinenführer ihre vereinbarte Aufgabe gewissenhaft erfüllen.

Radikal-marktwirtschaftlich gesehen hat hier eine technische Investition und die damit verbundene neue Definition der Aufgaben des Maschinenführers dazu geführt, daß eine tiefgreifende Störung seines persönlichen Marktes entstandens ist. Die neuen Arbeitsanweisungen bedeuten nichts anderes als einen planwirtschaftlichen Eingriff, der ihm den Handel mit dem Produkt „Glätte prüfen" untersagt. Das Warensortiment des Maschinenführers sollte auf „Maschine überwachen", „Maschine aus- und einschalten", sowie „Papierrolle einlegen und herausnehmen" beschränkt werden. Mit diesem eingeschränkten Angebot gelang es dem Maschinenführer nicht mehr, auf seinem persönlichen Markt befriedigende Ergebnisse zu erzielen.

Die Aufwandsseite auf seinem Geschäftskonto konnte durch entsprechende Erträge nicht mehr ausgeglichen werden. Mehr oder weniger zufällig entdeckte er die Möglichkeit, am Schwarzmarkt für ein neues Produkt „Prognose der Fehlmessungen des Meßgeräts" eine Nachfrage (seine eigene) zu erzielen.

Radikal-marktwirtschatlich kann man eben auch sein eigener Geschäftspartner, sein eigener Kunde, sein. Unserem Maschinenführer gelang es, sein Produkt „Prognose ..." gegen erhebliche Mengen an „Interesse an der eigenen Arbeit" und „Selbstwertgefühl" von erster Qualität einzutauschen. Selbst der Wertverlust auf seinem offiziellen, „weißen" Geschäftskonto, der im Zuge des Transfers der am Schwarzmarkt getätigten Gewinne anfiel, war ohne weiteres zu verkraften. So konnte er das laufende Geschäftsjahr ausgeglichen bilanzieren.

Die Analyse dieses Beispiels ergibt einige bedenkenswerte Folgerungen – nicht nur für Akkordarbeit oder den Einsatz von Maschinen, sondern auch für die Führungstätigkeit von Managern.

Bei allen Leistungsmodellen und allen Verfahren zur Leistungsbewertung handelt es sich um Beschreibungen, die von Beobachtern vorgenommen werden. Vorgesetzte, Planer, Manager vollziehen aus der Position des außenstehenden Beobachters Unterscheidungen, nehmen Bezeichnungen vor und treffen die ihnen relevant erscheinenden Bewertungen. Dabei besteht stets die Gefahr, „Speisekarten"-Phänomene mit der „Speise" oder gar dem „Kochen" zu verwechseln. Dies ist immer dann der Fall, wenn auf der Ebene der Bezeichnung und Bewertung andere Unterscheidungen vorgenommen werden als auf der Ebene des Verhaltens, das heißt, wenn nicht das gemacht wird, was (positiv) bewertet wird.

Der erste Unterschied zwischen diesen beiden Phänomenenbereichen liegt bei den dargestellten Modellen in der zeitlichen Dimensionierung. Bei Leistungbewertungsverfahren werden üblicherweise jährliche Perioden zugrunde gelegt. Die Vereinbarungen beziehen sich sowohl auf angestrebte Unternehmens- oder Bereichsziele (zum Beispiel Kostenführerschaft), als auch auf angestrebtes Verhalten von Managern und deren Mitarbeitern (zum Beispiel breitangelegte Konsensfindung bei wichtigen Entscheidungen), die innerhalb eines Jahres erreicht werden sollen.

Je formaler, präziser und unmittelbar operativer solche Ziele vereinbart werden, desto unwahrscheinlicher wird es, daß die während eines Jahres auftauchenden Zielalternativen wahrgenommen und in den Zielkatalog aufgenommen werden. Dadurch kann nicht in einer den Veränderungen der Umwelt angemessenen Geschwindigkeit reagiert werden, die Manövrierfähigkeit eines Unternehmens oder Bereichs geht verloren. Der Eisberg, der in einem Seegebiet auftaucht, in dem es bislang – nach Wissen und Erfahrung von Kapitän und Steuermann – keine Eisberge gab, wird von der Titanic, die an und für sich steuern könnte, trotz reichlicher Hinweise zu spät als Hindernis akzeptiert. Kollision und Untergang sind die Folge.

Das in den Beispielen sichtbar gewordene Risikopotential geschlossener Beschreibungs- und Bewertungssysteme (Regelkreise) verweist auf einen weiteren Wirkungszusammenhang. Dort ist es nicht die Geschlossenheit gegenüber der äußeren Umwelt Markt, sondern gegenüber der inneren Umwelt Mitarbeiter. Die Mitarbeiter sind – radikal-marktwirtschaftlich gesehen – stets bemüht, attraktive Geschäfte zu tätigen. Je weniger dies im Rahmen planwirtschaftlich konstruierter Vereinbarungen möglich ist, desto reizvoller und verhaltensbestimmender werden Schwarzmärkte. Die Lust der Kontrollierten, die Spielregeln eines Kontrollsystems als Anreiz für individuell ertragreiche Tauschgeschäfte zu nützen, ist nicht zu unterschätzen.

Rezepte

– Sobald es Ihnen gelungen ist, etwas anerkannterweise „Leistung" zu nennen, können Sie damit bedenkenlos Geschäfte machen. Kein Geschäft ist leichter zu legitimieren, als jemandem Geld für seine Leistung zu geben.

– Definieren Sie die gewünschte Leistung so ungenau und vage wie möglich. Die Nützlichkeit des Leistungsbegriffs liegt zu einem guten Teil in seiner unklaren und vielfältigen Bedeutung. Je detaillierter und lückenloser formuliert die Zielvorgaben sind, die Sie für sich selbst, Ihre Mitarbeiter oder für Organisationseinheiten festlegen, um so risikoreicher wird es nämlich für Ihre Firma, wenn alle Beteiligten sich auch wirklich strikt an diese Vereinbarungen halten.

– Lassen Sie die Wahl der Wege zu den Zielen offen! Anderenfalls erhöhen Sie das Risiko, das durch zu klare Zielvorgaben entsteht, um ein Vielfaches.

– Zeigen Sie Ihren Mitarbeitern, ob sie Ihrer Meinung nach viel oder wenig geleistet haben, aber ohne ihnen zu sagen, wie sie das geschafft oder nicht geschafft haben. Ihre Schlußfolgerungen hinsichtlich Geld und Karriere werden akzeptiert werden. Grenzenlose Präzision ist jedoch dann angesagt, wenn Sie gefragt werden, warum etwas, das Sie Ziel oder Leistung nennen, für Sie ein Ziel oder eine Leistung ist.

5. FÜHRUNG

*„Wer sich im Streit der Meinungen auf die Autorität
beruft, der arbeitet mit seinem Gedächtnis statt mit
seinem Verstand."*
Leonardo da Vinci[1]

*„Die Tiger zeigen uns, wie weit wir gehen können, und
wir zeigen den Tigern, wie weit sie gehen können."*
Siegfrid und Roy[2]

Generäle ohne Soldaten – Die merkwürdigen militärischen Metaphern des Managements

Unter den Bildern und Vergleichen, die zur Beschreibung der Tätigkeit von Managern gewählt werden, erfreuen sich kriegerische Metaphern besonderer Beliebtheit. Von der „strategischen" Planung, „Stab" und „Linie" in der Organisation, dem „Kampf" um Marktanteile bis hin zum „General"-Direktor. Daß sich solch eine bildhafte Sprache seit langen Zeiten erhält, spricht dafür, daß sie ihren Benutzern als angemessen und passend erscheint. Sie entspricht offenbar dem Erleben von Managern. Allerdings kann es durchaus sein – das ist eine der Merkwürdigkeiten und Besonderheiten menschlicher Sprache –, daß dieses Erleben nicht Ursache, sondern Wirkung der hier gewählten, stillschweigenden Gleichsetzung von Wirtschaft und Krieg ist. Ob es für den Alltag des Managers – speziell für seine Führungsaufgabe – praktisch und nützlich ist, den Markt als Schlachtfeld, das Unternehmen als Armee und seine Mitarbeiter als Soldaten zu sehen, soll hier überlegt werden.

Beginnen wir mit den Verhaltensweisen, die bei der Organisation einer Armee von den Soldaten erwünscht oder verboten sind. Es gibt nur wenige andere Organisationsformen, die in gleichem Maße wie das Militär das Ideal der trivialen Maschine zu verwirklichen versuchen (eventuell noch Jugendsekten, strenge kirchliche Ordensgemeinschaften und die Kaderschmieden revolutionärer Parteien, in denen nicht zufällig Partei-„Solda-

---

1 Zitiert nach Wolfgang O. Steinhardt (1985): Toskana für Liebhaber. Berlin (Arcus) S. 118.
2 Äußerung von Siegfrid und Roy, zwei Raubtierdresseuren aus Las Vegas, in der Fernsehsendung „Wetten, daß…" vom 14. 9. 1990

ten" oder die Soldaten irgendeines versprochenen Himmelreichs heran-
gezüchtet werden).

Bereits die Grundausbildung beginnt damit, aus autonomen Körpern, deren Bewegungen innengesteuert sind, außengesteuerte Automaten zu machen: „Stillgestanden, Augen rechts, im Gleichschritt Marsch, rechts um!"
Das Verhalten des einzelnen ist normiert und wird in einen Gesamtablauf
eingeordnet, der klaren und berechenbaren Input-Output- (das heißt Be-
fehl-Gehorsam-)Mechanismen folgt oder zumindest folgen soll.

Die Beziehung zwischen Führern und Geführten beruht auf einer klaren
und eindeutigen Trennung zwischen denjenigen Personen (Gruppen, Einheiten), welche die Entscheidungen treffen, und denen, die sie ausführen,
zwischen Subjekt und Objekt der Entscheidung. Voraussetzung für solch
eine hierarchische Form der Führung ist ein Funktionieren der Organisation bzw. der organisatorischen Untereinheiten nach einem klaren Ursa-
che-Wirkungs-Schema. Die Entscheidung des Vorgesetzten, seine Anordnung oder sein Befehl, ist die Ursache für das Verhalten der Untergebenen
(der einzelnen Soldaten, der Kompanie, Division, Armee usw.). Der einzelne Soldat, die verschiedenen militärischen Untergliederungen, das Militär
insgesamt sind Instrumente in den Händen von Technikern, die die Regeln der Mechanik anwenden.

Beim Militär wird viel Energie und Zeit darauf verwandt, dieses mechani-
sche Ideal in die Realität umzusetzen. Soldaten werden „geschliffen", Be-
fehlsverweigerung wird streng bestraft, im Kriegsfall mit dem Tode. Mit-
denken (= nicht-triviales Verhalten) wird wenig gewünscht – je niedriger
die Position des einzelnen innerhalb der Hierarchie, desto weniger –; jede
Abweichung, das Aus-der-Reihe-Tanzen, stört und wird sanktioniert. „Füh-
rer befiehl, wir folgen!", so lautet die dazu passende und erwünschte Innensicht der Befehlsempfänger (oder analog: „Die Partei hat immer recht!").
Die Aufrechterhaltung solcher organisatorischer Regeln erscheint dabei
ebenso wichtig – wenn nicht gar wichtiger – wie das Gewinnen von
Schlachten, zumindest in Friedenszeiten. Denn nur wenn der ganze Appa-
rat in solch einer zentralistischen Weise funktioniert, so die Argumentation, ist man für den Ernstfall vorbereitet.

Da derartige Strukturen in den meisten Armeen der Welt überlebt haben,
scheint diese Art ihrer Führung und Organisation für ihre spezifischen
Zwecke – die kriegerische Auseinandersetzung – hinreichend angepaßt. Das
heißt aber nicht, daß dies für erfolgreiches Wirtschaften auch gilt. Zentra-
listisch-planwirtschaftliche Modelle, welche die größte Ähnlichkeit mit
Militärstrukturen haben, sind überlebt, das heißt, sie überleben nicht und
sind zum Aussterben verurteilt wie die Saurier (in diesem Bereich gibt es
keine internationalen Artenschutzabkommen).

Eine starre Ordnung und hierarchische Struktur, wie sie vorbildlich beim Militär errichtet wird, erweist ihre Funktionsfähigkeit immer dann, wenn Entscheidungen schnell getroffen und umgesetzt werden müssen. Wo nur ein Oberbefehlshaber das Sagen hat, da ist er immer noch genug mit dem Abwägen des Für und Widers seiner Entscheidungen beschäftigt, aber er kann sich auf seinen eigenen, in sich mehr oder weniger logisch geschlossenen Erfahrungshintergrund, sein Wissen und seine Werte verlassen und beziehen. Er braucht nicht immer wieder aufs neue seine Ziele, die Vorannahmen und Hintergründe seiner Entscheidungen zu klären und zu verdeutlichen. Je weniger Personen an solch einem Entscheidungsprozeß beteiligt sind, desto kürzere Zeit erfordert es, eine gemeinsame Sprache zu finden, die Prämissen der jeweiligen Vorschläge herauszuarbeiten, Wert- und Zielkonflikte zu bereinigen usw.

Wo schnelle Handlungen und kurzfristiges Reagieren überlebensnotwendig sind, da bedarf es schneller Entscheidungen und kurzer Wege zu Ausführung. Wenn es brennt, dann sollte besser keine Vollversammlung der Hausbewohner einberufen werden, sondern die Feuerwehr, die ohne lange Diskussionen weiß, was sie zu tun hat. Wenn ein Schiff untergeht, dann kann ein verantwortungsbewußter Käpitan durch die Anordnung einer schnellen und gut koordinierten (= organisierten) Aktion für die Rettung der Passagiere sorgen. Auch bei chirurgischen Eingriffen empfiehlt es sich meistens, den Operateur bestimmen zu lassen, was zu tun ist. Wo Zeitdruck im Spiel ist, da ist Hierarchie eine bewährte Form, die Verhaltensweisen mehrerer Personen zu koordinieren. Dies mag der Grund sein, warum das Militär seine Struktur so lange erhalten hat. Im Ernstfall besteht Zeitdruck. Und die Zeit zwischen den Ernstfällen dient dem Trainieren des Ernstfalls, kein Grund, die Organisation zu verändern – nicht einmal für diejenigen, welche zur Rolle der Befehlsempfänger verdammt sind.

Nur so läßt sich erklären, daß immer wieder so viele Menschen sich in die Uniform eines Soldaten zwängen lassen und sich ihre nichttrivialität vorübergehend in extremer Weise abkaufen lassen. Nur ist die Gutschrift auf ihrem Schuld-und-Verdienst-Konto, die sie dafür erhalten, meist nicht allein materiell, sondern ideell: die eigene Ehre und die des Vaterlandes, der Schutz der abendländischen Kultur vor den drohenden Hunnen aus dem Osten, der Dienst für Gott und den König, der Erhalt des eigenen Lebens und Eigentums und des der Angehörigen und Lieben, der Frau, der Kinder, der Eltern und Geliebten. All dies und noch viel mehr kann auf individuellen Konten gutgeschrieben werden bzw., falls man desertiert oder aus irgendwelchen anderen Gründen den Dienst mit der Waffe verweigert, auf den eigenen Konten oder denen der Mitbürger als Minus verbucht werden. So fügen sich denn die meisten in die vermeintlichen Sachzwänge und begeben sich, innengesteuert und sehenden Auges, in eine Situation, in der sie sich außengesteuert zu verhalten haben. Sie gehorchen, weil es ihnen als ein gutes Geschäft erscheint oder sie als Alternative nur noch schlechtere Geschäfte sehen.

Nur: Tun sie das auch, wenn kein äußerer Druck sie dazu zwingt? Paßt der Vergleich eines Unternehmens mit der Feuerwehr, der Armee? Kann ein Manager führen wie ein Kapitän auf einem untergehenden Schiff oder ein General im Feld? Was wäre der Ernstfall und was die Zeit dazwischen? Oder ist immer Krieg? Vor allem aber: Erleben die Mitarbeiter, denen die Soldatenrolle zugedacht ist, die Situation auch als Krieg, so daß sie bereit wären, ihre Nichttrivialität, das heißt ihre Autonomie, Innensteuerung und Freiheit, relativ billig aufzugeben? Und falls sie es wären, wäre das wirklich ein Vorteil für das Unternehmen?

Die Vorstellung, man könne in der Schlacht um Marktanteile einen Markt „erobern" und Kunden der Mitbewerber „gewinnen", scheint zunächst noch einmal das militärisch-mechanische Denken zu bestätigen. In Schlachten geht es stets um Raumgewinn, die Kontrolle über ein bestimmtes Territorium. Ebenso scheint es bei Märkten zu sein. Der europäische Markt wird von den Deutschen und Franzosen „dominiert", der amerikanische Markt von den Japanern „im Sturm genommen", während sich die kalifornische Industrie immer mehr daran macht, den Pazifikraum zu „besetzen". Doch es gibt einen Unterschied zwischen den Raumgewinnen in den Kriegen der Geschichte und der Durchsetzung eines Produktes auf einem Markt. Durch den Sieg erwirbt das Militär zunächst einmal lediglich Grundbesitz; der Krieg als Immobilientransaktion, bei dem totes Kapital angehäuft wird. Denn durch die Kontrolle des Territoriums ist in keiner Weise dafür gesorgt, daß dort etwas Nützliches geschieht. Es läßt sich im besten Fall verhindern, daß etwas passiert, was den Eroberern nicht gefällt. Das besetzte Land wird ja meistens von Menschen bewohnt, die sich in ihrem Verhalten nicht kontrollieren lassen. Man kann ihnen schlechte Geschäfte versprechen, wenn sie unerwünschtes Verhalten zeigen („Wer öffentlich aufrührerische Reden hält, wird erschossen!"), aber man kann sie schwerlich zwingen, die Sieger zu lieben. Friedhofsruhe, Passivität, ist im Extremfall das Produkt militärischer Eroberung. Beim Gewinn von Marktanteilen kommt es nicht auf das gewonnene Gelände an, sondern allein auf die Aktivität von Kunden. Sie müssen als autonome, lebende Wesen Kaufentscheidungen treffen. Sie müssen zufriedengestellt werden, damit sie sich immer wieder in ähnlicher Weise entscheiden, anderen von ihrer Entscheidung erzählen, Begeisterung verbreiten usw.

Hier liegt der wesentliche Unterschied zwischen einem Unternehmen und einer Armee. Das Militär dient zur Vermeidung oder Unterdrückung unerwünschten Verhaltens. Störungen oder Bedrohungen einer erstrebten und wertgeschätzten Ordnung sollen beseitigt werden, ihr vermeintlicher Feind soll unwirksam gemacht werden. Insofern stimmt es wohl doch, wenn

Vertreter des Militärs immer wieder behaupten, ihre Aufgabe sei es, den Krieg zu verhindern. Soweit sie sich der Verteidigung verschreiben, gehören sie zu denen, die Hausfrauenarbeit in einem Staat ausführen.

Unternehmen hingegen können sich nicht mit der Bewältigung von Notfallsituationen und Abwehr von Störern zufriedengeben. Ein Markt ist ein lebendes System, das nur erhalten bleibt, solange jemand da ist, der dafür sorgt, daß es erhalten bleibt. Wenn keiner mehr kauft, so ist der Markt gestorben. Es bedarf der kontinuierlichen, immer wiederkehrenden Aktivität von Käufern, der Herstellung ganz bestimmter Verhaltensweisen der Teilnehmer an diesem Marktgeschehen. Produkte müssen entwickelt, hergestellt und angeboten werden, Käufer gefunden, Kaufverträge abgeschlossen, Zahlungen geleistet werden usw. Es geht um die Ermöglichung von Kooperation, denn miteinander handeln ist Kooperation.

Sogar in der Beziehung zu Mitbewerbern erscheint die Kriegsmetapher nur von begrenztem Nutzen, da Beseitigung von Konkurrenz, der Gewinn des Monopols langfristig fatale Wirkungen für ein Unternehmen haben kann (man denke nur an das Monopol der DDR-Autofabriken auf ihrem Markt). Monopol kann dumm machen und Sicherheit in den Konkurs führen.[3]

Als innerbetriebliche Führungsphilosophie erweist sich der Nutzen der Militärmetapher längerfristig für den Praktiker als begrenzt. Er mag ja denken, es sei immer Krieg, aber die meisten seiner Mitarbeiter werden einfach nicht hingehen. Je qualifizierter sie sind, um so weniger werden sie in solch eine Weltsicht einstimmen. Ihr Unternehmen ist nicht ihr Vaterland, sie können es wechseln – wenn auch nicht immer leicht. Und wenn es denn wirklich untergehen sollte, so werden sie mit offenen Armen bei der Konkurrenz aufgenommen, samt ihren Lieben, vielleicht sogar mit besserem Gehalt. Es geht für sie eigentlich nie um die Alles-oder-nichts-Alternative „Kämpfen" oder „Untergehen", „Leben" oder „Tod". Sie haben die Wahl, sie können gehorchen oder es auch lassen.

Es gilt also zu unterscheiden, in welchen Bereichen eines Unternehmens und in was für Zeiten eine hierarchische Organisationsform nützlich ist und wo und wann sie eher Schaden anrichtet. Obwohl es um das Überleben von Abteilungen, Unternehmen und Märkten – lebenden Systemen – geht, wollen wir aber hier dennoch nicht so weit gehen, Führungskräften in der Wirtschaft zu empfehlen, sich in ihrem Führungsstil lieber an den Spitzenleistungen von Gärtnern als an denen von Generälen zu orientieren.

---

3 Dazu später mehr im Kapitel „Planung"

Macht –
Wer will was von wem?

Die Vorstellungen von Macht, die unser Alltagsdenken leiten, sind weitgehend mit dem Ursache-Wirkungs-Modell verbunden. Wer die Macht (ein Ding?) hat, der bestimmt, was mit demjenigen geschieht, der dieser Macht ausgesetzt oder unterworfen ist.

Aus systemtheoretischer und konstruktivistischer Sicht ist solch eine Interpretation von Macht, die einer Person als Eigenschaft oder Besitz zugeschrieben wird, zu vereinfachend. Lebewesen stehen miteinander in Wechselbeziehung. Sie bestimmen gegenseitig ihre Lebensbedingungen und beeinflussen sich, und dennoch ist ein Individuum niemals in seinem Verhalten vollständig von außen gesteuert. Wenn aber das Ausmaß, in dem solch eine gegenseitige Beeinflussung möglich ist, für die Beteiligten ungleich ist, so erscheint es sinnvoll, von einer Machtbeziehung zu sprechen. Macht hat in einer Beziehung, so läßt sich aus der Perspektive des außenstehenden Beobachters formulieren, immer derjenige, der die Verhaltensoptionen seines Gegenübers in größerem Maße einengen oder erweitern kann, als sein Gegenüber dies bei seinen Optionen kann. Oder, radikalmarktwirtschaftlich gesehen: Macht hat immer derjenige, der im Tausch von Verhaltensweisen den größeren Einfluß auf den Wechselkurs hat.

Menschen und andere Lebewesen können sich zwar nicht gegenseitig im Sinne der trivialen Maschine steuern und berechnen, sie können aber die Unberechenbarkeit ihrer Mitmenschen dadurch ein wenig herabsetzen, daß sie unerwünschte Verhaltensweisen verhindern, das heißt Verhaltensspielräume einengen. Man kann politische Gegner und Sittenstrolche ins Gefängnis werfen, um sie daran zu hindern, politisch zu agitieren oder kleine Mädchen und Jungs sexuell zu belästigen – ein Machtmittel. Zwang ist denn auch der eine Pol der Machtausübung. Militärische Macht ist das Musterbeispiel dafür, das Strafrecht ein anderes. Die Todesdrohung für den, der etwas macht, was er nicht tun sollte (zum Beispiel morden), ist die Extremform dieser Art der Machtausübung – der Eingrenzung von Verhaltensoptionen.

Auf der Ebene sozialer Spielregeln entspricht ihr das Verbot: „Du sollst nicht …!" Radikal-marktwirtschaftlich gesehen heißt das: „Wenn du nicht eine bestimmte Unterlassung auf den Markt wirfst, bzw. wenn du ein bestimmtes, von deinen Handelspartnern nicht erwünschtes Produkt (Verhalten) anbietest, so erhältst du zum Tausch eine Ware, die dir nach menschlichem Ermessen auch nicht schmecken dürfte (eine Strafe). Du wirst – in deiner eigenen Währung gemessen – ein schlechtes Geschäft machen!"

Das Gegenstück zu dieser Passivität erzeugenden Form der Macht bildet die Verführung. Man verspricht zum Tausch für ein erwünschtes Verhalten (eine Aktivität) ein gutes Geschäft: „Wenn du ein von mir gewünschtes Verhalten bietest, so biete ich dir etwas, das du sonst nur schwer bekämst!" Das Versprechen einer Incentive-Reise nach Mexiko, eines Häuschens im Grünen, eines Nummernkontos in der Schweiz, von Karriere, Ruhm und Ehre ist ein Beispiel dafür, daß die Wechselbeziehung zwischen Menschen auch so gestaltet sein kann, daß einer dem anderen Optionen eröffnet, die er ohne ihn nicht hätte. Als autonomer Geschäftspartner hat er dann die Wahl, die gewünschte Ware zu liefern oder auch nicht. Auf der Ebene der Spielregeln, sind solche Versprechen verknüpft mit Geboten des Musters: „Tue dies und jenes ...!"

Macht ist also keine Frage von Ursache-Wirkungs-Beziehungen, sondern von guten und schlechten Geschäften unter unterschiedlichen Marktbedingungen. Denn die Rahmenbedingungen des Marktes – der Kontext, also die äußere Realität oder das, was von den Beteiligten dafür gehalten wird – bestimmen, in welchem Maße der eine die Wahlmöglichkeiten des anderen erweitern oder verringern kann.

Im konkreten Fall stellt sich dabei stets die Frage: Wer will was wann wo von wem? Oder auch: Wer will mehr vom anderen, wer ist unter den gegebenen Bedingungen zum gegebenen Zeitpunkt auf wen in größerem Maße angewiesen? Oder aber: Wie sehen die Beteiligten die aktuelle Situation und ihren eigenen Freiraum, mit dem anderen bessere oder schlechtere Geschäfte machen zu müssen oder unterlassen zu können?

Unter dem Gesichtspunkt längerfristiger, befriedigender Geschäftsbeziehungen empfiehlt sich stets, darauf zu achten, daß sich niemand betrogen fühlt, schon gar nicht, wenn er die Wahl hat, auch anderweitig seine Waren zu tauschen. Betrachtet man ein Unternehmen als Markt und Führung als Handel mit Handlungen, der marktwirtschaftlichen Gesetzen folgt, dann sollte man lieber die zweite Form der Machtausübung – die Verführung – wählen, wenn man von seinen Mitarbeitern ein bestimmtes Verhalten möchte. Bevorzugt man die erste Form, so wird man zwangsläufig die Passivität befördern und eine Selektion von Mitarbeitern betreiben, die lediglich diejenigen, die keine Alternativen haben, zurückläßt.

Verführung gelingt aber nur, wenn man etwas anbietet, was für den (eventuell) Verführten attraktiv ist, das heißt wertvoll oder lustvoll. Voraussetzung dafür ist zu wissen (oder zu ahnen), was der oder die andere gerne „kaufen" würde. Je besser es einer Führungskraft also gelingt, sich in ihre Mitarbeiter hineinzuversetzen, desto leichter wird ihr folgende Einschätzung fallen: Wie kann ich im Wettbewerb mit anderen Verlockungen die Aufmerksamkeit auf meine Angebote lenken, das Zögern und Zieren meiner Mitarbeiter und Mitarbeiterinnen in ein Ja und ein Tun zu verwandeln?

Führung ist Ver - führung

Dazu wieder einmal ein Gedankenexperiment:

Stellen Sie sich einen Marktplatz oder – weniger idyllisch – eine internationale Messe vor. Sie haben ebenfalls einige Stände dort: den Karrierestand, den Stand für Leistungsbezahlung, den Stand, an dem Schulterklopfen zu bekommen ist, einen andereren für vertrauensvolle Gespräche, einen für Projekte. Aber die Konkurrenz ist auch nicht schlecht vertreten: Ehefrauen oder -männer und Geliebte präsentieren ihre Angebote, der Präsident des Tennisclubs hat eigenständige Alternativkarrieren plakatiert, Kinder preisen ihre strahlenden Augen und ihr glückliches Lächeln an …

Jetzt treten drei Ihrer Mitarbeiter in ihr Blickfeld. Werden Sie es schaffen, von ihnen gesehen zu werden, sie in ein längeres Verkaufsgespräch zu verwickeln, ohne Preisreduktion ihre Produkte zu verkaufen (tauschen) und bei alledem so überzeugend gewirkt zu haben, daß die Käufer kostenlos für Sie Werbung machen?

Unübersichtlichkeit –
Die vielen Märkte des Managers

„Teile und herrsche!" war schon im alten Rom eine bewährte Führungsstrategie. Allerdings ist es fraglich, ob – wie durch den Begriff „Strategie" suggeriert – dahinter wirklich immer planvolle Absicht steht, oder ob es nicht nur ein Versuch ist, die Komplexität der Interaktion zu verringern, die ins Unermeßliche – zumindest ins Unübersichtliche – steigt, wenn mehr als zwei Partner daran beteiligt sind. Denn all die bislang dargestellten Tausch- und Machtbeziehungen lassen sich am besten analysieren, wenn nur zwei Partner sich über ihre Beziehungen und über ihre Geschäfte einigen müssen.

Richtig schwierig und kompliziert wird das Leben des Managers erst dadurch, daß er mit einer Ware gleichzeitig mehrere Kunden bedient und von ihnen Gegenleistungen erhält, mit denen er nicht immer rechnet und die ihm nicht immer gefallen. Sein Verhalten wird von unterschiedlichen Personen jeweils in ihren Deutungsrahmen gestellt und bewertet; und dann wird ihm nach ihrer Kontoführung mit einem „angemessenen" Verhalten (heim-)gezahlt.

Ein Beispiel:

Ein Produktionsleiter erkennt nach einer Serie von Qualitätszirkeln in seinem Bereich, daß ein Teil der Schwierigkeiten, kontinuierliche Qualität zu produzieren, darauf zurückzuführen ist, daß der Verkauf unklare Verträge mit den Kunden abschließt und zu spät disponiert. Er muß sich in der Bereichsleitersitzung (wo er vorträgt) anhören, er vertrete nur die Produktionssicht, lasse sich zu sehr von den Meistern beeinflussen und habe keinerlei Verständnis für den Markt (ein „Verräter" an der Unternehmensorientierung).

Nach erfolgreichen Gesprächen zwischen den Bereichsleitern teilt dieser Produktionsleiter nun seinen Meistern – nicht ohne Stolz – folgende Ergebnisse mit: „Die derzeitige Marktlage ist durch immer kürzere Planungszyklen gekennzeichnet, die Kunden drängen immer mehr auf prompte Lieferung, daher kann man nur noch in Zweitagesrhythmen planen. Eine engere Koordination mit Verkauf und Materialwirtschaft ist also erforderlich. Bei dieser Koordinierung werden wir auch gleich unklare Qualitätskriterien abstimmen!"

Dem Stolz folgt die Verärgerung, als die Meister diese Form der Problemlösung mit „Die Produktion zählt hier wohl überhaupt nichts mehr?!", „Der Verkauf macht es sich immer einfach!", „Wer vertritt überhaupt noch unsere Interessen?" kommentieren. Schon wieder ist er der Verräter, diesmal an der „Sache" und der „Partei" der Produktion.

Als Mitglied unterschiedlicher Gruppen wird man als Verhandler, der erfolgreich und flexibel agiert, strukturbedingt immer irgendwie zum Teilverräter und Doppelagenten. Legt man unser radikal-marktwirtschaftliches Modell zugrunde, so kann man sagen, daß erfolgreiche Manager viele Märkte zu bedienen haben, dort Marktforschung und Produktentwicklung betreiben, die Kundenbeziehungen pflegen und Preisverhandlungen führen müssen. Mitarbeiter sind in diesem Sinne als Kunden zu betrachten. Das Geschäftsfeld von Führungskräften ist durch die Besonderheit hoher Vernetzung und Interdependenzen charakterisiert. Das macht eine erfolgreiche Geschäftsführung nicht gerade leicht und verführt daher sehr oft zu einem überfordernden Zuviel-Machen. Die Kapazitäten solch eines Einmann-/Einfrau-Unternehmens setzen solchen Bemühungen ihre Grenzen, und an der Gesamtmarktsituation ändert sich dadurch auch nichts.

Auch dazu ein Beispiel:

Die Mitarbeiter eines Textilkaufhauses, die bislang mit großem Erfolg Auslagen gestaltet haben, also die Entscheidungen über die Warenpräsentation im Schaufenster selbst „hergestellt" haben, reagieren allergisch und verschnupft, als sie diese Ware von ihrem neuen Geschäftsführer kaufen sollen. Da in diesem Unternehmen eine hierarchische Organisation vorherrscht, bleibt ihnen nichts anderes übrig, als ihrer „Abnahmepflicht" entsprechend die Ware „Entscheidung des Geschäftsführers" zu kaufen. Allerdings erkennt der Geschäftsführer seine ursprünglichen Ideen in ihrer Ausführung später nicht mehr wieder. Er hat nicht genügend berücksichtigt, was er sich einhandeln wird.

Und während er sich auf diesem wenig attraktiven Markt herumschlägt, entgeht ihm, daß sein Kunde „Vorstand" die Ware „Ideen zu einer neuen Standortpolitik" in der Zwischenzeit bei einem anderen Konkurrenten (Geschäftsführer) gekauft und seinerseits mit Anerkennung, Karriereschritten und Aufnahme in das Strategieteam des Gesamtunternehmens bezahlt hat.

Magie –
Wie Sprache Wirklichkeit erschafft

Braut und Bräutigam stehen vor dem Traualtar – zwei freie und ungebundene Menschen. Dann spricht der Priester die Formel: „Und hiermit erkläre ich euch für Mann und Frau!" Jetzt ist es (um sie) geschehen, beide haben ihre Identität von einer Sekunde zur anderen verändert, sie sind nicht mehr dieselben, sie sind Ehemann und Ehefrau, zahlen anders Steuern, ihre Rechte und ihre Pflichten haben sich schlagartig verwandelt, manchmal auch ihre Namen usw. Und wodurch? Durch eine Zauberformel – reine Magie!

Das Ritual der Trauung ist nur ein besonders eindrucksvolles Beispiel für die magische Gestaltungskraft der Sprache im menschlichen Zusammenleben. Auch das Leben in Unternehmen und Institutionen wird weitgehend von solchen symbolträchtigen Handlungen bestimmt. Es werden Beförderungen und Versetzungen ausgesprochen, Oben-unten-Beziehungen definiert, Geschäftsziele verkündet, Fusionen vollzogen. Und wo vorher ein gewöhnlicher, namenloser Mitarbeiter der Firma an seinem von Aktenstapeln beschwerten Normschreibtisch saß, trohnt plötzlich ein Vorstandsmitglied hinter einer prachtvoll glänzenden, leergefegten Mahagoniplatte, die unwillkürlich beim Betrachter den Wunsch, Tischtennis zu spielen, auslöst. Wo vorher zwei gleichberechtigte Kollegen am Mittagstisch zusammensaßen, speisen plötzlich ein Chef und sein Untergebener.

Die Sprache ist das Medium, in dem sich die Koordination menschlichen Verhaltens zum größten Teil vollzieht. Natürlich gibt es auch noch eine Unzahl nichtverbaler Kommunikationswege – von der Mimik über die Gestik und den Tonfall hin zum vielsagenden Schweigen. Doch sind all diese Wege des Informationsaustausches erheblich vieldeutiger als die der Sprache (auch sie ist vieldeutig, nur ist der Interpretationsrahmen doch etwas eingegrenzter).
So spielt die Magie durch Sprache in menschlichen Organisationen denn auch die Schlüsselrolle: Sie sorgt für die Kopplung all der autonomen Einzelwesen. Mit ihrer Hilfe werden die Spielregeln der Interaktion festgelegt und aufrechterhalten.

Bei der Untersuchung, welche sprachlichen Formen das Zusammenspiel der Mitarbeiter in den Büros kalifornischer Unternehmen regeln, fand man drei unterscheidbare Formen: Bekanntmachungen, Aufforderungen, Versprechungen.[4]

Durch diese drei Arten sprachlicher Kommunikation kann man alle Voraussetzungen für ein Spiel, das radikal-marktwirtschaftlichen Gesetzen folgt, sicherstellen. Spielregeln bestehen ja – wie bereits oben erwähnt – stets aus derartigen beschreibenden und vorschreibenden Regeln.[5]

Bei der Regelung des Spiels „Unternehmen" reichen offensichtlich diese drei Arten sprachlicher Verständigung, um die nötigen Beschreibungen und Handlungsaufforderungen zu liefern. Durch Bekanntmachungen werden die allgemeinverbindlichen Aspekte der Wirklichkeit des Unternehmens festgelegt (zum Beispiel: Am 15. Juli beginnen die Werksferien! Herr Maier übernimmt ab sofort die Leitung der Vertriebsabteilung.). Durch solche

4 Winograd, T. u. F. Flores (1986): Understanding Computers and Cognition. Norwood, N.J. (Ablex) S. 143–162.
5 Siehe von Wright, G.H. (1963): Norm und Handlung. Eine logische Untersuchung. Königstein (Scriptor) 1979; und Simon, F.B. (1988/93): Unterschiede, die Unterschiede machen. Frankfurt a. Main (Suhrkamp).

Bekanntmachungen werden Identitäten und Rollen zugeschrieben und, verbunden damit, die Beziehung, wer wem etwas zu sagen hat, definiert. Aufforderungen und Versprechungen liefern das Rohmaterial für die vorschreibenden Regeln, die sich – marktwirtschaftlich – entwickeln. Die Aufforderung bahnt das Tauschgeschäft an, sie ist vergleichbar mit einer Kleinanzeige unter der Rubrik „Gesucht", es ist – ganz buchstäblich – die Nachfrage („Bringen sie mir bitte die Akte Ifag, Mannheim!"). Mit der Versprechung wird – zukunftsorientiert – ein Preis genannt, der dem Tauschpartner für die Befriedigung der Nachfrage geboten wird („Sie werden irgendwann eine Gehaltserhöhung erhalten, befördert werden etc.!").

Doch die Kommunikation über Aufforderungen und Versprechungen ist nicht einseitig gerichtet, von oben nach unten, sondern gegenseitig. Auch die formal Untergebenen fordern bestimmte Verhaltensweisen von ihren Vorgesetzten und versprechen im Tausch dafür bestimmte Gegenleistungen.

Es ist ein Markt wie immer, wenn Angebot und Nachfrage aufeinander treffen. Der Unterschied zwischen den Handelspartnern besteht in ihrem Machtgefälle, das heißt in den Wahlmöglichkeiten der beiden Partner: Wie die Preise ausgehandelt werden, hängt davon ab, wer mehr vom anderen will. Das muß nicht immer derjenige sein, der formal der Vorgesetzte ist.

Führung ist aber noch in einem anderen Sinne von der Magie der Sprache betroffen. Sobald jemand in eine Führungsposition versetzt wurde (durch eine Bekanntmachung), ist er innerhalb des Bedeutungsrahmens „Unternehmen" und auch in der Außenrepräsentation nicht mehr der, der er vorher war. All sein Verhalten wird auf einmal als Führungsverhalten interpretiert. Es gewinnt dadurch in der Bewertung aller Beteiligten eine neue Bedeutung, einen anderen (wahrscheinlich höheren) Tauschwert.

Dazu einige Beispiele:

Der gleiche, nach dreiwöchigem Urlaub gehörte Satz „Schön sie wiederzusehen!" löst vollkommen verschiedene Reaktionen aus, je nachdem wann und von wem er ausgesprochen wird: Von der Sekretärin, die ihrer Freude Ausdruck verleiht, oder einige Minuten später vom eigenen Chef, der dadurch indirekt seine Mißbilligung für zu lange Abwesenheit mitteilt.

Ein älterer Meister, der aufgestiegen ist und in der Bildungsabteilung arbeitet, eröffnet ein Seminar mit jüngeren Kollegen folgendermaßen: „Und abends könnt's ane heben!" Er wollte damit eigentlich sagen, die Firma bezahle die gesamte Zeche. Da aber gerade eine Sparwelle im Unternehmen lief, interpretierten die Seminarteilnehmer die Aussage ihres nunmehr Vorgesetzten mißlaunig als Verbot, mehr als nur ein Bier zu trinken.

Der neue Vorstand eines Großkonzerns will (a) den Umgangsstil zwischen „oben" und „unten" verändern und (b) die Meinung des „Werkes" erfahren. Dazu begibt er sich in die Kantine, stellt sich mit dem Tablett in die Schlange vor der Essensausgabe und setzt sich schließlich an einen Tisch. Er plaudert ungezwungen mit den Nachbarn, ein Gespräch unter Kollegen. Er ist nun nahe dran, Ziel (b) zu erreichen. Um auch noch Ziel (a) zu realisieren, stellt er sich freundlich vor „Ich bin der neue Vorstand!" Und auf einmal ist alles anders am Tisch. Keiner plaudert mehr ungezwungen, der neue Vorstand hört nur noch, was für Mitglieder des Vorstands bestimmt ist, das Gespräch unter Kollegen ist beendet.

Man kann nicht nicht-führen, wenn man erst einmal als „Führungskraft" identifiziert ist. Was immer man sagt oder tut, es wird im Sinne einer Aufforderung, einer Bekanntmachung oder einer Versprechung (im negativen Falle: Drohung) verstanden. Führung ist ein Spiel – so läßt sich zusammenfassen, in dem die magische Wirkung von Aufforderungen, Versprechungen und Bekanntmachungen genutzt wird. Ein Handel, der nicht nur aktuelle Werte einbezieht, sondern mit dem Schatten der Zukunft kalkuliert – ein Handel mit Optionen.

Hexerei –
Der Manager, drinnen und draußen zugleich

Der Markt, das Unternehmen, die Abteilung, jede Form der Organisation, alle lassen sich als Systeme betrachten, die aus miteinander verknüpften Verhaltensweisen bestehen. Sie können und müssen aber auch als Umwelten füreinander gesehen werden, die in ihrem Bestand für das eigene Überleben gesichert werden müssen. Welche Rolle hat in dieser komplizierten Vernetzung von Systemen und Umwelten der Manager in seiner Führungsfunktion zu spielen? Denn er ist offensichtlich nicht Element all dieser Systeme (er ist nicht sein Verhalten, er produziert es lediglich). Aber dennoch hat sein Verhalten etwas mit diesen Systemen und Umwelten zu tun, es erhält sie in ihrer Form und kann sie verändern.

An dieser Stelle lohnt sich doch noch einmal der Rückgriff auf die Militärmetapher (obwohl die Gärtnermetapher wahrscheinlich zu denselben Schlüssen führen würde). Wie kommt es, daß die Feldherren früherer Zeiten Hügel als Aufenthaltsort bevorzugten? Die Antwort klärt ein wenig, worin Führungsfunktionen zu einem großen Teil bestehen: Weil man als Beobachter von dieser erhöhten Position einen anderen Überblick hat, als unten im Schlachtgetümmel. Der Blick von oben eröffnet die Perspektive des außenstehenden Beobachters. Einer der Vorteile des amerikanischen Generals Schwarzkopf im Golfkrieg bestand darin, daß ihm Aufklärungssatelliten ein unübertreffliches Bild der Lage vermittelten. Was aus dieser Position „von außen" zu sehen war, ließ sich für das Handeln „innen"

nutzen. Wer über Informationen aus solch einer neutralen Vogelper-
spektive verfügt, erkennt Zusammenhänge, die in der Betriebsblindheit
der Innenperspektive verborgen bleiben. Dadurch eröffnet sich die Chance zu distanzierter, nüchterner und rationaler Analyse, zu strategischem
wie ökologischem Denken: System und Umwelt können in Beziehung gesetzt werden. Die Aufgabe des Managers besteht wesentlich darin, zwischen
beiden Perspektiven zu wechseln, die verschiedenen Umwelten seines Unternehmens im Blick zu haben (den Markt ebenso wie die Psyche seiner
Mitarbeiter), Trainer und Mitspieler seiner Mannschaft, aber auch Schieds-
richter gleichzeitig zu sein – all dies ganz und gar, und keines nur, ganz
parteilich und dennoch vollkommen neutral. Er sitzt zwischen den Stüh-
len oder besser: auf dem Zaun.

Management ist Hexerei. Zumindest erfaßt das Bild der Hexe dieses gleichzeitige Drinnen- und Draußensein am besten, die Vermittlung zweier unterschiedlicher Beobachtungspositionen. Denn der Begriff der Hexe bedeutet ursprünglich „die auf dem Zaun sitzt".[6] Begnügen wir uns zunächst mit
dieser oberflächlichen Ortsbestimmung der Managerposition, so sind es
eigentlich zwei Zäune, auf denen er sitzen muß: dem Zaun, der Spieler und
Zuschauer voneinander trennt (d.h. die teilnehmenden und agierenden
Beobachter auf dem Spielfeld und die nicht-teilnehmenden, nicht-agie-
renden Beobachter auf der Tribüne); und dem Zaun, der die Zeit bis jetzt
von der Zeit ab jetzt voneinander trennt. Er muß stets auch mit einem
Bein in einer hypothetischen, zukünftigen Welt stehen und vorwegneh-
men, was kommen könnte. Dazu bedarf er des Möglichkeitssinns,[7] der
Phantasie, sich vorstellen zu können, welche Risiken und Chancen ihn
und sein Unternehmen erwarten (auch und gerade wenn diese nie vollständig berechenbar sind).

Hexen wurden im Mittelalter verbrannt, weil sie sich (wirklich oder vermeintlich) nicht in das allgemeinverbindliche Glaubens- und Verhaltens-
system ihrer Zeit einfügten. Sie stellten unerschütterliche Wahrheiten in
Frage und nutzten als Kräuterweiber – ganz pragmatisch – traditionelles,
Jahrhunderte altes Erfahrungswissen für ihre Heilkünste, das den Lehren
der Orthodoxie zuwiderlief. Sie wendeten spezielle, dem Denken ihrer Zeit
und Umgebung nicht angepaßte Methoden der Behandlung lebender Systeme an. Sie bedrohten dadurch die angestammte Hierarchie, die sich auf
Verkündigungswissen, auf eine höhere, außerweltliche Autorität stützte.

---

6 Der Begriff Hexe leitet sich von althochdeutsch *hagzissa* oder *hagazusa* ab,
wobei *hag* die Bedeutung Zaun hat. Vgl. Kluge, F. (1883): Etymologisches Wörterbuch der deutschen Sprache. Berlin (de Gruyter) 21., unveränderte Auflage
1975, S. 307.
7 Vgl. Musil, R. (1930–1952): Der Mann ohne Eigenschaften. Reinbek (Rowohlt).

Genau dies ist aber die Aufgabe eines Managers: Sich nicht mit der Gewißheit unhinterfragbarer Wahrheiten zufrieden zu geben, sondern selbstverständliche Vorannahmen und Glaubenssätze zu bezweifeln und nüchtern die Beziehung zwischen der Organisation, für die und in der er Verantwortung trägt, und ihrer Umwelt samt all ihren Widersprüchen zu analysieren. Nur wenn er immer wieder die selbstverständlichen Wirklichkeitskonstruktionen im Unternehmen hinterfragt, kann er seinen Handlungsspielraum und den seines Unternehmens erweitern und optimal nutzen.

Das Gegenstück dazu ist das Ausblenden all solcher Informationen, die Wunschdenken und Selbstgewißheit stören könnten. Es ist das Erich-Honecker- oder Mauer-Syndrom: der Sieg der beruhigenden, verscheuklappten Innenperspektive über die Außenperspektive. Am leichtesten ist dies zu erzielen, wenn man sich selbst nur mit Mitarbeitern umgibt, die ständig nur das sagen, was man zu hören wünscht (eine unter Führungskräften leider gar nicht so selten zu findende Krankheit) und wenn man – um den Kreis zu schließen – seinen Mitarbeitern auch nur die Informationen gibt, die sie beruhigen und ihr Weltbild bestätigen.

Die entscheidende Voraussetzung zur Nutzung der Außenperspektive ist eine radikale Neutralität, ein Blick, der von jedem Wunschdenken und aller Parteilichkeit – soweit das möglich ist – befreit ist. Nur wer ohne Vorurteile alle ihm denkbaren Zusammenhänge zwischen einzelnen Faktoren und Variablen untersucht, kann zu Folgerungen gelangen, die bislang nicht selbstverständlich waren. Er kann aber auch sehen, wie häufig die Entscheidungen und Handlungen innerhalb einer Organisation paradoxe Wirkungen zeitigen: Gute Absichten sind nur zu häufig das Gegenteil von „gut". Wenn nicht die Vernetzung sehr verschiedener Variablen erfaßt wird, kann nicht mit den – häufig zeitlich und räumlich sehr fern liegenden – Folgen von Entscheidungen kalkuliert werden.

Dazu folgendes Beispiel:

Der Vorgesetzte einer kundenbezogenen Abteilung einer Bank steht vor dem Problem der Urlaubsplanung für den Sommer. Alle sechs Mitarbeiter sind Experten, vier müssen da bleiben, um den störungsfreien Ablauf der Arbeit der Abteilung zu gewährleisten. Es gibt Überschneidungen bei den Terminwünschen der sechs Mitarbeiter. Jeder hat seine guten Gründe, warum er gerade zu diesem und keinem anderen Termin in Urlaub gehen muß. Der Vorgesetzte bemüht sich um eine gerechte Lösung, wägt die Gründe des einen gegen die des anderen ab, stützt den einen Mitarbeiter (krankes Kind) und versucht den anderen (Luxusreise) zur Einsicht zu bringen ... Er gelangt weder zu einer für alle befriedigenden Lösung, noch zur Anerkennung seiner Bemühungen durch die Mitarbeiter. Ganz im Gegenteil, alle sind ärgerlich. Für die einen war er zu zaudernd, für die anderen rücksichtslos usw. Hätte er, ohne inhaltlich Stellung zu beziehen, die neutrale Außenposition behalten und lediglich den Entscheidungsprozeß der sechs Mitarbeiter der Abteilung moderiert, indem er die Aufmerksamkeit auf die Konsequenzen der verschiedenen Lösungsalternativen gelenkt hätte, so hätten die Mitarbeiter die Komplexität des Problems erfahren, sich Rechenschaft über die gemeinsamen Prioritäten und Werte gegeben und die Verantwortung für das Finden einer angemessenen Lösung behalten. Sie hätten als Mitspieler nicht nur ihre jeweilige Innenperspektive erleben können, sondern auch den Blick aus der Außenperspektive nutzen können.

Aus solch einer neutralen Beobachtungsposition werden nicht nur regelhafte Zusammenhänge beobachtbar, welche die Wahrscheinlichkeit erhöhen, mit minimalem Aufwand maximale Resultate zu erzielen, sondern auch solche Gesetzmäßigkeiten, die immer wieder dazu führen, daß gerade das Gegenteil des erstrebten Ziels erreicht wird. Lebende Systeme organisieren sich stets so, daß gegenläufige Tendenzen balanciert werden. Wer – nur der Innenperspektive verhaftet – all seine Energien darauf konzentriert, solch ein System in eine bestimmte Richtung zu lenken, wird zwangsläufig Gegenkräfte aktivieren, die sich ihm als Widerstand, Insubordination und Sabotage darstellen. Stellt er sich hingegen auf die andere Seite der Waage, so kann er sicher sein, Kräfte zu aktivieren, die nunmehr dieser Tendenz entgegenwirken. „Managen" bedeutet stets jonglieren – eine Hexenkunst.

Mutter und Scharfrichter –
Die Personalabteilung als Trivialisateur

Werden Führungskräfte vor die (hypothetische) Alternative gestellt, sich entweder bei gleichem Gehalt und Prestige mehr mit sachlich-fachlichen Fragen und weniger mit Personalangelegenheiten, oder aber weniger mit sachlich-fachlichen Fragen, dafür aber mehr mit Personalangelegenheiten beschäftigen zu müssen, so wählen drei von vier Führungskräften die Aufgabe als Fachkraft.

Die Vorstellung, sich nicht mehr mit anderen Menschen herumärgern zu müssen, frei zu sein von Querelen bei der Urlaubseinteilung, nicht mehr in unzufriedene Gesichter bei der Prämienverteilung blicken zu müssen, niemand mehr auf die Finger schauen, motivieren, kontrollieren usw. zu müssen, kurz gesagt, niemanden mehr führen zu müssen, erscheint Führungskräften offensichtlich sehr verlockend.

Wer alltäglich mit der bereits mehrfach erwähnten weichen Realität menschlicher Beziehungen und der Nichttrivialität menschlicher Individuen umzugehen hat, entwickelt zwangsläufig eine schier unstillbare Sehnsucht nach der Berechenbarkeit und Sicherheit trivialer Maschinen. Die harte

Realität sachlicher Fragen, in der es klare Daten und Formeln gibt, um herauszufinden, was richtig und was falsch ist, verspricht ein einfaches, den Regeln der Logik folgendes Leben, in dem man als Manager weiß, was man zu tun hat, oder es zumindest durch Benutzung seines Großhirns herausfinden kann.

Doch in Organisationen, in denen das Verhalten von Menschen miteinander koordiniert werden muß, läßt es sich – wohl oder übel – nicht vermeiden, immer gleichzeitig über sachliche Inhalte und Beziehungen zu kommunizieren.[8] Radikal-marktwirtschaftlich gesprochen: Man bietet immer mehrere Waren gleichzeitig an. Auch wenn man beabsichtigt, ein Verhalten zum Tausch anzubieten, das seinen Wert aus sachlichen und fachlichen Gründen bezieht, so liefert man doch immer auch eine Ware, die nach ihrer Bedeutung für zwischenmenschliche Beziehungen bewertet wird. Und man wird Empfänger der entsprechenden Gegenleistungen.

Was also tun, wenn man seine sachlichen Ziele nur um den Preis der Beschäftigung mit dieser weicheren Beziehungswirklichkeit erreichen kann? In Organisationen bietet sich dazu ja ein bewährter Weg, der Einzelpersonen nicht offensteht: die Arbeitsteilung. Ein Ideal, das dabei zugrunde gelegt (wenn auch häufig nicht realisiert) wird, ist die Spaltung zwischen diesen beiden Märkten, die Aufteilung von Zuständigkeiten und Kompetenzen für Fachfragen einerseits, für „Beziehungsleistungen" andererseits.

An die Personalabteilung und ihre Mitarbeiter wird dabei die Aufgabe delegiert, sich um diesen weicheren Bereich der Wirklichkeit zu kümmern und dafür zu sorgen, daß er härter wird. Es ist wieder das Musterbeispiel einer Kollusion, eines Zusammenspiels, bei dem ein gemeinsamer Konflikt auf zwei Parteien aufgeteilt wird. Der Konflikt zwischen dem Ideal der Berechenbarkeit von Menschen einerseits, der Tatsache ihrer Unberechenbarkeit andererseits wird dadurch „aus der Welt geschafft", daß die Fachkräfte sich in erster Linie den sachlichen Notwendigkeiten, die Personalisten hingegen der Beziehungsdimension der gemeinsamen Arbeit verpflichtet fühlen.

Jeder der Beteiligten hilft in dieser Polarisierung dem anderen dabei, ein (relativ) ambivalenzfreies Weltbild aufrechtzuerhalten. Würden die Mitarbeiter der Personalabteilung sich nicht um ... kümmern, müßten es die Mitarbeiter der ... - Abteilung selbst machen (und umgekehrt). Diese Rollenaufteilung erinnert ein wenig an die traditionellen Klischees der

---

8 Vgl. Watzlawick, P., J.H. Beavin, D.D. Jackson (1967): Menschliche Kommunikation. Bern (Huber) 1969.

Aufteilung in Männer- und Frauenrolle innerhalb der Familie. Der Mann entwickelt und übernimmt die Kompetenz für sachliche Fragen (welches Auto gekauft wird, wie das Geld angelegt wird, womit es verdient wird etc.). Die Frau leistet Beziehungsarbeit und widmet sich der Pflege der emotionalen und menschlichen Belange (sie betreibt die Personalentwicklung bei den Kindern und sorgt für die Trivialität, das heißt das reibungslose Funktionieren des Haushalts).

Nun soll hier nicht eine neue Metapher für die Beschreibung von Unternehmen vorgeschlagen werden („Wir sind doch alle eine große Familie"), sondern vielmehr darauf hingewiesen werden, wie im Rahmen von Arbeitsteilungen in Organisationen bestimmte lebenserhaltende Funktionen sichergestellt werden. Aus der Außenperspektive wird das Zusammenspiel derer, die diese Aufgaben übernehmen, deutlich, auch wenn es aus der Innenperspektive der Beteiligten unentdeckt bleiben mag.

Die Arbeit von Personalabteilungen ist also ein gutes Beispiel für die Paradoxie von Hausfrauenarbeit in Organisationen (Unternehmen wie Familien): Je besser sie funktioniert, desto weniger wird ihre Notwendigkeit bemerkt. Aller Wahrscheinlichkeit nach wird gerade die Personalabteilung – ähnlich wie andere administrative Bereiche – innerhalb ihres Unternehmens Anerkennung gewinnen, die nicht maximal erfolgreich ist. Wäre sie es, so würde sie wahrscheinlich ganz einfach vergessen.

Es fällt immer auf die Eltern zurück, wenn die Kinder sich schlecht benehmen (weiß ja jeder!). Etwas Analoges gilt für die Personalisten. Sie sind die Mütter, die professionellen Sündenböcke, die gehauen und mit Vorwürfen überhäuft werden können, wenn es Schwierigkeiten mit oder unter dem Personal gibt. Und sie sind diejenigen, an die Wünsche nach Versorgung und Förderung gerichtet werden.

„Wie konnte XY nur eingestellt werden?" ist eine der häufigsten Fragen, auch wenn der betreffende Mitarbeiter bereits seit 15 Jahren im Hause beschäftigt ist. Die Personalstelle bildet nun einmal die Eingangspforte zum Unternehmen, durch sie tritt man in das Leben des Unternehmens. Hier werden die magischen Formeln gesprochen, welche die Geburt eines neuen Mitarbeiters besiegeln und aus einem Bewerber um eine Stelle den Inhaber eines Postens machen.

„Ich würde Ihnen ja mehr bezahlen, sie wissen ja, daß ich ihre Arbeit sehr schätze, aber der Personalchef stellt sich stur!" Ähnlich werden auch Gehaltssysteme beschuldigt, die meistens den Personalchefs als „Kinder" zugeschrieben werden. Bei Verteilungskämpfen um knappe Güter (Geld, Urlaub, Prestige) bietet sich die Personalabteilung immer als Außenfeind an, der sich nutzen läßt, um Beziehungen konfliktfrei und harmonisch zu erhalten.

Es ist wahrscheinlich nicht zufällig, daß viele Betriebsküchen der Personlabteilung zugeordnet sind. Früher ging man ins Lohnbüro, um sich sein Geld abzuholen. In Zeiten bargeldloser Zahlungen muß sich der nährende Aspekt der Organisation anders symbolisieren.

„Wir brauchen unbedingt eine Laufbahnplanung!" lautet eine weitere Forderung, und hinter vorgehaltener Hand wird gesagt (oder zumindest gedacht): „In meine eigenen Entscheidungen möchte ich mir nicht hineinreden lassen." Es werden ihr viele solcher zwiespältiger Gefühle entgegengebracht. Der Wunsch nach Fürsorge und die Angst vor der Beschränkung der eigenen Freiheit bilden die zwei Seiten derselben Medaille.

Dabei wird die Macht der Personalabteilung als sehr hoch phantasiert: Sie hütet die Akten, nur der Personalchef weiß, was jeder verdient. Und für manche ist die Frage offen, ob er nicht auch weiß, wer wie oft zur Toilette geht, wer wieviel Alkohol am Arbeitsplatz trinkt und verbotenerweise Firmenbleistifte mit nach Hause nimmt ... In Zeiten zunehmender Computerisierung nehmen solche Sorgen berechtigterweise zu. Wer auf welchem Firmencomputer welche Video-Games spielt, läßt sich erfassen, wer wann mit seiner Tante telefoniert ebenfalls. Der „große Bruder" sieht alles. Der Personalchef als übermächtiger Beobachter, Leiter eines Geheimdienstes, dem nichts entgeht und der nichts vergißt.

Und er ist es denn auch, der als Scharfrichter die Exekution, das Aus-dem-Leben-des-Unternehmens-Befördern eines Mitarbeiters besorgt. Er ist der böse Vollzugsbeamte, der die Entscheidungen anderer – arbeitsteilig – in die Realität umzusetzen hat.

Neben diesen Ordnungsfunktionen haben die Personalabteilungen größerer Unternehmen aber zunehmend andere Aufgaben übernommen, die häufig mit diesen Ordnungsfunktionen in Konflikt geraten: die der internen Berater.

Sie sollen, obwohl parteilicher Mitspieler, die Rolle des außenstehenden und neutralen Beobachters übernehmen, des Trainers, Coaches oder Spezialisten für Personalentwicklung, Management-Development, Aus- und Weiterbildung, Leistungsbewertung, Gehaltssysteme, Arbeitsorganisation usw.

Diese Rolle des Spielers, der so tut, als ob er Außenstehender wäre, führt oft zu Selbstbezüglichkeitsproblemen. Das Gehaltssystem, das für das Unternehmen das beste wäre, muß es nicht unbedingt für den Berater sein und umgekehrt. Es kommt zum Widerspruch zwischen den Währungen, in denen die Leistung solch eines internen Beraters bewertet wird. Für das

Unternehmen steht zum Beispiel im Vordergrund, Personen, die im direkten Kundenkontakt stehen und unmittelbar umsatzwirksam sind, stärker zu entlohnen. Geht man von insgesamt konstanten Personalkosten aus – beziehungsweise einer konstanten Relation zum Deckungsbeitrag –, so müssen interne Bereiche wie das Personalwesen kürzer treten. Prämien werden dann dort reduziert, Erhöhungen auf die lange Bank geschoben: lauter unangenehme Folgen für die dort Beschäftigten. Die paradoxe Wirkung auf den internen Berater: Mit seiner sachlich guten Beratungsleistung (Ware) macht er ein Verlustgeschäft.

Es ist daher – wiederum aus Gründen der Komplexitätsreduktion und der Beseitigung von Widersprüchlichkeiten – nicht erstaunlich, daß sich in diesem Bereich die Arbeitsteilung innerhalb von Organisationen zugunsten einer Arbeitsteilung zwischen Organisationen umstrukturiert. Die internen Beratungsabteilungen großer Unternehmen werden ausgegliedert. Sie profilieren sich als selbständige Firmen auf dem Markt für Beratung. Und die Unternehmen kaufen sich im Gegenzug die Beratungsleistungen, die sie brauchen, auf diesem Markt. Die Paradoxien erzeugende Vermischung der Innen-Außen-Unterscheidung wird dadurch aufgehoben.

Hier schließt sich wieder der Kreis zum Thema Führung. Längerfristig dürfte auch die interne Aufspaltung der Zuständigkeiten zwischen Sach- und Beziehungsebene der Kommunikation und Organisation hinfällig werden. Wo immer Menschen von Entscheidungen betroffen sind, wird es Aufgabe der Führungskräfte sein, die Folgen mitzubedenken und zu tragen. Es ist eine Fiktion, bei der gerade das Wesentliche und Charakteristische „weggedacht" wird, wenn man meint, man könne menschliche Organisationen ohne Menschen herstellen. Auf den Punkt gebracht: Ohne sachliche und fachliche Kompetenz kann ein Manager auskommen, nicht jedoch ohne Kompetenz auf der Beziehungsebene.

Rezepte

– Üben Sie sich in Hexerei, und setzen Sie sich auf den Zaun zwischen drinnen und draußen: Wechseln Sie ab und zu die Perspektive, und betrachten Sie Ihr Unternehmen, Ihre Abteilung, sich selbst von außen – nüchtern, kritisch, weder schönfärberisch noch schwarzseherisch. Wie sind die Beziehungen der von Ihnen jeweils betrachteten Einheiten zu ihren Umwelten, das heißt den anderen Unternehmen oder Abteilungen, Kollegen und Mitarbeitern, Kunden und Mitbewerbern? Wenn Sie dies regelmäßig tun, haben sie eine relativ große Chance, Betriebsblindheit zu verhindern.

– Versuchen Sie zu verführen, statt zu erzwingen. Bringen Sie attraktive Angebote auf den Markt der Verhaltensweisen, handeln Sie faire Preise aus.

– *Betrachten Sie Ihre Mitarbeiter als ökonomisch vernünftige, gute Geschäftsleute, mit denen Sie auf Dauer nur im Geschäft bleiben können, wenn auch deren Konten stimmen, das heißt wenn nach deren innerer Bilanzanalyse Gewinn und Aufwand (Geben und Nehmen) ausgeglichen sind.*

– *Vertreiben Sie attraktive Spezialprodukte, keine Massengüter, das heißt, machen Sie nicht das, was auch alle anderen Führungskräfte Ihres Bereiches machen! (Zum Beispiel wenn alle offene Türen anbieten, zieht es vielleicht, ob damit aber auch schon Kommunikation hergestellt wird, bleibt offen – wie die Türe.) Anmerkung: Produkte unterliegen dem Lebenszyklus – überprüfen Sie zum Beispiel Ihre institutionalisierten Besprechungen danach, in welcher Lebenszyklusphase diese sich befinden.*

– *Wenn Sie mit Ihren Motivationsversuchen scheitern, schreiben Sie sich einmal hypothetisch selbst die Schuld dafür zu. Auf diese Weise werden Sie wieder handlungsfähig. Stellen Sie sich die Frage, welche der von Ihnen gelieferten Verhaltensweisen Sie immer wieder gegen Arbeitsunlust, mangelnde Kreativität und Initiativlosigkeit eintauschen. Was ist inflationär geworden, die Mahnung, das Lob, die ewigen Versprechen? Welche neuen Waren könnten Sie anbieten?*

– *Wenn Sie Führungskraft sind, denken Sie stets daran: Was immer Sie als Person im Kontext Firma oder im Privaten, aber im Blickfeld von Kollegen, Mitarbeitern, Vorgesetzten tun – es wird als das Tun einer Führungskraft wahrgenommen. (Auch Ihr Angebot „Jetzt lassen wir mal den Chef zur Seite", ist das Angebot eines Chefs). Ihr Verhalten ist eine Ware, mit einem Tauschwert, über den Sie durch das Verhalten der anderen ein Feedback erhalten. (Manches erhält man zurück, manches wird einem „heimgezahlt").*

6. PLANUNG

„Planen heißt, sich um die beste Methode zur Errei-
chung eines zufälligen Ergebnisses mühen."
Ambrose Bierce[1]

„Man kommt am weitesten, wenn man nicht weiß,
wohin der Weg führt, sagte ein großer Kletterer dieser
Erde."
Johann Wolfgang Goethe[2]

Wetterfrösche und Regenmacher –
Die weiche Wirklichkeit der Wirtschaft

Es ist wie mit dem Wetter: Die Vorhersagen stimmen nie genau, oft unge-
fähr, manchmal überhaupt nicht. Nimmt man einen Regenschirm mit, so
scheint die Sonne, packt man nur T-Shirts in seinen Koffer, so erreichen
die Außentemperaturen die Frostgrenze.

Allerdings: Wer das Mitnehmen des Regenschirmes als Ursache des Son-
nenscheins ansähe, würde des magischen Denkens beschuldigt. Denn das
Wetter scheint sich unabhängig von dem zu entwickeln, was wir tun. Wir
sind es, die nur reagieren können, die Opfer einer Kaltluftfront aus Skandi-
navien, nicht aber die Täter, die Regen-„Macher". Der Frosch in seinem
Glas zeigt an, ob morgen schönes Wetter sein wird, er holt aber durch das
Besteigen seiner Leiter kein Hoch von den Azoren. So zumindest ist das
selbstverständliche und alltägliche Weltbild in unserer westlich-abendlän-
dischen Kultur. In anderen Kulturen, welche die Unterscheidung zwischen
den Menschen und ihrer physischen Umwelt, zwischen Subjekt und
Objekt, zwischen Ursache und Wirkung, nicht gleichermaßen strikt vollziehen wie wir, werden die Einflußmöglichkeiten auf das Wetter höher
eingeschätzt. Bei den Indianern Nordamerikas sind Regenmacher höchst
angesehene Persönlichkeiten (was wahrscheinlich dafür spricht, daß sie
erfolgreich waren/sind).

Inzwischen gibt es mathematische Modelle, die zeigen, daß die Entwicklung des Wetters von minimalen Veränderungen beeinflußt wird. Wenn

---

1 Bierce, A. (1946), zitiert nach K.E. Weick (1979): Der Prozeß des Organisierens. Frankfurt (Suhrkamp) 1985, S. 323.
2 Goethe, J.W., zitiert nach Friedenthal, R. (1963): Goethe – Sein Leben und
seine Zeit. München (Piper) S. 291.

heute ein Schmetterling in Wien mit seinen Flügeln schlägt, so kann dies dazu führen, daß es in zwei Monaten in Tokio zu einem Gewitter kommt. Die Welt ist eben ein hochkomplexes System voller Wechselbeziehungen. Doch diese philosophische Einsicht hilft natürlich nur wenig, wenn es darum geht, den Beruf des Regenmachers zu ergreifen. Denn der Einfluß des Schmetterlings-effekts läßt sich im Rückblick rekonstruieren, er läßt sich aber nicht gezielt nutzen, um Gewitter zu produzieren. Das Wetter reagiert nicht wie eine triviale Maschine. Es lassen sich keine klaren Input-Output-Korrelationen beschreiben, das heißt keine klaren Tanzschritte und -rhythmen zur Herstellung von Nieselregen.

Die Situation der Wirtschaft ist ähnlich, nur ist der Schmetterlingseffekt weit ausgeprägter. Vorhersagen verändern das Wetter, Marktforschung verändert den Markt. Dies gilt für den „großen" Markt, auf dem dingliche Produkte oder Dienstleistungen gehandelt werden, ebenso wie für den „kleinen" Markt, auf dem einzelne Personen im Umgang miteinander Verhaltenweisen tauschen.

Während man es bei der Wettervorhersage mit relativ „harten" physikalischen Daten zu tun hat (Luftdruck etc.), handelt es sich bei der Wirtschaft – radikal-marktwirtschaftlich gesehen, bei aller Interaktion zwischen Menschen – um einen der „weichsten" Bereiche der Realität. Wenn man den Unterschied zwischen „weicherer" und „härterer" Wirklichkeit daran mißt, inwieweit Aspekte der Realität sich durch die Tatsache verändern, daß sie beobachtet werden,[3] so kann dies für Märkte mit Sicherheit festgestellt werden. Es sind immer Beobachter (Käufer und Verkäufer), die irgendwelche Waren – ob nun Autos oder Verhalten – unterscheiden, ihnen einen Namen geben, sie bewerten und sie schließlich kaufen und verkaufen. So entsteht – selbstorganisiert – ein Markt. Wenn sich die Beschreibungen und Bewertungen dieser Beobachter ändern, so ändert sich der Markt: das Musterbeispiel einer weichen Realität.

Planung im wirtschaftlichen Bereich, ganz allgemein: innerhalb menschlicher Beziehungen, stößt also auf eine grundsätzliche Schwierigkeit. Sie hat kein klar getrenntes Objekt, das sie studieren und für das sie Vorhersagen machen könnte. Sie ist selbstbezüglich, das heißt ein Teil der Beobachtungsprozesse, die den Markt ausmachen und die sie zu untersuchen und zu planen vorgibt. Planung muß daher stets mitberechnen, daß sie stattfindet und möglicherweise gerade dadurch ihre Voraussetzungen verändert. All dies gilt aber nicht nur für Planungsprozesse in Unterneh-

---

3 Vgl. Simon, F.B. (1990): Meine Psychose, mein Fahrrad und ich. Heidelberg (Carl-Auer-Systeme) 6. Auflage 1997.

men, sondern auch für die individuelle Planung einzelner Menschen. Was im folgenden über die Pläne und Strategien von Unternehmen gesagt wird, kann – radikal-marktwirtschaftlich gesehen – getrost auch auf die Situation eines jeden Individuums übertragen werden.

Planung muß stets berücksichtigen, daß es in wirtschaftlichen Prozessen nicht so sehr um sachliche Entscheidungen geht, sondern um Wirkungen der Beobachtung von Beobachtern, die Beobachter beim Beobachten beobachten.

Von der „strategischen Planung" zur „evolutionären Planung"

Lebende Systeme und ihre Umwelten lassen sich nicht zentral steuern. Doch die Schwierigkeiten und Grenzen des Planens, auf die man im Bereich der Wirtschaft immer wieder stößt, sollten nicht zu der trügerischen Auffassung verführen, auf Planung könne verzichtet werden. Ganz im Gegenteil. Wenn Beobachtung in der Lage ist, die Realität zu verändern, so sollte sie geplant werden. Nur ist das Ganze eben nicht so simpel, wie das Planen des Ingenieurs, der ein Haus zu bauen hat und sich darauf verlassen kann, daß die Mauersteine nicht plötzlich ängstlich reagieren und keinen Mörtel mehr konsumieren, um in schlechten Zeiten mobil zu bleiben und sich nicht auf unnötige Bindungen einzulassen. Die Planung muß die grundlegende Logik von Beobachtungsprozessen berücksichtigen und reflektieren, welche Unterscheidungen, Bezeichnungen und Bewertungen vorgenommen werden.

„Strategische Planung" und, als ihr Herzstück, „strategisches Marketing", sind die Schlüsselbegriffe, die gegenwärtig für unternehmerische Planung stehen. Auch sie scheinen wieder jener fragwürdigen Militärmetapher zu folgen: Der Konkurrent als Feind, Marketing als Krieg, Planung als Strategie. Auch hier ergeben sich die bereits oben gestellte Fragen: Was geschieht nach dem Sieg? Ist Frieden nur in Zeiten des Monopols denkbar? Und, wenn dies so sein sollte, wie lange kann er dann in einer lebenden Welt, die sich jeder einseitigen Kontrolle und Steuerung entzieht, währen?

Wir wollen hier den Begriff der „strategischen Planung" durch den der „evolutionären Planung" ersetzen. Damit soll nicht nur dem Umstand Rechnung getragen werden, daß Entwicklung und Überleben eines Unternehmens nicht nur durch den Sieg der Konkurrenten bedroht werden können, sondern auch durch Veränderungen der Umwelt, und daß Überleben, Wachstum und Florieren eines Unternehmens in ihrer Dynamik viel eher den in der Evolutionstheorie beschriebenen Selektions- und Veränderungsprinzipien als (nur) den Regeln der Kriegführung folgen. Die Überlebenseinheit in biologischen Evolutionsprozessen ist nie allein eine Art oder Gattung, sondern immer Art oder Gattung plus einer Umwelt, in der sie zu überleben fähig sind. Dasselbe Prinzip gilt auch für Unternehmen. Als Überlebenseinheit sollte nie das Unternehmen allein betrachtet werden, sondern stets das Unternehmen zusammen mit seinen verschiedenen Umwelten (Märkte, Mitarbeiter usw.). Ohne diese Umwelten kann auch das Unternehmen nicht überleben.

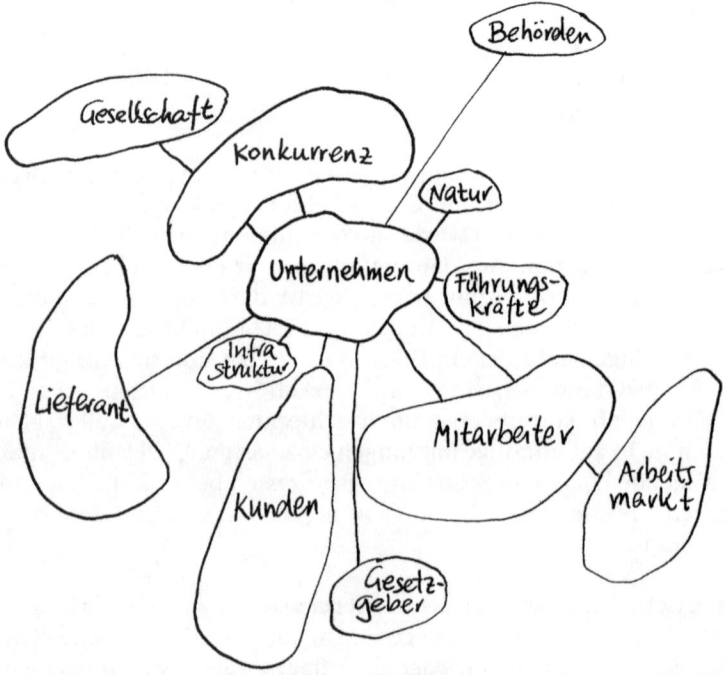

Überlebenseinheit = Unternehmen in seiner Umwelt

Planung dient dabei der Bewältigung von Komplexität, die durch eine unüberschaubare Menge von Faktoren in den Wechselbeziehungen zwischen Unternehmen und Markt entsteht. Der Beobachter kann die Wirkungen dieser verschiedenen Faktoren nicht mehr gegeneinander abgrenzen und unterscheiden. Die Gefahr jeder Beschreibung solch komplexer Zusammenhänge besteht darin, daß entweder zu sehr vereinfacht wird oder aber zu wenig. Wird zu sehr vereinfacht (Beispiel: Interaktion als geschlossener Regelkreis), dann erfaßt das Modell nicht alle für das Verhalten des Systems und seiner Umwelt relevanten Faktoren. Die auf diese Weise hergestellte Übersichtlichkeit und Planbarkeit ist trügerisch. Wird zuwenig vereinfacht, dann entsteht ein Modell, das selbst noch so komplex ist, daß keine Übersicht gewonnen wird.

Der Wandel der Anforderungen an Planung in den letzten Jahrzehnten spiegelt, welche unterschiedlichen Aspekte der System-Umwelt-Beziehung (Unternehmen-Markt-Beziehung) als wichtig erachtet wurden. So war etwa in der Nachkriegszeit das primäre Kennzeichen einer erfolgreichen Strategie die langfristige Erfolgssicherung des Unternehmens. In jener Zeit des Primats der Produktion war die nähere Zukunft noch in gewissem Maße vorhersehbar. Die riesigen Ansprüche des Marktes mußten befriedigt werden. Kostenminimierung und der Aufbau rationell arbeitender Organisationseinheiten mit einem möglichst hohen Grad der Arbeitsteilung standen auf dem Plan. Dabei handelte es sich um relativ „harte" Bereiche der Wirklichkeit, so daß Planung auf einer relativ sachlichen Ebene abgewikkelt werden konnte.

Als sich dann die Märkte in zunehmendem Maße zu Käufermärkten entwickelten (etwa zu Beginn der 60er Jahre setzte sich das Prinzip „Der Kunde ist König" durch) und die Idee des Marketings aufkam, trat als zweiter Anspruch an Planung die Erhöhung der Flexibilität des Unternehmens hinzu.

Die organisatorische Antwort darauf war der Aufbau kleinerer, flexibler Organisationseinheiten – zum Beispiel der Beginn des Projektmanagements in seiner engeren Form. Es war die Zeit des Primats des Marktes. Der Bereich, mit dem sich Planung zu beschäftigen hatte, wurde „weicher", denn der Markt konnte nicht – oder zumindest nicht in jenem Ausmaß, wie die eigene Produktion – autonom gestaltet werden. Man erfand die „Marktbeobachtung", so hieß das Zauberwort, und veränderte dadurch, beziehungsweise aufgrund dieser Beobachtung gesetzter Aktionen, den Markt.

In jüngerer Zeit ist auch das Primat des Marktes ins Wanken geraten. Die zunehmende Bedürfniskomplexität der Käufer und die Unmöglichkeit, Zielmärkte klar einzugrenzen, führten zu einer immer größeren und unüberschaubareren Vielfalt der Produkte.

Die damit verbundene Abkehr vom Mengenprinzip hatte höchst unterschiedliche Ansprüche an Planung zur Folge. In der Produktion stand nicht mehr nur die Steuerung großer Einheiten im Vordergrund, sondern vor allem eine modular aufgebaute Serienfertigung, Montagen in kleinsten Einheiten, Produktion „just in time". Der Weg von der zentralen Großfertigung zur dezentralen Kundenfertigung machte das Hereinnehmen eines individuellen Qualitätsanspruchs in die Fertigung und Absatzplanung notwendig. Der Manager hatte daher zunehmend dem Primat der Kommunikation zu folgen, wollte er diesen oft sehr widersprüchlichen Anforderungen Genüge leisten.

So verlor ein auf seine Qualitätsstandards stolzer Anbieter von LKW einen großen Marktanteil in Südamerika, weil er Qualität nur nach seinen eigenen, internen Maßstäben definierte, nicht jedoch nach denen des südamerikanischen Käufers. Dem kam es nämlich nicht so sehr auf technologische Spielereien wie ABS an, sondern auf die Möglichkeit, mit hoher Geschwindigkeit durch Schlaglöcher zu fahren.

Nur durch Respektieren des hohen Stellenwerts innerbetrieblicher, überbetrieblicher und außerbetrieblicher Kommunikation hat der Manager die Chance, den dritten generellen Anspruch an eine erfolgreiche Strategie zu realisieren: die Nutzung des Synergiepotentials.

Faszinierend ist dabei die Möglichkeit, Probleme, die innerhalb einer Organisation entstehen oder „produziert werden", an einer anderen Stelle derselben Organisation nicht nur als Belastung oder gar Bedrohung zu sehen, sondern als Ressource und Chance, um Synergieeffekte zu nutzen. Voraussetzung dafür sind allerdings Kommunikationsstrukturen, welche eine Auseinandersetzung über solch positive, nützliche Seiten des Problems ermöglichen.

So nutzt zum Beispiel ein großes österreichisches Industrieunternehmen die problematische Situation der durch es produzierten Abfälle nicht nur zur Entwicklung neuer Abfallbeseitigungsverfahren, sondern auch zum Verkauf dieser Technologie und der damit verbundenen Dienstleistungen nach außen. Und ein Technologiekonzern nutzte die innerorganisatorisch auftretenden Schwierigkeiten zum Aufbau und zur Qualifizierung eines Organisationsentwicklungsteams, das auch auf dem außerbetrieblichen Markt seine Dienste anbietet.

All diese Anforderungen an Planung sollen einem evolutionären Ziel dienen: dem Überleben des Unternehmens. Die Schwierigkeiten der Planung resultieren zum guten Teil aus der Tatsache, daß – entgegen einem weitverbreiteten Irrtum – in evolutionären Prozessen nicht der „Fitteste" überlebt, sondern das Überleben der Beweis der Fitneß ist. Es gibt also nicht nur einen oder einen besten Weg des Überlebens, sondern viele, die „passen".[4] Es läßt sich also nicht objektiv klären, welche Entscheidungen getroffen werden müssen. Statt dessen gilt, wie bereits an anderer Stelle erör-

4 Vgl. von Glasersfeld, E. (1981): Einführung in den radikalen Konstruktivismus. In: P. Watzlawick (Hrsg.): Die erfundene Wirklichkeit. München (Piper) 1985, S. 16–38.

tert, daß viele Wege nach Rom führen und stets eine ganze Reihe von Optionen (oder in diesem Fall: Verkehrsmittel) zur Verfügung stehen, die alle mit unterschiedlichen Vor- und Nachteilen verbunden sind.

Planung erfordert also Abwägen, Verharren und Besinnung. Um der Gefahr einer zu großen oder zu geringen Reduktion der Komplexität zu begegnen, empfiehlt es sich ganz generell, Planung durch Gruppen vornehmen zu lassen, in denen möglichst viele der potentiell relevanten Faktoren für die Entwicklung des Unternehmens, seien sie innerhalb oder außerhalb der Organisation lokalisiert, seien sie Element des Systems oder der Umwelt, repräsentiert sind. Es geht darum, Konflikte und Unsicherheit zu organisieren, die Sichtweisen der unterschiedlichen Zieldefinitionen und Innenperspektiven verpflichteten Akteure aufeinander prallen zu lassen. Nur so kann – aus der Außenperspektive gesehen – die Wahrscheinlichkeit erhöht werden, daß ein breitgestreutes, aber zwangsläufig immer beschränktes, Fachwissen optimal genutzt wird und die Umweltbedingungen angemessen erfaßt werden. So wäre es zum Beispiel langfristig wahrscheinlich ökonomisch sehr sinnvoll, einen professionellen Umweltschützer zum Mitglied einer Planungsgruppe in der Chemieindustrie zu machen. Konflikte in solch einer Gruppe sind also nicht störend, sondern notwendig. Nur so kann, die Bewertungsmaßstäbe der einzelnen überschreitend, ausgehandelt werden, welche Daten auf jeden Fall wichtig, eventuell wichtig oder ganz und gar unwichtig sind; und nur so kann langfristig auch das Erich-Honecker-Syndrom, eine stets nur die eigenen Wünsche und Vorannahmen bestätigende Beobachtung, vermieden werden.

Die Teilnehmer an solch einem Planungsprozeß müssen also ein hohes Maß an Unsicherheit, Vieldeutigkeit, Widersprüchen und Konflikten aushalten. Erleichtert wird ihnen dies, wenn sie wissen, daß keine der Einzelperspektiven allein irgendeinen Wahrheitsanspruch haben kann. Denn die Aufspaltung der Perspektiven und die damit verbundene Auseinandersetzung sowie das Wiederzusammenfügen sind das Ergebnis eines arbeitsteiligen Zusammenspiels. Dieses erlaubt allen Beteiligten, relativ ambivalenzfrei die Rolle des Anwalts ihrer individuellen Wirklichkeit und Werte zu spielen. Es handelt sich hier um eine der oben bereits beschriebenen „Kollusionen", bei denen die beiden Seiten eines gemeinsamen Konflikts auf zwei oder mehrere Personen aufgeteilt werden, wobei jeder dem oder den anderen eine Seite ihres Zwiespalts abnimmt.

Diese Ambivalenz reduzierende Funktion wird besonders dann deutlich, wenn man versucht, die Argumente solch eines Prozesses allein abzuwägen. Die Konfliktdynamik der Gruppe verlagert sich dann in denjenigen, der sich solch einer Aufgabe widmet. Er entwickelt früher oder später ein Gefühl der Zerrissenheit.

Es ist wichtig, zwischen Planungsprozessen und operativen Maßnahmen, die sinnvollerweise in eindeutigen und klaren Ablaufstrukturen geregelt werden können, zu unterscheiden (Tagesgeschäft, Routineabläufe, Notfallsituationen etc.). Zur Realisierung taktischer Überlegungen eignen sich gerade matrixhafte Strukturen, in denen die Konfliktpotentiale sinnvoll bearbeitet werden können, die sich in den Matrixknoten ergeben. Strategische Planung mit evolutionärem Charakter verlangt Prozeßhaftigkeit und Selbstreflexion, was zwangsläufig mit einem hohen Zeitaufwand verbunden ist.

Die Chancen solch reflexiver Gruppenprozesse liegen darin, daß Einäugigkeit verhindert und, eng damit verbunden, nicht funktionale Handlungen verzögert und vermieden werden. Auch Unterlassungen sind Waren, und ihr Tauschwert wird am ehesten durch sorgfältige Reflexion deutlich. Solch eine Form der Planung ist das Gegenstück zur Notfallsituation, in der schnell entschieden werden muß. Beide Aufgaben erfordern unterschiedliche organisatorische Strukturen und sollten lieber nicht miteinander vermischt werden. Es sind – radikal-marktwirtschaftlich gesehen – zwei verschiedene Märkte, in denen nur mit sehr verschiedenen Waren ein gutes Geschäft zu machen ist. Hierarchisch organisierte und schnelle Planung kann ebenso tödlich sein wie das prozeßhafte Erarbeiten von Entscheidungen bei Blinddarmoperationen oder auf sinkenden Schiffen.

Die positive Kraft des „negativen" Denkens – Die Bedingungen des Sterbens und die Grenzen des Überlebens

Die Beziehung zwischen lebenden Systemen und ihrer Umwelt ist nicht geradlinig-kausal.[5] Veränderungen des Marktes sind nie die „Ursache" für eine bestimmte Wirkung auf Seiten des Unternehmens. Das heißt, es gibt immer viele verschiedene Antwortmöglichkeiten auf die Bewegungen und Wandlungen des Marktes. Lebende Systeme und ihre Umwelt(en) stehen in einer Beziehung wechselseitiger Begrenzung von Optionen. Die Wechselbeziehung zwischen System und Umwelt bestimmt, welche Strukturen und Verhaltensweisen eines lebenden Systems unmöglich beziehungsweise nicht mit dem Überleben vereinbar sind, das heißt, sie legt die Bedingungen des (Aus-)Sterbens fest.

---

5 Vgl. dazu Humberto Maturana, der ausführlich darlegt, daß es zwischen einem lebenden System und seiner Umwelt keine „instruktive Interaktion" gibt, das heißt, Veränderungen in der Umwelt wirken lediglich als „Störung", auf welche solch ein System seiner eigenen Struktur entsprechend reagiert – es handelt sich also stets um ein Zusammenspiel von System- und Umweltbedingungen; Maturana, H. (1982): Erkennen: Die Organisation und Verkörperung von Wirklichkeit. Braunschweig (Vieweg) S. 242 ff.

So bestimmt für einen Menschen seine körperliche Ausstattung in Zusammenarbeit mit den Bedingungen seiner physikalischen Umwelt, daß er unter Wasser ohne technische Hilfsmittel nur wenige Minuten überlebt (es verschlägt ihm den Atem) oder den Sprung vom Empire State Building mit einer Auflösung seiner körperlichen Organisation zu bezahlen hat (im Gegensatz zu einer Taube). Aber weder die Schwerkraft noch die chemische und physikalische Beschaffenheit von Wassser legen in irgendeiner Weise deterministisch (im Sinne einer Ursache) fest, was ein Mensch zu tun hat. Sie begrenzen nur die Bandbreite der Möglichkeiten.

Dasselbe gilt für die Beziehung zwischen einem Unternehmen und seiner Umwelt. Die einzigen wirklich „harten" Daten, die als Grundlage der Planung zur Verfügung stehen, sind die Bedingungen des Sterbens des Unternehmens.

Der erste Schritt eines jeden Planungsprozesses besteht also sinnvollerweise darin, sich über die Grenzen des Überlebens bewußt zu werden. Hier empfiehlt es sich, die positive Kraft des „negativen" Denkens zu nutzen und systematisch Selbstmordstrategien zu erarbeiten. Wie könnte man es am schnellsten, einfachsten, elegantesten, qualvollsten, beschämendsten, tragischsten, lustigsten, lustvollsten usw. schaffen, das Unternehmen, die Abteilung, den Bereich, sich selbst zugrunde zu richten? Was muß dazu getan werden, und was muß dazu unterlassen werden? Die Beantwortung dieser, zunächst natürlich ein wenig absurd klingenden Fragen führt die stillschweigenden Voraussetzungen des Überlebens recht schnell und drastisch vor Augen.

Welches sind die Minimalanforderungen, die das Überleben – zumindest recht und schlecht – gewährleisten. Welches sind die Verhaltensweisen, die dafür mindestens zu erbringen sind? Welche organisatorischen Voraussetzungen sind dazu nötig? So wie ein menschlicher Organismus essen, trinken und atmen muß, ist auch das Überleben eines Unternehmens an bestimmte Aktivitäten gebunden; ihre Unterlassung wird mit dem Tode bestraft.

Auf der anderen Seite des Spektrums wird der (Über-)Lebensraum durch das maximal gerade noch Mögliche bestimmt. Was müßte man tun, um ganz sicher für die Pleite, Übernahme usw. des Betriebes zu sorgen? Welche Art von Aktivitäten muß also auf jeden Fall unterlassen werden, wenn man das Überleben gewährleisten will?

Diese Art der „Grenzplanung", sucht die Frage „Wie verhindere ich ein Scheitern?" vor der Frage „Wie erreiche ich ein Ziel?" zu beantworten. Sie sollte immer am Anfang jeder Analyse stehen. So kann es im konkreten Fall sinnvoll sein festzulegen, daß das Umsatzwachstum nicht unter drei

Prozent und nicht über 15 Prozent liegen darf (da sonst wesentliche Änderungen der Produktionskapazität vorgenommen werden müßten).

Auf die Spitze getrieben: Die hypothetische Pleite, durchgespielt im Rahmen der Planung, hilft, die reale Pleite zu verhindern, da sie den Spiel- und Freiraum unternehmerischen Handelns absteckt. Diese Art des Gedankenexperiments fokussiert die Aufmerksamkeit aller Beteiligten auf ein – trotz all der heterogenen Teilziele – gemeinsames Ziel: die Aussterbenswahrscheinlichkeit des Unternehmens zu minimieren. Denn für die Mitarbeiter (Abteilungen, Bereiche) ist das Unternehmen Mittel zum Zweck des eigenen Überlebens, eine Umwelt, die zu erhalten ihr Egoismus gebietet. Die Kräfte der Selbstorganisation und der gegenseitigen Nutzung von Ressourcen lassen sich so am ehesten aktivieren, die Tendenzen, sich gegenseitig zu behindern und zu sabotieren, verringern.

Die Festlegung von konkreten Zielen wirkt immer normativ und stellt immer eine Einengung von Optionen dar, die Festlegung von Grenzen des Überlebens eröffnet hingegen den Raum für die kreative Entwicklung neuer Optionen.

Eine gute Antwort, aber: Wie lautet die Frage? – Unternehmen, Produkt und Käufer

Auch Märkte kann man nicht küssen, auch sie sind nur ein Hirngespinst, eine Abstraktion, nicht wahrnehmbar mit unseren fünf Sinnen. Es ist immer problematisch, Sachverhalte und Dinge in die Planung einzubeziehen, die es nicht gibt. Unternehmen haben es auf dem Markt nicht mit Dingen und Sachen zu tun, sondern mit Kunden, Käufern, potentiellen Käufern und anderen, mit denen sie in Kommunikation treten müssen.

Es geht um die Entscheidungen einzelner Menschen, die Produkte einzelner Unternehmen zu kaufen oder nicht zu kaufen, und die Entscheidungen einzelner Unternehmen, bestimmte Produkte anzubieten oder nicht anzubieten usw. Doch die Entscheidungen der Beteiligten werden nicht unabhängig voneinander getroffen, sie erfolgen nicht zufällig, sondern sie sind aufeinander bezogen und beeinflussen sich gegenseitig. Das nennt man „Markt".

Das passendste Bild, um die wesentlichen Charakteristika dieses Prozesses gegenseitiger Beeinflussung zu erfassen, ist das der Konversation oder des Dialogs. Wie Laute, Worte und Sätze, die im Gespräch getauscht werden, werden auf dem Markt Güter und Gelder getauscht. Es sind Waren, welche Unternehmen und Käufer miteinander verbinden („strukturell koppeln"). Sie sind Mittel der Kommunikation, Träger von Bedeutung. Das Grundaxiom der Radikalen Marktwirtschaft läßt sich hier umkehren: Auch Waren sind Kommunikationsmittel, denen von unterschiedlichen Beobachtern unterschiedliche Bedeutungen und Werte („Nutzen") zugeschrieben werden.

Ein Auto kann für einen Käufer ein schlichtes Verkehrsmittel sein, ein Statussymbol, der Beweis der Kreditwürdigkeit oder Potenz, ein Weg zur Selbstverwirklichung und zu einem bestimmten Selbstgefühl (und vieles mehr). Für den Hersteller ist es eine Ware, die zu verkaufen die Existenz des Unternehmens sichert, Expansion ermöglicht usw. Jedes Produkt kann zum identitätsstiftenden Merkmal für Käufer wie Verkäufer werden. Der Mann/ die Frau von Welt fährt, trägt, ißt, trinkt ..., Männer mit Hosenträgern/ Frauen in Kleiderschürzen fahren, tragen, essen, trinken ..., Konservative konsumieren jenes ..., Progressive dieses ..., junge Menschen hingegen ..., Opas und Omas ... Aber auch für Unternehmen ist damit die Zuschreibung von Eigenschaften und Charakter verbunden, Imagebildung, die Entwicklung einer Identität.

Betrachtet man die Beziehung von Verkäufer und Käufer unter solch einem kommunikativen Aspekt, so ist jedes Produkt stets Frage und Antwort zugleich, je nachdem, aus welcher Perspektive man sie betrachtet. Das Angebot eines Produktes auf dem Markt ist (mehr oder weniger unausgesprochen) mit einer Reihe von Fragen an den potentiellen Kunden verbunden: „Willst du das haben? Kannst du es gebrauchen? Was bedeutet und wozu nützt dir der Besitz dieser Ware, und wieviel ist er dir wert? Wer oder was bist du, wenn du diese Ware besitzt?" Solche Fragen haben stets einen suggestiven Gehalt. Das angebotene Produkt ist aber auch Antwort auf die (Nach-)Frage des Kunden: „Wo gibt es ...? Wer kann mir liefern, was ich brauche, um zu ...? Wer macht mich zu dem, was ich sein will?" Produkte sind oft Antworten auf Fragen, die noch gar nicht gestellt wurden. Auch solche Antworten haben eine suggestive Wirkung. Sie lenken die Aufmerksamkeit auf die dazugehörige Frage, sie fördern die Erfindung von (Nach-)Fragen.

Diese wechselseitig suggestive Beziehung von Kommunikationspartnern, von Verkäufer und Käufer, muß also im Mittelpunkt der Planung stehen und das Produkt als Beziehungsstifter und Bedeutungsträger analysiert werden. Dabei ist die Konversation, dieses Sich-gegenseitig-drehen-und-Wenden[6], im allgemeinen nicht auf zwei Teilnehmer begrenzt. Es sind viele verschiedene Parteien an diesem Frage-und-Antwort-Spiel beteiligt, die auf vielfältige Weise kooperieren und konkurrieren, um miteinander ins Gespräch zu kommen oder den Dialog zu stören.

6 Konversation leitet sich ab von lat. *convertere* „zusammen wenden, sich zusammen drehen und wenden".

Zur „evolutionären Planung" gehören also vier Bereiche:

a) Der Bereich der Produkte: Welche Produkte werden vom Unternehmen auf dem Markt angeboten, welche vom Kunden nachgefragt?

b) Der Bereich des Unternehmens: Welche Bedeutung und welchen Wert hat der Verkauf solcher Produkte für das Unternehmen? Welches Selbst- und Fremdbild, welches Image, welche Corporate Identity resultiert aus dem Spektrum der Produktpalette, ihrer Zusammenstellung, der Quantität und Qualität der verkauften Produkte, und den Charakteristika des typischen Käufers beziehungsweise der typischen Käuferin in der öffentlichen Meinung? Vor allem aber, welche Rolle spielt es für das wirtschaftliche Überleben des Unternehmens?

c) Der Bereich des Kunden: Welche Bedeutung und welchen Wert hat der Erwerb solcher Produkte für den Kunden? Welches Selbst- und Fremdbild, welches Image, welche Identität resultiert für ihn aus dem Kauf solcher Produkte von solch einem Anbieter? Wie groß ist der Kreis der Interessenten, was sind ihre Merkmale? Welche Rolle spielt der Erwerb dieses Produktes für das wirtschaftliche Überleben des Kunden?

d) Der Bereich der Beziehung Unternehmen/Kunde: Wer will was von wem? Wie ist die Macht verteilt, das heißt, wer braucht wen mehr? Wie exklusiv (monopolistisch) sind beide Seiten in ihrer Beziehung zueinander? Wie groß ist die Marktnische, der Überlebensraum, in dem das Unternehmen seine Existenz zu fristen hat? Unter wievielen konkurrierenden Anbietern und Abgeboten kann der Kunde wählen?

Diese Bereiche bilden eine Einheit. Das bedeutet, daß man sie als zirkulär miteinander verknüpft betrachten muß. Sie beeinflussen und limitieren einander gegenseitig. Wo man die Planung in diesem Karussell beginnt, wo man den Kreislauf beginnt, ist letztlich gleichgültig. Die Entscheidung sollte nach Nützlichkeitserwägungen getroffen werden. Wenn man den Neuaufbau eines neuen Unternehmens plant, hat man andere Optionen und Freiheitsgrade (Wahl der Produkte, Zielgruppe, erstrebte Identität etc.) als bei der Planung für einen schon lange bestehenden Betrieb mit einer traditionellen Produktpalette und einem in Jahrzehnten gewachsenen Bild in der Öffentlichkeit.

Beginnen wir also bei der Identität des Unternehmens. Als erster Schritt ist zur Feststellung des Ist-Zustandes die Einhaltung einer neutralen, alle denkbaren Sichtweisen einbeziehenden Außenperspektive sinnvoll. Nur so kann die kreisförmige Beziehung zwischen der Zuschreibung von Bedeutung zu Produkten durch die Konsumenten einerseits (der äußere Markt) und durch die Mitarbeiter des Unternehmens andererseits (der innere Markt) erfaßt werden. Was bedeutet es für die Käufer einer bestimmten Automarke, wenn die Herstellerfirma auch Waschmaschinen herstellt – und Raketen? Was bedeutet es für das Selbstverständnis und die Identifikation der Mitarbeiter mit den Firmenzielen?

Zweiter Schritt ist dann eine Definition der Unternehmensziele. Was soll wann der Unterschied zwischen Ist- und Sollzustand sein? Woran würde man in den Bereichen – Unternehmen, Produkte, Käufer – diesen Unterschied, das Erreichen des Ziels, bemerken? Vor allem aber, würde bei Erreichen solch eines Zieles die Identität des Unternehmens gewahrt beziehungsweise die erstrebte Identität erreicht? Soll also überhaupt ein Unterschied erzielt oder nur der Ist-Zustand gesichert werden? Welchen äußeren Veränderungen und Herausforderungen muß in solch einem Falle Rechnung getragen werden?

Solche Rückkopplungsschleifen können zwischen allen für die evolutionäre Planung wichtigen Faktoren gesehen werden. So können Unternehmensziele und -identität in eine sich gegenseitig verneinende Beziehung geraten („Wenn die erstrebten Ziele erreicht werden, geht die Identität verloren", oder umgekehrt: „Wenn die erstrebte Identität erreicht wird, können die Ziele nicht erreicht werden"). Dasselbe gilt auch für Produkte und Ziele, Identität und Produkte, und – bislang noch nicht erwähnt – die operativen Maßnahmen, die zum Erreichen des Ziels, zur Herstellung oder Erhaltung der Identität wie vor allem auch der Produkte gewählt werden. Denn auch die Mittel können ihre Zwecke disqualifizieren und die Identität dessen in Frage stellen, der sie verwendet.

So wird es sich nicht mit dem erstrebten Image als „umweltbewußt" einer ökologisch orientierten Firma vertragen, wenn sie gleichzeitig Produkte herstellt, die entweder selbst schädliche Nebenwirkungen haben oder bei deren Herstellung Gift produziert und auf unanständige Art entsorgt wird. Genauso ist es für gewerkschaftseigene Unternehmen häufig ein in Paradoxien führendes Problem, die Identität als Arbeitnehmervertreter zu bewahren und gleichzeitig unternehmerischen Zielen verpflichtet zu sein, die auch zur Anwendung einer gewinnorientierten Unternehmens- und Personalpolitik (ver-)führen.

Bei der Erarbeitung einer Strategie kommt es also darauf an, zunächst wiederum die Gefahren des Scheiterns abzuklären, die in erster Linie durch die Herstellung solcher (Paradoxien erzeugender) selbstverneinender Rückkopplungsstrukturen gegeben sind. Dabei müssen sowohl der äußere Markt, die potentiellen Konsumenten, wie auch der innere Markt, die Mitarbeiter und Mitarbeiterinnen, – ihre spezifischen Bedeutungsgebungen und Bewertungen – als Kommunikationspartner berücksichtigt werden.

Ganz allgemein kann für Planungsprozesse folgendes Kreislaufschema festgelegt werden:

1. Definitionen der Unternehmensidentität;
2. Definitionen der Unternehmensziele;
3. Definitionen der Produkte (eventuell Aufteilung in unterschiedliche Produktgruppen, das heißt Geschäftsfelder);
4. Definition der erforderlichen organisatorischen Strukturen (eventuell Aufteilung in unterschiedliche Geschäftsbereiche analog zu den Geschäftsfeldern);
5. Definition von Strategien (für verschiedene Bereiche);
6. Definition der operativen Maßnahmen, das heißt der notwendigen Handlungen;
7. Definition der Merkmale, anhand derer das Erreichen der Ziele beziehungsweise das Auftreten von Gefahren, also die Annäherung an Überlebensgrenzen kontrolliert wird;

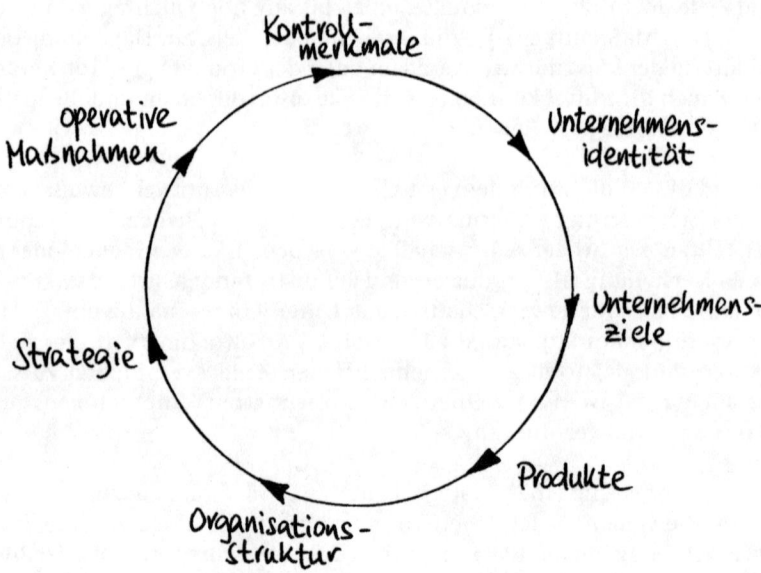

Dabei kann jeder dieser Punkte als Einstieg in den Planungprozeß genutzt werden.

Der Kreis läßt sich dadurch schließen, daß – wie zu Beginn – der Bezug zu Überlebensgrenzen hergestellt wird. An welchen Klippen kann eine erarbeitete Strategie scheitern? Was müßte getan oder gelassen werden, um alle Planungsbemühungen erfolglos zu machen?

Die Lebenszyklen von Produkten

Die Zeit heilt zwar alle Wunden, aber der Zahn der Zeit nagt beständig, so daß auch die Einsicht „Kommt Zeit, kommt Rat!" keinen Trost darstellt. Die zeitliche Dimension ist unverzichtbar für alle Planungsvorhaben. Leben bedeutet Veränderung, nichts bleibt so, wie es war, es sei denn, irgendwer oder -was sorgt dafür. Und nichts entsteht, es sei denn, irgendwer oder -was sorgt dafür. Auch das „Sterben" muß mit eingeplant werden. Denkweisen, Werte und Verhaltensmuster von Menschen überleben sich, und mit ihnen die Nachfrage der Kunden und die Produkte, die sie befriedigen.

Im menschlichen Organismus erneuern sich sämtiche Körperzellen (mit Ausnahme der Nervenzellen) innerhalb von sieben Jahren mindestens einmal. Nur diese ständige Veränderung ermöglicht es lebenden Systemen, dieselben zu bleiben. Was bedeutet dies für das Unternehmen und den Lebenszyklus seiner Produkte? Gibt es für sie so etwas wie ein Leben nach dem Tod? Wenn ein Produkt stirbt, welches Produkt erbt seine Käufer? In welchen Rhythmen hat der optimale Generationswechsel zu erfolgen?

Bei Computern hat die Entwicklung ein atemberaubendes Tempo angenommen, im Automobilbau haben japanische Firmen neue Standards des immer schnelleren Modellwechsels gesetzt. Die Zeit zwischen der Geburt eines Produktes und seinem Sterben wird im High-Tech-Sektor immer kürzer. In anderen Bereichen kann aber auch mit anderen Zeitdimensionen gerechnet werden: Die Entwicklung neuer Schicki-Micki-Brotsorten bedroht in keiner Weise den Markt für das traditionelle Landbrot, Mohnbrötchen oder Croissants usw.

Die Beziehung zwischen Unternehmen und Konsumenten bleibt logischerweise nur dann beständig erhalten, wenn Angebot und Nachfrage im Gleichgewicht bleiben. Bei Brot und anderen Grundnahrungsmitteln dürfte dies auf längere Sicht gewährleistet sein, da die physische Beschaffenheit der Konsumenten und Konsumentinnen für das Nachwachsen der Nachfrage sorgt. Bei Kinderbettchen, Babykleidung und Jugendliteratur sorgt ein Nachwachsen von Konsumenten für die Beständigkeit des Marktes. In beiden Fällen sind Bedingungen gegeben, die einen langen Lebenszyklus von Produkten ermöglichen. Die Bücher Karl Mays, der „Struwwelpeter" und „Pipi Langstrumpf" sind als Longseller über Jahrzehnte in den Regalen des Buchhandels zu finden (gar nicht zu reden von jenem überdimensionierten Bestseller, bei dem nicht einmal Autorenhonorare zu entrichten sind: der Bibel). Wo Märkte aber gesättigt, das heißt die Bedürfnisse der Kunden befriedigt sind, muß die Veränderung auf der Seite des Produzenten (zum Beispiel durch Vermarktung neuer Produkte) erfolgen, um die Beziehung in einem konstanten Bereich zu erhalten.

Die zentrale Aufgabe der Planung besteht darin, dem extremen Auf und Ab der Zyklen zu begegnen. So planen erfolgreiche Unternehmen fast immer schon in der Wachstumsphase des „alten" Produktes das neue und verfallen damit nicht in den Fehler, sich von den trügerischen Gewinnen während der Sättigungsphase zur Inaktivität verleiten zu lassen. Diese Gewinne sind ja meist in der Sättigungsphase am höchsten, in der es für die Neuentwicklung eines Produktes oft schon relativ spät ist.

Dabei ist es notwendig, das gesamte Unternehmen beziehungsweise die jeweilige Geschäftseinheit als Überlebenseinheit zu sehen, nicht das einzelne Produkt.

Monopol versus optimale Marktanteile

Eines der, manchmal heimlichen, manchmal offenen Ziele von Managern scheint es zu sein, mit ihren Produkten, Marken, Unternehmen eine marktbeherrschende Stellung zu erreichen. Aus radikal-marktwirtschaftlicher Sicht stellt sich die Frage, was dadurch ermöglicht beziehungsweise verhindert wird, also nach dem Ergebnis einer längerfristigen Kosten-Nutzen-Rechnung des Monopols.

Beginnen wir mit einem Gedankenexperiment. Welche Folgen hätte es, wenn dieses Ziel, die Monopolstellung, erreicht würde? In der Beziehung zum potentiellen Käufer bedeutete dies eine Machtposition. Er wäre vom Monopolisten als einzigem Anbieter abhängig, müßte kaufen, was immer dieser anbietet, ohne Rücksicht auf Qualität oder Preis. Für das Unternehmen bedeutet dieser Mangel an Konkurrenz, daß es seine inneren Strukturen und Abläufe keinen Veränderungen des Marktes anpassen muß. Es kann Produkte herstellen, deren Lebenszyklen ewig dauern. Einmal Trabant, immer Trabant ... Das gelingt nur dann, wenn das Unternehmen mit einer unveränderlichen, äußeren Umwelt rechnen kann.

Dies würde im Prinzip keinerlei Problem darstellen, wenn es denn so funktionieren würde. Auch im unzugänglichen Busch der Philippinen findet man immer wieder einmal einen Eingeborenenstamm, dessen Struktur und Organisation sich über Jahrhunderte unverändert erhalten konnten, weil die Lebenswelt beziehungsweise deren Bedingungen sich nicht verändert haben. Abgeschlossen von der Außenwelt hat sich ein stabiles Gleichgewicht zwischen System und Umwelt etabliert, in dem beide perfekt aneinander angepaßt waren und sich nicht zu entwickeln brauchten.

Der Preis für die monopolistische Idylle ist in gewissem Sinne stets ein Stillstand der Entwicklung. Wo keine Konkurrenten stören und das Überleben gefährden, bleibt auch mit antiquierten Produkten die Anpassung an die Marktverhältnisse gewährleistet.

Doch die Gefahr, aufgrund der eigenen Marktmacht zu erstarren, ist insoweit begrenzt, als sie an die Abgeschlossenheit des Marktes gebunden ist. Nur wo man die Grenzen gegenüber neuen Produkten oder auch nur Informationen über sie geschlossen halten kann, läßt sich Konkurrenz verhindern. Daher empfiehlt es sich – auch wenn es paradox klingt –, seine Konkurrenten zu lieben, damit sie verhindern, daß man die eigene Entwicklung verschläft.

Es gibt aber noch mehr Gründe, seine Konkurrenten als „Mitbewerber" zu lieben. Sie sind beteiligt an dem Kommunikationsprozeß zwischen Käufern und Verkäufern, an dem Frage-und-Antwort-Spiel, diesem Hin und Her wechselseitiger Suggestion und Verführung. Und es ist doch bekannt, daß ein Würstchenstand, irgendwo allein, geringere Umsätze macht, als jeder von drei Würstchenständen, die alle am selben Platz versammelt sind. Es gilt also, das synergetische Potential zu nutzen, das durch die Konkurrenten bereitgestellt wird.

Die Anpassungsfähigkeit des Planungsmanagers muß hoch sein, wenn er seine Aufgabe, die Anpassung des Unternehmens an ein komplexes Marktgeschehen, bewältigen will. Er muß Turbulenzen und Widersprüche managen, Vernetzungen mitgestalten, auch verborgene funktionelle Zusammenhänge sehen. Dabei ist es hilfreich, durch permanentes Einnehmen der Außenperspektive alle zu sehr vereinfachenden Schwarzweißschemata in seiner Analyse und in seiner Planung kreativ zu überwinden.

In der Vergangenheit gab es Maße für Erfahrung und empirisch untermauerte Formeln zur Berechnung der vermuteten Zukunft. So stellt die weithin bekannte Kurve des Produktlebenszyklus die vorhergesagte und wahrscheinliche Zukunft eines Produktes dar. Studien über klar abgegrenzte Käufersegmente, die, vor allem im Konsumgüterbereich, soziologisch sauber zu trennen schienen und dies heute in fast keinem Falle mehr tun, sind ein anderes Beispiel für solche Instrumente. Heute dagegen fehlt ein eindeutiges Maß für die geforderte Anpassungsfähigkeit – des Managers wie des Unternehmens.

Der einzige, einigermaßen verläßliche Maßstab für die Qualität der Planung dürfte die Überlebenswahrscheinlichkeit des Unternehmens in seiner Umwelt sein. Doch jede Planung muß auch berücksichtigen, was nicht zu planen ist. Das bedeutet, daß sie vage genug sein muß, also allgemein, ungenau und einfach genug bei der Definition ihrer Ziele, Strategien und operativen Maßnahmen. Nur so kann es gelingen, Raum für Nicht-Vorhergesehenes und Nicht-Vorhersehbares zu lassen, das heißt Gefahren abzuwehren und Chancen zu nützen. Evolutionäre Planung muß die Bedingungen für Improvisation schaffen.

Die Bergwanderung – Zwischen Planung und Improvisation

Besser als alle Theorien kann an dieser Stelle eine Geschichte erläutern, wie Strategie und Improvisation, Sich-treiben-Lassen und Steuern zum Erreichen eines Ziels führen, auch wenn – oder besser, weil – es ursprünglich nicht genau festgelegt war.

Beschrieben wird die Bergwanderung einer Familie, das heißt einer Organisation, die gewisse hierarchische Strukturen aufweist mit unterschiedlichen Verantwortlichkeiten, Fähigkeiten und Erfahrungen ihrer Mitglieder. Es berichtet der Top-Manager (der Familienvater):

1. Ausgangssituation:
– „Der Wilde Freyger ist ein Berg in den Stubaier Alpen, Höhe 3418 m. Der Gipfel mit seinem Gletscherfeld ist bei allen Wanderungen durch die Stubaier Alpen aufgrund seiner Höhe und Lage mehr oder minder immer und unübersehbar anwesend, eine dauernde Aufforderung und Herausforderung, so auch anläßlich einer mehrtägigen Hüttenwanderung mit meiner Frau, meinem 13jährigen Sohn und seinem gleichaltrigen Freund.

Irgendwann am Vormittag, auf dem Weg von der Sulzenauer Hütte zur Nürnberger Hütte, taucht die Idee auf, ob es möglich sein könnte, den Wilden Freyger, jenseits unseres Programmes, gemeinsam zu besteigen. Als relativ erfahrener Bergsteiger versuche ich zuerst, diese Idee als Hirngespinst abzutun. Schließlich ist dort oben ein Gletscher zu überwinden. Wir sind dafür in keiner Weise ausgerüstet, und zudem waren die beiden Kinder mit ihren dreizehn Jahren noch nie in diesen hochalpinen Regionen unterwegs.

Aber irgenwie wär's schon eine tolle Sache, wenn's gelänge! Je näher wir der Nürnberger Hütte kommen, die einen guten Ausgangspunkt für eine Freyger Begehung darstellt, um so mehr verdichtet sich diese Idee in unseren Köpfen, auch in meinem."

2. Kontextklärung:
– „Ein genaueres Studium von Karte und Wegbeschreibung erhärtet die Befürchtungen. Der Freyger-Gletscher ist zwar relativ harmlos, aber eben

nur relativ. Natürlich gibt es immer die eine oder andere Spalte, über die man drüber muß. Und je nach Wetter ist eine Gletscherquerung ohne Steigeisen, Eispickel und ein kurzes Seil, um bei einer Spaltenüberschreitung sichern zu können, riskant. Dementsprechend ist nicht sehr geübten Bergsteigern von solch einem Vorhaben klar abzuraten.

Ein Gespräch mit dem Hüttenwirt bestätigt diese Einschätzung. Allerdings, bei besonders guten Bedingungen und schönem Wetter ist die über den Aufstiegserfolg entscheidende Gletscherquerung ohne jegliche spezifische Ausrüstung problemlos möglich, aber eben nur bei besonders guten Bedingungen ...

Andere Hüttengäste berichten, daß solche Bedingungen am nächsten Tag vorliegen könnten ... Dieser Ansicht kann sich der Hüttenwirt nicht anschließen ..."

3. Planung:

„Nach Abwägen aller Für und Wider beschließen wir schweren Herzens, aus Sicherheitsgründen nur die am Weg zum Freyger, unterhalb der Gletscherregion liegende Gamsspitze (Höhe 3050 m) zu besteigen. Emotionell stelle ich meinen Erwartungspegel darauf ein. Sollte sich mehr ergeben, was nicht zu erwarten ist, um so schöner. Man wird sehen ... Es gelingt mir aber wirklich, meine Erwartungen so anzupassen, daß das Erreichen der Gamsspitze mit den beiden Kindern auch für mich ein durchaus befriedigendes Ziel wird."

4. Aktion:

„Noch früh am Tag erreichen wir nach einem ganz schön anstrengenden Aufstieg – die Kinder marschierten ohne Jammern und Klagen, schwitzend und vergnügt dahin – die Gamsspitze.

Während wir sitzen und jausen, betrachte ich zunehmend sehnsuchtsvoll den zum Greifen nah vor uns liegenden Freyger. Meiner Frau und den Kindern geht es vermutlich gleich. Direkt unter uns liegt ein erstes größeres Schneefeld, ein Stück weiter oben erkennt man den Beginn des Gletschers. Das Wetter ist tatsächlich schön. Möglicherweise liegen doch die gestern abend diskutierten besonders guten Bedingungen vor.

Wir beschließen, solange in Richtung Freyger weiterzusteigen, wie wir alle miteinander den Eindruck haben, kein ernsthaftes Risiko einzugehen. Sollte ein solches auftauchen, werden wir umkehren.

Mit diesem heiligen Schwur brechen wir wieder auf. Diese Entscheidung hat uns allen genügend Sicherheit gegeben. Das erste Schneefeld ist kein Problem, herrlich griffiger Firn, ein einziges Vergnügen.

Auf einmal stehen wir am Fuß des Gletschers. Jetzt wird's ernst, eine neuerliche Entscheidung ist fällig. Wir beobachten eine Bergsteigergruppe, die über den Gletscher in unsere Richtung von oben kommend absteigt. Nachdem sie angekommen sind, berichten sie uns, daß tatsächlich ideale Verhältnisse vorliegen: bis oben hinauf griffiger Firn, überhaupt kein Problem, auch ohne Steigeisen. Allerdings, eine Gletscherspalte, die man nicht umgehen kann, ist offen. Um dieses Hindernis ohne großes Risiko zu überqueren, braucht man wirklich Pickel und Seil, um zu sichern.

Da wir über so etwas nicht verfügen, beschließen wir, bis zu dieser Spalte aufzusteigen, um dort umzudrehen. Immerhin ist auch das eine schöne Gletscherwanderung. Für unsere Kinder ein erstmaliges, für meine Frau und mich kein alltägliches Erlebnis. Wir Eltern sind zufrieden, die Kinder sind zufrieden. Wir marschieren los, ganz schön anstrengend, aber ungefährlich, das Wetter bleibt ungetrübt schön.

Nach einiger Zeit überholt uns ein Bergsteiger, der eigenartigerweise ein Tuch über den Augen hängen hat. Während ich zur Seite trete, um ihn passieren zu lassen, beginnt sich meine Frau mit ihm zu unterhalten. Ich warte, vor mich hinmurrend ob dieser unnötigen Unterbrechung. Es ist ein Engländer, der seine Sonnenbrille vergessen hat: in einer Höhe von 3200 m auf einem Gletscher im Juli, bei voller Sonnenstrahlung, ein ziemliches Problem.

Ein witziger Typ, dieser Engländer: Pickel, Seil, Steigeisen, alles hat er dabei, was gut und teuer ist, nur keine Sonnenbrille. Meiner Frau fällt ein, daß sie eine alte Sonnenbrille als Reserve im Rucksack mitträgt. Sie schenkt sie ihm. Dann, bevor er weiterzieht, wird die oben schon erkennbare Gletscherspalte zum Thema. Er könne uns doch mit seiner Ausrüstung sichern ..., ist sein Angebot. Nach kurzem Zögern bin ich bereit, es auch mit den Kindern zu versuchen. Sie bekommen beide leuchtende Augen. Keine Spur von Angst. Okay, wir gehen's an!

Großes Abenteuer: Als wir die Spalte erreichen, springt die ganze Crew, fachgerecht gesichert, einer nach dem anderen darüber. Was für ein Fest! Nach einer halben Stunde erreichen wir den Gipfel, gefahrlos, schwitzend und glücklich – die Kinder, weil sie es geschafft haben, wir Erwachsenen, weil wir es ohne Risiko für unsere Kinder geschafft haben, obwohl wir's weder geplant noch vorbereitet hatten. Zu Hause wäre uns das ja absolut unvertretbar riskant erschienen. Wir sind alle stolz auf uns, unsere Energie und Klugheit.

Nach einer ordentlichen Pause und einer herrlichen Rundumsicht steigen wir wieder ab. Der Engländer begleitet uns bis zur Spalte, nochmals dieselbe Prozedur. Wir verabschieden uns, er zieht davon, wir folgen ihm, etwas langsamer.

Am Abend in der Hütte berichten wir den neu Angekommenen vom Freyger, unserem Aufstieg, die Kinder lassen sich feiern, sie haben's verdient. Wir haben an diesem Tag etwas für mich völlig Unerwartetes und Ungeplantes geleistet."

Die Analyse dieser Erfolgsgeschichte einer (Berg-)Spitzenleistung zeigt aus der Sicht evolutionärer Planung folgende Zusammenhänge und Voraussetzungen:

Die Erwachsenen als die Erfahrenen waren imstande, sich bei der Festlegung der gemeinsamen Ziele an der angenommenen Leistungsgrenze der Kinder zu orientieren. Die weniger erfahrenen Kinder konnten diese Einschätzung ihrer Möglichkeiten akzeptieren.

Gemeinsam konnte jeder dem anderen die Sicherheit vermitteln, daß beim Auftauchen neuer Informationen jederzeit die Zieldefinitionen neu diskutiert und revidiert werden können. Die neu erhaltenen Daten wurden auf ihren Informationsgehalt hin überprüft und zur Neubewertung der Situation genutzt.

In gleicher Weise war es möglich, einen sich unterwegs anbahnenden Warentausch so zu tätigen, daß dadurch die Ressourcen zur rechten Zeit in einer für den Erfolg notwendigen Weise ergänzt wurden.

Vor allem aber konnten sowohl die erfahrenen Bergsteiger als auch die weniger erfahrenen auftauchende Unsicherheiten so nutzen, daß sich daraus neue Optionen ergaben, welche die auftauchenden Unsicherheiten so nutzten, daß sich daraus neue Optionen ergaben, welche die auftauchenden Unsicherheiten so nutzten, daß sich daraus neue Optionen ergaben, welche die auftauchenden Unsicherheiten so nutzten, daß sich daraus neue Optionen ergaben, welche die auftauchenden Unsicherheiten so nutzten, ...

Rezepte

– Beobachten Sie Beobachter beim Beobachten (andere und sich selbst)! Worauf achten sie? Wie verschaffen sie sich Orientierung? Was sind ihre Bewertungsmaßstäbe, um die Bereitschaft zu erklären, gerade dem beobachteten Unternehmen, dem beobachteten Produkt Vertrauen (Geld) zu schenken?

– Planen Sie nicht nur für das Überleben Ihres Unternehmens, Ihrer Geschäftseinheit, Ihres Produktes, sondern auch für das Überleben des jeweiligen Marktes.

– *Akzeptieren Sie Widersprüche, Ambivalenzen und Konflikte als unvermeidlich. Sie verschwinden nicht durch ignorieren. Im Gegenteil.*

– *Nutzen Sie die positive Kraft des „negativen" Denkens: Planen Sie sorgfältig und systematisch das Scheitern! Auf diese Weise erfahren Sie am ehesten, was sie lieber unterlassen sollten.*

– *Sorgen Sie für die Einbeziehung der wichtigen Umwelten in den Planungsprozeß. Irgendjemand innerhalb des Unternehmens, der Abteilung usw. sollte die Sichtweisen und Interessen dieser Umwelten vertreten. So werden Handlungsspielräume und ihre Begrenzungen deutlich. Engagieren Sie „Störer" für den Planungsprozeß.*

– *Achten Sie nicht nur auf das, was getan werden muß, sondern auch auf das, was unterlassen werden muß. Es empfiehlt sich, für beides Kosten-Nutzen-Rechnungen anzustellen.*

– *Nutzen Sie Unsicherheiten als Chance für die Eröffnung neuer Optionen, planen Sie Improvisation!*

7. KULTUR

> *„Ich meine mit Max Weber, daß der Mensch ein Wesen*
> *ist, das in selbstgesponnene Bedeutungsgewebe ver-*
> *strickt ist, wobei ich Kultur als dieses Gewebe ansehe."*
> *Clifford Geertz[1]*

> *„Dem Verhalten muß Beachtung geschenkt werden, eine*
> *recht gründliche Beachtung sogar, weil es nämlich der*
> *Ablauf des Verhaltens ist – oder genauer gesagt, der*
> *Ablauf des sozialen Handelns –, in dessen Rahmen*
> *kulturelle Formen ihren Ausdruck finden."*
> *Clifford Geertz[2]*

Gefährliche und andere Muster

Der Begriff der „Unternehmenskultur" erfreut sich einer erstaunlichen Beliebtheit. Und wie bei vielen anderen magischen Formeln, mit denen sich Führungskräfte herumzuschlagen haben, zeigt die verwaschene Antwort auf die Frage „Wie macht man das?", daß wir es wieder einmal mit einer dieser nebelhaften, nicht küßbaren Abstraktionen zu tun haben.

Schauen wir aber, wie die Experten für Kultur – Ethnologen und Anthropologen – diesen Begriff gebrauchen, so bemerken wir, daß wir uns die ganze Zeit schon mit kulturellen Fragen beschäftigen. Kultur, im wissenschaftlichen Sinne, hat nicht viel mit Premieren des Stadttheaters, Ausstellungseröffnungen des Kunstvereins oder Dichterlesungen zu tun, sondern mit Organisation und Bedeutungsgebung. Unter Kultur kann man „ineinandergreifende Systeme auslegbarer Zeichen" verstehen, die „einen Deutungsrahmen für gesellschaftliche Ereignisse, Verhaltensweisen, Institutionen oder Prozesse" liefern.[3]

Wenn wir unter „Organisation" ein geordnetes Muster von Verhaltensweisen verstehen, so bildet Kultur das umfassendere System, in dem diese Verhaltensweisen mit irgendwelchen Wirklichkeitskonstruktionen (Bedeutungen) verknüpft werden. Beide Phänomenbereiche, Speisekarte/Rezept

---

1 Geertz, C. (1983): Dichte Beschreibung. Beiträge zum Verstehen kultureller Systeme. Frankfurt (Suhrkamp) S. 9.
2 ebd., S. 25
3 ebd., S. 21

und Essen/Kochen, sind wechselseitig untrennbar miteinander verknüpft, die Muster der Interaktion erzeugen und stabilisieren die Muster der Bedeutungsgebung, die Muster der Bedeutungsgebung erzeugen und bestätigen die Muster der Interaktion. Kultur ist ein Produkt und Mittel der Kommunikation.

Sie sitzen in einem Restaurant und haben einen undefinierbaren Brei auf dem Teller. Sie schauen in die Speisekarte und lesen „Mousse aux ..." und schon haben Sie ein Deutungsschema zur Verfügung, das bei Ihnen eine Unzahl von Vorstellungen darüber weckt, welche Zutaten verwendet worden sind, wie der Koch diese wunderbare Konsistenz seines Breis erreicht hat, wie das Ganze möglicherweise schmecken könnte, daß Sie selbst mit einem juckenden Ausschlag darauf reagieren könnten und es lieber zurückgehen lassen sollten, dann aber der befrackte Kellner indigniert schauen würde ... all das zusammen ist Kultur.

Es ist durchaus sachlich angemessen, Unternehmen wie Südsee- oder Indianerstämme zu betrachten. Dort werden bestimmte Glaubenssysteme, Tabus und Rituale praktiziert, welche die Beteiligten in einer Weltsicht verbinden, die gemeinsames, organisiertes Handeln ermöglicht. Je größer ein Unternehmen ist und je mehr unterschiedliche Menschen mit unterschiedlichen sachlichen Aufgaben es umfaßt, desto differenzierter entwickelt sich das kulturelle, aus etlichen Subkulturen zusammengesetzte Gesamtsystem. Da gibt es die Subkultur der Bilanzbuchhaltung, deren Werte und Deutungen nicht sehr viel Ähnlichkeit mit denen der Forschungs- und Entwicklungsabteilung haben. Dennoch sind all diese Subkulturen nur als Elemente eines übergeordneten organisatorischen Gefüges (über-)lebensfähig, zu dem auch die jeweils andere, die Welt so vollkommen gegensätzlich konstruierende Subkultur gehört.

Was ist also die Wirkung von Kultur? Sie

- bietet Unterscheidungskategorien für die Wahrnehmung (Worauf muß geachtet werden?),
- bietet einen Deutungsrahmen für Zeichen und Symbole (Was bedeutet was?),
- begrenzt die Möglichkeiten des Verhaltens (Was ist verboten?),
- erhöht die Wahrscheinlichkeit bestimmter Verhaltensweisen (Was ist vorgeschrieben?),
- definiert den Markt und die Marktwerte für Verhalten (Wofür bekommt man was?).

Sie liefert also auf mehreren Ebenen die Grundlage für die individuelle und gemeinsame Orientierung und Bewertungen von Handlungen. Um es in einem Bild zu veranschaulichen: So wie bei einer Seerose mehrere Niveaus der Struktur, auf und unter der Wasseroberfläche, unterschieden werden können, deren Dauerhaftigkeit und Haltbarkeit verschieden groß ist, erscheint es für die unternehmerische Praxis ganz nützlich, auch bei der Kultur verschieden langlebige Niveaus zu beschreiben.

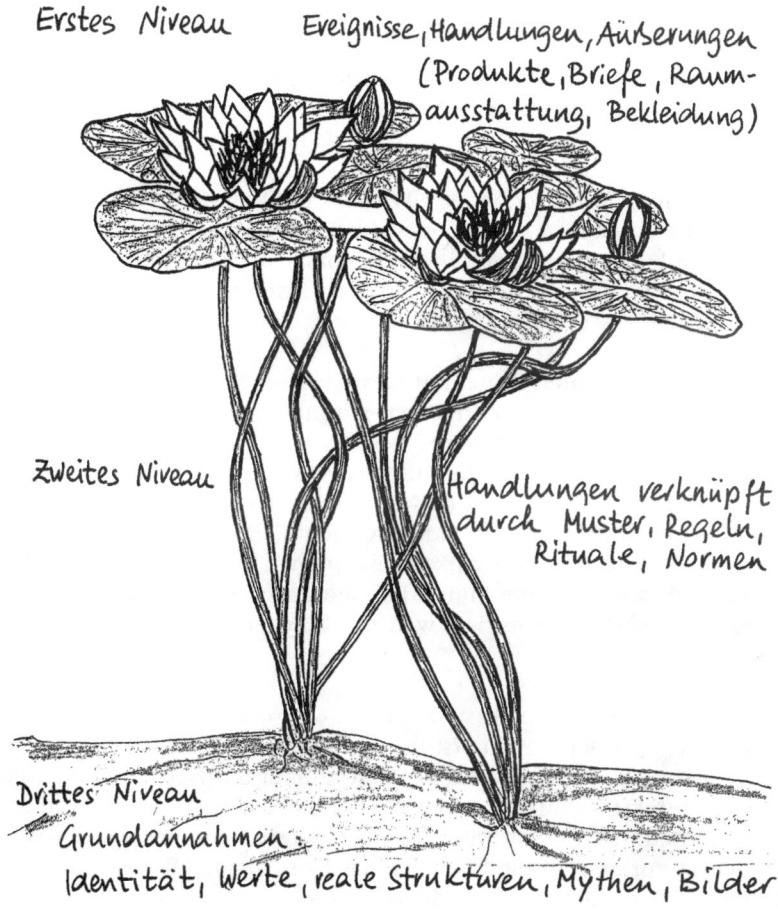

Erstes Niveau — Ereignisse, Handlungen, Äußerungen (Produkte, Briefe, Raumausstattung, Bekleidung)

Zweites Niveau — Handlungen verknüpft durch Muster, Regeln, Rituale, Normen

Drittes Niveau — Grundannahmen: Identität, Werte, reale Strukturen, Mythen, Bilder

Niveau 1

Verhalten: Dieser Teil der Kultur, vergleichbar mit den Blüten der Seerose auf der Wasseroberfläche, ist direkt beobachtbar. Wenn man als Führungskraft bemerkt, daß man mit seinen Verhaltensweisen nicht zum Ziel kommt, so kann man auf dieser Ebene für Wandel sorgen, indem man sein eigenes Verhalten ändert.

Niveau 2

Muster: Die Seerosen sind unter Wasser miteinander verknüpft und bilden Muster und Regeln. In ähnlicher Weise sind auch die Verhaltensweisen der Mitarbeiter eines Unternehmens miteinander verknüpft (= Organisation). Es gibt ritualisierte Abläufe, seien sie nun zielgerichtet geplant und geregelt wie in weiten Bereichen der Produktion oder im Laufe der Zeit gewachsen wie Sitzungsrituale. Derartige Regeln und Muster werden immer von mehreren Personen am Leben erhalten. Die Verhaltensänderung eines einzelnen kann sie stören, nicht aber alleinige Ursache für eine gezielte Änderung in eine bestimmte Richtung hin sein.

Niveau 3

Grundannahmen: Vergleichbar den Wurzeln der Seerose und wahrscheinlich am schwersten zu ändern, bilden die Glaubenssysteme und Wirklichkeitskonstruktionen derer, die eine Kultur am Leben erhalten, die Basis für die gemeinsam realisierten Spielregeln und Muster wie auch das individuelle Verhalten.

Einen schwerwiegenden Fehler hat dieser Vergleich zwischen Kultur und Seerose aber doch: Es suggeriert eine geradlinige Ursache-Wirkungs-Beziehung zwischen Wurzeln, Mustern und Blüten. Veränderte Verhaltensweisen können sich jedoch – anders als Seerosenblüten – zu neuen Mustern und Regeln zusammenfügen. Und wenn sich auf der Verhaltensebene viel ändert, dann werden viele Grundannahmen über die Wirklichkeit nicht mehr bestätigt, so daß sie sich schließlich auch ändern. In einer Kultur schließt sich der Kreis: die Blüten können auch die Wurzeln verändern (obwohl es umgekehrt natürlich wahrscheinlicher ist und daher häufiger vorkommt).

Wie die Kultur des eigenen Unternehmens oder der eigenen Abteilung ist, merkt man eigentlich immer erst im Unterschied zu anderen, weil die eigene selbstverständlich (geworden) ist. Neuanfänger beziehungsweise Neueinsteiger merken's schon. Sie spüren oder hören blitzschnell, was in diesem Unternehmen oder dieser Abteilung gefragt ist und was nicht. Unternehmenskultur ist daher immer auch das Unsichtbare, die nur scheinbar weiche Wirklichkeit, an der sich die vermeintlich so harte Wirklichkeit der Betriebswirtschaft und der strengen Führungsanordnung die Zähne ausbeißen kann ...

Der Schwerpunkt unserer Analyse von Unternehmenskulturen liegt dort, wo kulturelle Muster über den Erfolg oder Mißerfolg eines Unternehmens wie auch seiner einzelnen Mitarbeiter bestimmen können. Gemäß dem bereits oben propagierten Prinzip der positiven Kraft des „negativen" Denkens, sollen hier die pathologischen Muster in den Vordergrund gerückt werden, das heißt Muster, die unserer Erfahrung nach früher oder später die Wahrscheinlichkeit des Scheiterns erhöhen. Oder anders formuliert: Niemand kann sagen, was alles geht, das heißt welche Formen der Unternehmenskultur mit dem (Über-)Leben vereinbar sind oder wären, man kann aber durchaus feststellen, was nicht geht beziehungsweise nur um einen hohen wirtschaftlichen Preis für das Unternehmen oder einen hohen individuellen – körperlichen oder psychischen – Preis für seine Mitarbeiter möglich ist.

Es ist wie in der Medizin. Man kann sehr genaue Anweisungen geben, wie man seine Leber mit größter Wahrscheinlichkeit gut, schnell und preiswert ruinieren kann. Man kann aber nicht sagen, wie man seiner Leber eine Freude zu Weihnachten bereiten oder sonst etwas Gutes tun kann.

Die Unterlassung des wahrscheinlich Schädlichen oder Gefährlichen ist einer der Leitfäden, an denen man sich orientieren kann, wenn man Einfluß auf die Kultur seines Unternehmens nehmen will. Es gibt nicht die optimale, gesunde, DIN-Unternehmenskultur, aber es gibt dysfunktionelle Muster, bei denen mit größerer Wahrscheinlichkeit (auch da gibt es keine Sicherheit!) Probleme produziert werden.

Die hier dargestellte Typologie solch „gefährlicher" kultureller Muster weist die Fehler aller Typologien auf. Sie versucht, die aus vielen Einzelfällen herausdestillierten Gemeinsamkeiten zu beschreiben. Was dabei herauskommt, hängt nicht allein davon ab, was tatsächlich geschieht, sondern auch davon, was der Beobachter für Unterscheidungen macht, welche Auswahl er trifft, was er für wichtig oder unwichtig hält usw. Der Beobachter idealisiert und schematisiert dabei immer, so daß auch immer Differenzierungen und Einzelheiten verloren gehen. Auf der anderen Seite werden aber Gemeinsamkeiten, Familienähnlichkeiten, sichtbar, die ohne solche Vereinfachungen nicht bemerkt würden. „Wirkliche" Unternehmenskulturen oder Organisationen sind also immer nur so ähnlich, wie die hier beschriebenen Idealtypen, mal mehr mit dem einen, mal mehr mit dem anderen verwandt.[4]

Die Organisation von Gleichgewicht

Lebende Systeme müssen, um überleben zu können, gegensätzliche Tendenzen balancieren und Widersprüche organisieren. Sie bewahren ihre Identität, indem sie sich ändern, und sie finden ihre Stabilität in der Bewegung – wie ein Radfahrer, der nur dann im Gleichgewicht bleibt, wenn er

---

4 Das Konzept des „Idealtyps" hat Max Weber in die Soziologie eingeführt; vgl. Weber, M: (1913): Über einige Kategorien der verstehenden Soziologie. In: Weber, M. (1982): Gesammelte Aufsätze zur Wissenschaftslehre. (Mohr) Tübingen.

eine gewisse Geschwindigkeit erreicht hat, oder eine Seiltänzerin, die dazu pendelnde Bewegungen nach rechts und links braucht. Sie bedürfen gleichermaßen ordnender Aktivitäten wie auch der Prozesse, welche diese Ordnung wieder auflösen, der Beständigkeit und der Veränderung, der Hausfrauenarbeit, der Regelverletzung und der Kreativität.

Die Frage, wie der Wechsel und das Gleichgewicht zwischen Ordnung und Chaos innerhalb der Dimension Zeit in einer Organisation strukturiert werden – auf der Ebene des Handelns wie auch der Ideen –, bildet denn auch unsere Leitlinie zur Beschreibung von Unternehmenskulturen. Dabei setzen wir die hier verwendeten Prinzipien Ordnung und Chaos in keiner Weise mit einer Gut-schlecht-Bipolarität gleich. Die organisationsrelevante Unterscheidung zwischen Ordnung und Chaos bezieht sich letztlich nur auf die Vorhersagbarkeit oder Nicht-Vorhersagbarkeit des Verhaltens lebender Systeme.

Da Organisationen aus Verhaltensweisen zusammengesetzt sind, betrachten wir, welche Funktion (Wirkung) sie im Rahmen von Gleichgewichtsprozessen gewinnen können. Dabei bietet sich eine zielgerichtete Zuordnung der Verhaltensweisen an. Wenn man Chaos und Ordnung als gegensätzliche Resultate menschlicher Handlungen betrachtet, so können Tun und Lassen, Aktionen und Unterlassungen, in ihrer Wirkung nach vier Typen unterschieden werden:

1. Sie schaffen aktiv Ordnung innerhalb der Organisation, wirken dadurch der Entstehung von Chaos entgegen und unterlassen, was die Ordnung auflöst.
2. Sie schaffen aktiv Chaos, lösen dadurch Ordnung auf und unterlassen, was dem Chaos entgegenwirkt
3. Sie unterlassen, was Ordnung oder Chaos fördern oder verringern würde, das heißt, sie haben keine aktive Wirkung in Richtung auf Chaos oder Ordnung.
4. Sie schaffen aktiv Ordnung und sie schaffen aktiv Chaos. Sie haben eine aktiv fördernde Wirkung in Richtung auf die beiden gegensätzlichen Ziele, das heißt, sie sind ambivalent und zweideutig gegenüber Chaos und Ordnung.

Die Bevorzugung eines dieser vier Handlungstypen (Niveau 1) prägen die Kultur einer Abteilung beziehungsweise bestimmte Vorannahmen und Theorien (Niveau 3) über die Welt führen zu ganz bestimmten, kulturell geförderten Handlungen. Meist allerdings sind Handlungen der vier verschiedenen Typen miteinander zu Mustern (Niveau 2) geordnet, die es jedem einzelnen Akteur ermöglichen, seine eigenen, mehr in die eine oder andere Richtung zielenden Fähigkeiten zu nutzen und dennoch auf der Ebene der Gesamtkultur eine Balance zwischen den gegensätzlichen Tendenzen zu gewährleisten.

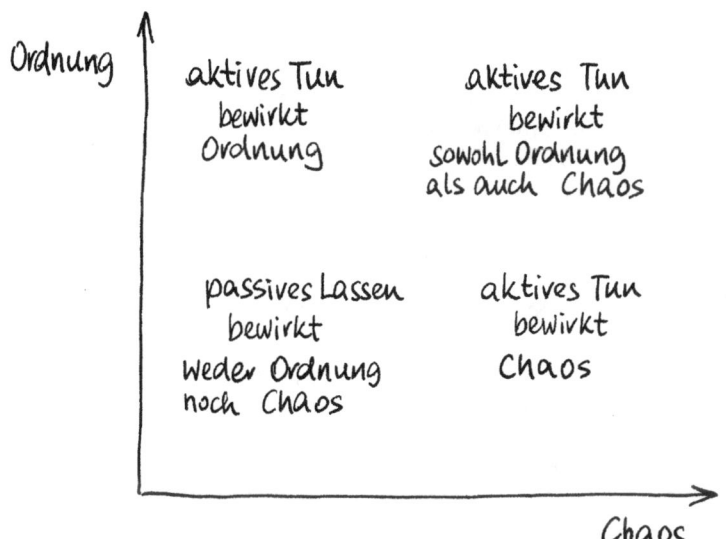

Ordnung

aktives Tun
bewirkt
Ordnung

aktives Tun
bewirkt
sowohl Ordnung
als auch Chaos

passives Lassen
bewirkt
weder Ordnung
noch Chaos

aktives Tun
bewirkt
Chaos

Chaos

Der Stellenwert der dargestellten vier Handlungstypen ist für unterschiedliche Organisationen mit ihren vielfältigen Aufgaben und Zielen verschieden. Wo immer Entwicklungsprozesse, das heißt Veränderung, überlebensnotwendig sind, gewinnt das Verhalten des Künstlers besondere Wichtigkeit (im Schema oben rechts), da es für Kreativität steht: die Auflösung von Ordnung und Schaffung von Ordnung. Diese ambivalente Funktion mag im Rahmen der Arbeitsteilung auf verschiedene Personen und Gruppen aufgespalten sein, wichtig ist, daß beide Seiten ein Gleichgewicht gegenüber beiden Tendenzen realisieren. Setzt sich hier die eine Seite im Sinne des Gewinns einer Subkultur durch, so gerät das Gesamtsystem ins Wanken.

Unternehmenskulturen zentrieren die Aufmerksamkeit der Mitarbeiter auf bestimmte Bedeutungen und bewerten sie positiv oder negativ. Dadurch wird die Kultur zu einem entscheidenden, den innerbetrieblichen Tauschmarkt für Verhalten regelnden Faktor. Sie bestimmt die Selektion unter den Mitarbeitern. Wer in einer Firma arbeitet, muß sich auf einem ganz bestimmten Markt behaupten, das heißt, er muß tun oder lassen, was hoch bewertet wird. Wer das nicht kann, wird schnell wieder gehen oder gegangen. Das persönliche Währungssystem und das Verhalten eines jeden Mitarbeiters muß zu den kulturellen Mustern des Unternehmens passen.

Dazu ein Beispiel: Ein renommiertes Bankunternehmen startete vor kurzem ein aufwendig betriebenes Akademikertraineeprogramm. Dabei wurden besonders qualifizierte junge Universitätsabsolventen circa eineinhalb

135

Jahre lang nach Aufnahme ins Unternehmen von Linienaufgaben ferngehalten. Statt dessen konnten sie ohne jeglichen Leistungsdruck in allen Bereichen herumschnüffeln, kennenlernen, sich ein Bild machen, eigene Ansichten entwickeln usw. In bestimmten Intervallen wurden durch die Ausbildungsabteilungen Meetings organisiert, in denen sich die jungen Leute mit Unterstützung von Mentoren über ihre Erfahrungen, Ideen und Interessen austauschen sollten. In diesen Treffen wurden dann auch, entsprechend der individuellen Qualifikationsschwerpunkte, die nächsten Stationen und Zielsetzungen der persönlichen Erkundungsreisen durch das Unternehmen vereinbart. Ein explizites Ziel dieses kostspieligen Vorhabens war es, einem Sauerteigmodell entsprechend, einen Pool junger unkonventioneller Quer- und Andersdenker zu erzeugen, damit sie später, wenn sie einmal Linienfunktionen übernehmen, die „erstarrte" Organisationskultur des Unternehmens verändern könnten.

Zur Überraschung der eingesetzten Mentoren stellte sich jedoch heraus, daß die jungen Querdenker blitzartig begannen, die Überlebensspielregeln im Unternehmen zu erkunden und zu übernehmen. Nach wenigen Monaten waren die Cleversten der jungen Leute hervorragend darüber informiert, wer im Unternehmen viel oder wenig zu sagen hat, wo und wie und durch wen entschieden wird, wer für die eigene Karriere wichtig ist, welches Verhalten der eigenen Karriere dienlich oder schädlich sein würde, wer im Haus zu wem eine gute oder schlechte Beziehung hat, welche Bedeutung der Betriebsrat hat usw. Kurzum, die jungen „Sauerteigleute" bewegten sich nach einem halben Jahr in der anzutreffenden Unternehmenskultur wie alteingesessene Profis.

Vermutlich ergaben die internen Bilanzen der Trainees bezüglich der beiden Varianten a) offiziell erwartetes Sauerteigverhalten, versus b) an den eigenen Entwicklungsinteressen orientiertes Benützen der vorgefundenen Spielregeln, im Schnitt höhere Gewinne für die Variante b). Das persönliche Verhalten der jungen, hochqualifizierten Mitarbeiter folgte, zum Leidwesen der Initiatoren des Traineeprogramms, den vorgetrampelten Pfaden der bestehenden Unternehmenskultur.

Das verrückt-chaotische und das psychosomatisch-ordentliche Muster

Wenden wir uns exemplarisch zwei der erwähnten „gefährlichen" kulturellen Mustern zu.

Auf der chaotischen Seite des Spektrums findet sich das verrückt-chaotische Muster der Unternehmenskultur. Es ist bemerkenswert, weil es gar nicht so einfach ist, auf Dauer zu verhindern, daß – ganz von allein – Ordnung durch Selbstorganisationsprozesse entsteht. Die Aufrechterhaltung chaotischer Un-Strukturen (das heißt die Verhinderung der Entwicklung von Strukturen) muß daher als Leistung betrachtet werden, das heißt als etwas, das durch Tun und Lassen aktiv hergestellt wird. Schauen wir, wie dies am ehesten vollbracht werden kann:

Die Wirklichkeitskonstruktion in solchen Unternehmen ist extrem weich, das heißt, es gibt keinen Konsens darüber, wie die Realität zu beschreiben ist. Was gestern als „wahr" angesehen wurde, kann heute als „falsch" gelten und morgen wieder als „wahr". Die Kommunikation ist durch ein hohes Maß an Vieldeutigkeit, Widersprüchlichkeit, Unklarheit und Paradoxie gekennzeichnet. Die jeweils gegebenen Botschaften werden disqualifiziert, so daß niemand auch nur einigermaßen sicher sein kann, was der andere meint. Verhaltensweisen, die gestern einen hohen Marktwert hatten, können heute plötzlich vollkommen entwertet werden, um morgen wieder hoch im Kurs zu stehen. Mit der Weichheit dieser Realitätskonstruktion geht die Beliebigkeit der Spielregeln und Werte einher. Es scheint die Regel zu gelten, daß keine Regel gilt. Betrachtet man solche Spielregeln unter dem Aspekt ihrer Beständigkeit und Verläßlichkeit einerseits, ihrer Veränderbarkeit und Anpassungsfähigkeit andererseits, so scheint für solche Unternehmen das Paradoxon zu gelten, daß sie ihre Regeln nicht verändern können, weil sie sich zu schnell verändern.

In dieser Kultur scheint jeder in seiner Wirklichkeitskonstruktion einem Entweder-oder-Muster zu folgen, so daß es zu Kämpfen darum kommt, wer denn nun Recht hat. Jeder versucht, seiner privaten Währung zur allgemeinen Geltung zu verhelfen. Die Möglichkeit, daß mehrere Sichtweisen nebeneinander berechtigt und zutreffend sein könnten, scheint es nicht zu geben. Gegensätzliche Sichtweisen stehen synchron nebeneinander und disqualifizieren sich gegenseitig.

Es sind keine klaren Rollen und Koalitionen zu identifizieren, die Beziehungsdefinitionen wechseln ständig. Daher gelingt es niemandem, Klarheit über sie zu erlangen. Dies gilt sowohl für den Berater, der von außen schaut, als auch für die Mitarbeiter, die nach einer festen und verläßlichen Beziehungsdefinition suchen. Ob Beziehungen hierarchisch oder egalitär sind, weiß keiner. Das Organigramm ist nur Papier, obwohl – plötzlich und unvermutet – Rollenanforderungen eingeklagt werden (können), die aber ebenso schnell wieder vergessen werden (können). Jeder bleibt unsicher, welcher Art seine Beziehung zu den anderen ist. Vertrauliche Nähe und distanzierte Fremdheit werden in nicht vorhersehbarem Wechsel angeboten. Diese Unklarheit betrifft auch Rollendefinitionen und Stellenbeschreibungen. Es kommt zu keinen klaren Kontrakten, es gibt keine Einigung darüber, wer was zu tun hat und wofür verantwortlich ist.

Weder auf individueller noch kollektiver Ebene gibt es verbindliche Normen darüber, welche Gefühlsreaktionen gegenüber welchen Verhaltensweisen angemessen sind. Es scheint nicht möglich, Einigung darüber zu erzielen, ob ein Verhalten beispielsweise als „stark", „aktiv" und „böse" oder als „schwach", „passiv" und „gut" einzuordnen ist. Dasselbe gilt für die Bewertung der Personen, die solche Verhaltensweisen zeigen. Vor allem wirkt sich das auf die Unsicherheit darüber aus, wer für welche Erfolge den Lorbeer zu ernten und für welche Mißerfolge die Schuld zu tragen hat.

Resultat ist häufig eine allgemeine Verwirrung. Niemand weiß, wer was aus welchen Motiven und nach welchen Kosten-Nutzen-Rechnungen macht. Jeder sieht sich allen denkbaren Wechselbädern der Gefühle ausgesetzt. Dies alles führt dazu, daß von Zeit zu Zeit Konflikte hochkochen, auch wenn es eigentlich keine faßbaren äußeren Anlässe (oder allenfalls Petitessen) dafür gibt. Es kann aber auch eine Scheinharmonie herrschen, für die ebenfalls jede objektive Berechtigung zu fehlen scheint.

Die hier dargestellten kulturellen Muster wurden zuerst bei Familien beschrieben, in denen ein Mitglied verrückt wurde. Ob die Verrücktheit dabei als Ursache oder Wirkung gesehen wird, spielt für unsere Fragestellung keine Rolle. Ergebnis ist ein ständiger Wechsel der Spielregeln und ein hohes Maß an emotionaler und intellektueller Verwirrung bei allen Beteiligten. Ähnliches geschieht – wenn auch meist ohne die Entstehung von Verrücktheit – in Unternehmen.

Sobald irgendwelche Themen angesprochen werden, die mit der Gefahr verbunden sind, daß dem einen oder anderen Mitarbeiter offiziell Schuld zugeschrieben oder er offizieller Gewinner im Konkurrenzkampf werden könnte, entwickelt sich ein verwirrender Kommunikationsstil. Bei den Beteiligten löst dies das Gefühl aus, den festen Boden der Realität unter den Füßen zu verlieren, wie auf Treibsand zu stehen, ohne Gewißheit darüber, was wirklich ist und was nicht oder worüber eigentlich gesprochen wird. Es gibt keinen Konsens über die Bedeutungen der Verhaltensweisen der Beteiligten. Im allgemeinen löst dies individuell Spannungen aus. Man fühlt sich getrieben, nach einem verborgenen Sinn, nach einem roten Faden der Konversation und einem Fokus für seine Aufmerksamkeit zu suchen. Dies ist der Boden, auf dem Gerüchte, Verschwörungstheorien und Verfolgungsängste wachsen.

Wer neu in solch eine Firma kommt, fühlt sich oft eingeladen, der verwirrenden Kommunikation und scheinbar chaotischen Interaktion gegenzusteuern. Er fühlt sich aufgerufen, für Klarheit, Eindeutigkeit und geordnete, erkennbare Spielregeln zu sorgen. In seinem Bemühen, Übersichtlichkeit herzustellen, beginnt er zu strukturieren und versucht, direkt oder indirekt Kontrolle über die anderen auszuüben. Er wird zum Anwalt einer härteren Realitätskonstruktion und fühlt sich dafür verantwortlich, daß verbindliche Regeln und äußere Strukturen etabliert werden. Er sieht oft seine Aufgabe darin, daß Konflikte wahrgenommen und schließlich entschieden werden. Doch je mehr er sich bemüht, solch eine klärende Funktion zu übernehmen, umso uneindeutiger wird im allgemeinen der Kommunikationsstil.

Dies alles kann ihn dann dazu verleiten, wie alle anderen Beteiligten auch, in das Spiel gegenseitiger, auch die Firma umfassender, Abwertungen einzusteigen. Die Fluktuation der Mitarbeiter ist in Unternehmen oder Abteilungen mit dieser Form der Kultur dementsprechend sehr hoch: Wer kann, der rettet sich aus der Orientierungslosigkeit und vor der (Selbst-)Entwertung. Hier hat er einen schlechten Markt für seine Produkte. Es bleiben diejenigen Mitarbeiter, für welche die Unklarheit mit dem Versprechen eines irgendwann kommenden, großen persönlichen Gewinns verbunden ist (was immer das sein mag).

Den Gegenpol und Kontrast zu diesem verrückt-chaotischen Muster stellt das psychosomatisch-ordentliche dar. Es wurde zuerst bei Familien beschrieben, in denen es zu schweren psychosomatischen Erkrankungen kam. Ein solches kulturelles Muster scheint mit dem erhöhten Risiko körperlicher Erkrankungen verbunden zu sein. Es wäre sicher systematische Untersuchungen wert, inwieweit solche Formen der Unternehmenskultur mit einem erhöhten Krankenstand bei den Beschäftigten verbunden sind.

Die Wirklichkeitskonstruktion in solchen Unternehmen ist extrem hart, das heißt, es gibt einen klaren und nicht hinterfragbaren Konsens darüber, wie die Realität zu beschreiben ist. Was gestern als „wahr" angesehen wurde, muß morgen und immer als „wahr" gelten. Soziale Spielregeln werden als unveränderlich wie Naturgesetze behandelt. Alle an der Kommunikation Beteiligten scheinen davon auszugehen, daß Botschaften immer einen klaren und eindeutigen Sinn haben. Jeder meint, sicher zu wissen, was der andere meint beziehungsweise nicht meint. Mit der Härte dieser Realitätskonstruktion geht die Starrheit und Unveränderlichkeit der Interaktionsregeln einher. Was einmal galt, gilt immer. Betrachtet man solche Spielregeln wiederum unter dem Aspekt ihrer Beständigkeit einerseits, ihrer Anpassungsfähigkeit andererseits, so stellt man fest, daß sie sich nicht (oder nur schwer) verändern und auf neue Umweltanforderungen reagieren können.

Auch in dieser Kultur scheint jeder in seiner Wirklichkeitskonstruktion einem Entweder-oder-Muster zu folgen. Dennoch kommt es nicht zu Kämpfen darum, wer Recht hat, da alle die gleichen Überzeugungen und ambivalenzfreien Ziele zu teilen haben. Da es eine harte Definition der Wirklichkeit gibt, bleibt kein Raum für Konflikte über die Wahrheit von Aussagen. Auch hier gibt es die Möglichkeit, daß mehrere Sichtweisen nebeneinander berechtigt und zutreffend sein könnten, nicht. Gegensätzliche Tendenzen gibt es, aus der Innenperspektive gesehen, nicht. Es wird immer nur, ganz parteilich, die eine Seite gegensätzlicher Tendenzen gelebt.

Gegensätzliche Sichtweisen können niemals offen gleichzeitig nebeneinander gestellt werden, da jemand, der die kulturellen Werte nicht teilt, ausgegrenzt wird. Das heißt, ihm wird gekündigt. Er findet keinen Markt. Offene Konflikte sind daher verpönt, sie werden vermieden wie die Pest, negative Gefühle dürfen und können nicht offen ausgedrückt werden, nur gegenseitige Aufwertung. Abweichung macht Angst.

Es gibt formal klare Rollen und Subsysteme, sie werden jedoch gerne verleugnet („Wir sind doch alle eine große Familie"). Daher herrscht auch hier eine gewisse Unklarheit über die Qualität der Beziehungen und Koalitionen, obwohl diese Konfusion, im Gegesatz zum verrückt-chaotischen Muster, nicht aktiv hergestellt wird, sondern durch Unterlassungen erzeugt wird. Man erwartet einfach gegenseitig, daß der andere sich an die selbstverständlichen Regeln hält, ohne daß darauf extra noch einmal hingewiesen werden muß. Normalität und gegenseitige Erfüllung von selbstverständlichen, normativ vorgegebenen Erwartungen ist hoch bewertet.

Individuell und kollektiv ist klar, welche Gefühlsreaktionen gegenüber welchen Verhaltensweisen angemessen sind. Diese Normen legen fest, ob ein Verhalten als „stark", „aktiv" und „böse" oder als „schwach", „passiv" und „gut" einzuordnen ist. Dasselbe gilt für die Bewertung der Personen, die solche Verhaltensweisen zeigen. Das Maß der individuellen Übernahme von Verantwortung ist groß, ebenso die Neigung, Schuldgefühle zu entwickeln, die Angst etwas falsch zu machen und dabei erwischt zu werden. Die offizielle Übernahme von Verantwortung ist mit der Gefahr der Schuldzuweisung verbunden und wird daher gern vermieden. Auf der anderen Seite scheinen alle heimlich mit einem Verantwortungsstaubsauger durch die Gegend zu laufen und ihren Zuständigkeitsbereich nicht begrenzen zu können. Daher herrscht Unsicherheit darüber, wer nun wirklich die Verantwortung wofür trägt.

Die damit verbundenen Gefühle bereiten den Betroffenen vor allem dadurch Probleme, daß sie an sich den Anspruch stellen, immer die „richtigen" oder gar keine (unangemessenen) Gefühle zu haben. Wo immer sie in Zwiespalt geraten, müssen sie die eine Seite ihrer Ambivalenz aus dem Wege räumen, da danach in dieser Kulturform keine Nachfrage besteht. Hier mag einer der Gründe für die gesundheitlichen Risiken liegen. Die

Organisation körperlicher Prozesse folgt nicht der Widerspruchsfreiheit dieser Weltsicht.

Sobald irgendwelche Themen angesprochen werden, die mit der Gefahr verbunden sind, daß dem einen oder anderen Mitarbeiter Schuld zugeschrieben wird, erstirbt die Kommunikation. Bei den Beteiligten löst dies ein Gefühl der Hilflosigkeit und Lähmung, des Nichts-tun-Könnens und körperliche Beschwerden (Kopfschmerz, Migräne etc.) aus.

Wer neu in solch eine Firma oder Institution kommt, fühlt sich häufig aufgerufen, als Antidepressivum oder Krankenschwester zu arbeiten. Doch damit bestätigt er nur die konfliktvermeidenden Spielregeln.

Er oder sie entwickelt schnell Versagensgefühle, den Eindruck, den Aufgaben nicht zu genügen, alles besser machen zu müssen. Dieser Selbstabwertung steht die Forderung nach Aufwertung der anderen gegenüber. Die Fluktuation der Mitarbeiter ist nur gering, die gegenseitige Bindung und Loyalität sehr hoch. Gemeinwohl geht vor Eigennutz. Der persönliche Gewinn besteht darin, daß man sich auf seinem eigenen Konto viel für seine Nächstenliebe, Zuverlässigkeit und die Einhaltung all der unveränderlichen und ewigen Normen gutschreiben kann.

Diese beiden skizzierten Muster stellen natürlich Extremfälle dar, die in solch lupenreiner Ausführung selten zu finden sind. Die extreme psychosomatisch-ordentliche Kultur, zu der noch eine hohe, totalitäre moralische Forderung der Nächstenliebe gehört, findet man weniger in der freien Wirtschaft, eher in Institutionen in kirchlicher beziehungsweise sozialer Trägerschaft, in denen die Selektion der Mitarbeiter und ihrer inneren Währungen dafür sorgt, daß Angebot und Nachfrage auf solch einem Markt erhalten bleiben.

Aber der Aspekt der harten Realität, die Forderung nach strenger Rationalität und die Disqualifikation unangemessener Gefühle, das Verbot, bestimmte Konflikte offen auszutragen, Versagensängste und Trennungsdrohungen sind in der Wirtschaft ebenfalls weit verbreitet. Es sind zwar nicht so häufig Migräne und Kopfschmerz, welche sich Manager als Symptome aussuchen, sondern Herzinfarkt und Magengeschwüre, aber für deren Entstehung sind ebenfalls psychosomatische Faktoren zu einem guten Teil verantwortlich zu machen.

Das verrückt-chaotische Muster findet man eher im künstlerischen und – wider Erwarten – wissenschaftlichen Bereich, wo jeder einzelne einen hohen Autonomieanspruch zu verwirklichen sucht und fürchtet, seine Kreativität würde durch die Festlegung von Regeln ersterben. So sind von außen permanente Machtkämpfe zu beobachten, die innen als Kämpfe um die Rettung der eigenen Freiheit erlebt werden. Es sind uns eine Reihe öffentlich-wissenschaftlicher Institute bekannt, in denen (von außen gesehen) unendlich mühsam erscheinende Abstimmungs- und Entscheidungsprozeduren praktiziert werden. Dadurch wird sichergestellt, daß alle Mitarbeiter den Eindruck haben, daß sich nichts Wichtiges ohne ihr Zutun bewegt. Natürlich gelingt es auf diese Weise nicht immer, eine schlagkräftige Organisation entstehen zu lassen, zumal die so mühsam getroffenen Entscheidungen häufig nicht protokolliert und daher wieder vergessen werden. In ganz ähnlicher Weise und aus ähnlichen Gründen scheitern auch Künstlerkooperativen meist wirtschaftlich.

„Gefährlich" sind diese beiden kulturellen Muster wahrscheinlich deshalb, weil sie die Handlungsoptionen der Mitarbeiter zu sehr einengen und entweder Ambivalenz und Widerspruch dort, wo sie nützlich wären (zwecks Aufschub von Entscheidungen und Handlungen), nicht zulassen, oder sie dort, wo Ambivalenz- und Widerspruchsfreiheit nötig wäre (um Entscheidungen zu treffen und zu handeln), nicht auflösen können.

Derartige Muster stellen aber immer auch einen Markt für potentielle Mitarbeiter dar, deren Persönlichkeit und Werte sich hier entfalten können. Kurz gesagt: Jedes Unternehmen hat die Mitarbeiter, die es verdient, das heißt, die zu seiner Kultur passen.

Kulturprägung

Wenn zu Beginn dieses Kapitels Kultur in einer sehr allgemeinen Formulierung als ineinandergreifende Systeme auslegbarer Zeichen interpretiert wurde, die einen Deutungsrahmen für gesellschaftliche Ereignisse, Verhaltensweisen, Institutionen und Prozesse geben, läßt sich diese Formulierung im Hinblick auf den Wirkungskreis von Managern noch etwas präzisieren. Unternehmenskultur kann als ein System von Verhaltensnormen, Werten und Grundannahmen betrachtet werden, das als solches die Grundlagen für die individuelle Orientierung und Bewertung von Handlungen in einem Unternehmen liefert.

Wir haben dieses Thema bislang aus der analytisch-diagnostischen Außenperspektive behandelt. Der in der Praxis stehenden Führungskraft stellt sich dabei die Frage, wie sie das, was sie sieht und als nicht funktional beurteilt, beeinflussen und verändern kann.

Die Antwort auf diese Frage ist so einfach wie lapidar. Manager prägen die Kultur ihres organisatorischen Einflußbereichs durch all die vielen oder wenigen Aktionen oder Unterlassungen, die sie alltäglich vollziehen. Ob diese über Alltagshandlungen vermittelte Prägung der Kultur bewußt oder unbewußt abläuft, spielt dabei keine Rolle.

Edgar Schein hat untersucht[5], wie Manager, denen der Ruf voraus- oder
nacheilt, es gelinge ihnen innerhalb kurzer Zeit, die Kultur eines Unternehmens nachhaltig zu prägen, dies tun. Das Ergebnis: Manager bringen
bewußt oder unbewußt ihre Überzeugungen zum Ausdruck, indem sie gewisse Verhaltensweisen beachten und belohnen, Rollen formen, auf kritische Vorfälle in bestimmter Weise reagieren. Und sie wenden bei der Re-
krutierung, Selektion, Beförderung oder beim Ausschluß von Personal ihre
spezifischen Wertmaßstäbe an. All dies nehmen die Mitarbeiter wahr, um
für sich selbst jenen Orientierungsrahmen aufzubauen, der es ihnen selbst
wieder ermöglicht, im Einflußbereich eines Vorgesetzten zu überleben und
sich zu entwickeln.

Diese hoch wirksamen Mechanismen zur Verankerung der Überzeugungen eines Managers im Alltag der Organisation werden unterstützt oder
irritiert durch Botschaften, die in der Struktur der Organisation, ihren
Routineabläufen, ihren Anekdoten und Legenden und letztendlich auch
ihren formellen Leitbildern enthalten sind. Die Kultur eines Unternehmens ist somit gleichsam das Sediment der in den Alltagshandlungen von
erfolgreichen Führungskräften gezeigten Verhaltensnormen, Werte und
Grundannahmen. Radikal-marktwirtschaftlich gesehen bestimmen die
Werte eines Managers, seine interne Währung, seine Art der Kontenführung die wichtigsten „terms of trade" des innerbetrieblichen Warentauschs.
Nicht alle Verhaltensweisen erzielen denselben Preis.

Da nur zur Ware wird, worauf die Aufmerksamkeit gerichtet wird, verwun-
dert es nicht, daß auch Edgar Schein in seiner Studie zu dem Ergebnis
kommt, daß der Manager die zentralen kulturprägenden Botschaften an
seine Mitarbeiter durch das gibt, was er beachtet, mißt und kontrolliert.

Es gibt beispielsweise Führungskräfte, die zu jeder passenden oder unpas-
senden Gelegenheit wissen wollen, was wieviel kostet. Wenn es sich bei
solchen Leuten noch dazu um Persönlichkeiten mit Einfluß handelt, beginnt sich damit eine Norm „billig ist gut" auszuprägen. Mitarbeiter versuchen dann ihrerseits mit Kosteneinsparungen zu reüssieren, werden dafür
vom Chef geschätzt, andere versuchen, es ihnen gleichzutun ... Die jetzt
entstehende Spirale zunehmender Kostenorientierung kann eine ganze
Managergeneration eines Unternehmens prägen.

Die zweite wichtige Variable des Managerverhaltens bilden seine Reaktionen auf kritische Vorfälle und Krisen in der Organisation. Es macht einen

---

5 Schein, E. H. (1985): Organizational Culture and Leadership. A Dynamic
View. San Francisco/London.

gravierenden Unterschied, ob eine Führungskraft sich, wenn ihr Bereich in Schwierigkeiten gerät und den „Zorn der Götter" herausfordert, mit elegantem side step zur Seite schwingt und einen seiner Mitarbeiter den „Göttern" zum versöhnenden Opfer darbringt, oder aber einen großen, schützenden Schirm aufspannt, unter dem alle seine Mitarbeiter Platz finden. Allerdings muß dieses Führungskraft ihn und alles, was von oben auf ihn herabprasselt, dann meist auch alleine tragen.

Eine andere Möglichkeit wäre, die Kritik, wenn sie zutreffend erscheint, cool, ohne wenn und aber, entgegenzunehmen und sich dann sehr konsequent der Analyse und der Ausarbeitung von Problemlösungen zu widmen. Jede dieser Reaktionen wird von den Mitarbeitern sehr unterschiedlich wahrgenommen und bewertet.

Allen drei Situationen sind zwei Faktoren gemeinsam: die Aufmerksamkeit, mit der die Mitarbeiter das Verhalten ihres Vorgesetzten in dieser Krisensituation beobachten, und daß er durch sein Verhalten die kulturellen Regeln und Muster der Abteilung in spezifischer Weise prägt. Wieder eine Erinnerung daran, daß man als Führungskraft nicht nicht führen kann.

Die Tatsache, daß formelle Aussagen über die Philosophie des Unternehmens, Satzungen, öffentliche Bekenntnisse und Appelle an letzter Stelle der kulturprägenden Mechanismen zu finden sind, ist aus radikal-marktwirtschaftlicher Sicht unmittelbar plausibel. Im Vergleich zu einem konsequent gezeigten Verhalten eines wichtigen Vorgesetzten ist eine auf Hochglanzpapier gedruckte Führungsrichtlinie eine Ware von nur geringem Wert, ein geringfügiges Wirtschaftsgut.

Auch hierzu noch zwei beispielhafte Geschichten, die das Leben schrieb:

Ein Unternehmen der deutschen Lebensmittelindustrie war in seiner Marktnische gegenüber internationalen Konzernen wegen seiner hohen Qualitätsstandards und rigorosen Hygiene in der Produktion erfolgreich. Dadurch konnte der Ausschuß reduziert und dem Handel geringe Verderbniswahrscheinlichkeit der Produkte garantiert werden. Die damit zu erzielenden Preise führten intern zu keiner besonderen Beachtung der Kosten. Das Auftreten von Konkurrenzanbietern legte jedoch ein Umdenken nahe. Zur Unterstützung des Kostendenkens wurde vom Geschäftsführer in die wöchentliche Abteilungsleitersitzung die Kostenstruktur der Bereiche als fixer Tagesordnungspunkt eingeführt.

Am Dienstag, den 5. Dezember, berichtet der Leiter des Labors in der Sitzung von einer neunprozentigen Kostenüberschreitung im Monat November. Er war auf die erwartete Frage des Geschäftsführers genauestens (mit

Folien und Flipcharts) vorbereitet und hätte daher auf dessen knappes „Wie kam es dazu?" ausführlich referieren können. Er wurde aber nach circa drei Minuten mit einem ebenso knappen, aber nicht unfreundlichen „Alles klar!" in seinen Erläuterungen unterbrochen, bevor er noch den Schalter des Overheadprojektors betätigen konnte.

Am selben Tag, drei Stunden später, befindet sich der Geschäftsführer auf einem Betriebsdurchgang. Er entdeckt auf einer Produktionslinie, daß Milch aus einer Pumpe ausgetreten ist und – offensichtlich schon länger – eine Lache auf dem Boden bildet. Ein Schreianfall über die „Sauerei am Boden" verblüfft und befremdet die gesamte Mannschaft.

Die Ereignisse dieses Tages hatten ihren kulturprägenden Lauf genommen. Die Folgen: Die Kosten bleiben weiterhin wenig beachtet, die Reinigungsaktivitäten werden wesentlich erhöht, und die Bodensauberkeit überholt in der Priorität die Beobachtung kritischer Maschinenteile.

Ein Beispiel für eine gelungene Veränderung: Die Unternehmensleitung eines Konzerns hat im Rahmen eines Reorganisationsprozesses entschieden, wichtige Sachentscheidungen an dezentrale Teamstrukturen zu delegieren. Da die Teammitglieder noch ungewohnt im Umgang mit den veränderten Kompetenz- und Verantwortungsstrukturen waren, wanderten viele Probleme (zwecks Lösung) wieder zu den ursprünglichen Leitungsgremien hinauf. Um das Geschäft am Laufen zu halten, wurden die Rückdelegationen zunächst angenommen, wodurch jedoch zunächst das Ziel der Reorganisation unterlaufen wurde.

Da man aber im oberen Management sicher war, daß die veränderten Anforderungen Teamstrukturen erforderten, entschied man sich zu zwei Gegenstrategien. Es wurde bewußt die Paradoxie in Kauf genommen und entschieden, die installierten Teams müßten entscheiden und, um dies zu lernen, Teamtrainings absolvieren. Zweitens wurde – unter bewußter In-Kaufnahme des Risikos – auf Rückdelegationen nicht mehr reagiert. Innerhalb von zwei Monaten war das neue Verfahren eingespielt.

Die hier entwickelten Sichtweisen von Unternehmenskultur erscheinen uns für Führungskräfte äußerst nützlich, weil sie einem konsequenten „Tätermodell" folgen. Führungskräfte sind dabei nicht Kulturopfer, sonder Kulturtäter. Ihre Täterschaft bezieht sich nicht nur auf die Qualität der kulturellen Prägung durch das, was sie tun oder lassen, sondern auch auf deren Intensität. Je mehr Einfluß sich ein Manager in einem Unternehmen verschafft, umso gewichtiger wird die Bedeutung der in seinem Alltagsverhalten vermittelten Normen, Werte und Wirklichkeitskonstruktionen auf den innerbetrieblichen Tauschmärkten.

Rezepte

– Betrachten Sie Ihr Unternehmen mit den Augen eines Ethnologen. Setzen Sie nichts als selbstverständlich voraus und untersuchen sie Riten und Gebräuche. Welche Götter werden verehrt? Welche (Tausch-)Werte leiten das Handeln? Wie benimmt und kleidet man sich? Welche Sprache wird gesprochen? Wann werden welche Gefühle und Gedanken gezeigt? Wie fühlt und denkt man hier? Was muß man tun, um rituell geopfert zu werden? Welche Mythen dienen der Deutung des Alltags? Welche Geschichten erzählt man sich? usw.

– Beobachten Sie Fragen oder Verwunderung neuer Mitarbeiter und Mitarbeiterinnen über Spielregeln, Mythen und Wertmaßstäbe in Ihrem Unternehmen oder in Ihrer Abteilung. Gehen Sie sogar soweit, diese zu animieren, solche Fragen zu stellen. Sie erhalten dabei wichtige Informationen über Ihnen wahrscheinlich längst selbstverständlich gewordene Organisationskulturanteile.

– Überlegen Sie sich, ob Sie mit Ihrer Art zu denken, fühlen, sprechen in dieser Kultur einen Markt für Ihr Verhalten finden.

– Wenn Sie Einfluß auf eine Kultur nehmen wollen, dann spielen Sie mit dem Gleichgewicht zwischen Ordnung und Chaos. Allerdings sollten Sie wissen, daß Gleichgewichtsprozesse häufig einer paradoxen Logik folgen. Wenn Sie in einem sehr ordentlichen System Tendenzen, die die gegebene Ordnung in Frage stellen, zu sehr betonen, so kann es zu Gegenregulationen kommen, die der ordentlichen Seite der Waagschale zu mehr Gewicht verhelfen. Umgekehrt gilt dies auch.

8. GESCHLECHTERROLLEN

„Männer und Frauen passen einfach nicht zusammen!"
Loriot[1]

„Handle stets so, daß die Anzahl der Wahlmöglichkeiten
größer wird!"
Heinz von Foerster[2]

Kleine Unterschiede, große Unterschiede

Beginnen wir mit einem Ratespiel. Geschildert werden vier Szenen, beantwortet werden muß die Frage: Wer ist X?

Eine der vier folgenden Antworten ist jeweils möglich:

X ist
a) eine Frau,
b) ein Mann,
c) kann beides sein,
d) weiß nicht.

Die Szenen:

1) Es ist schon wieder spät geworden. X kommt vom Büro nach Hause und zieht sich um. Dann setzt sich X an den gedeckten Tisch, stöhnt genüßlich und freut sich über den Wohlgeruch, der aus der Küche kommt. Das wird heute ein schöner, gemütlicher Abend, denkt X.

2) Die Abteilungsleiterin und der Chef einer anderen Abteilung haben zum Geburtstagsfest in das Gasthaus um die Ecke eingeladen. Eigentlich wollte X heute früher nach Hause kommen. Unschlüssig schiebt X die Einladung in die Schreibtischlade. „Na, auf einen kleinen Schluck schau ich vorbei!"

3) Mittwoch, 8 Uhr 30. X sitzt auf dem Sofa und überlegt, was heute alles erledigt werden muß: einkaufen, Fenster putzen, Kuchen backen für das morgige Kinderfest, die Tochter um 13 Uhr

---

1 Loriot (1983): Dramatische Werke. Zürich (Diogenes) S. 116
2 von Foerster, H. (1973): Über das Konstruieren von Wirklichkeiten. In: H. von Foerster (1985): Sicht und Einsicht. Braunschweig (Vieweg) S. 41.

vom Kindergarten abholen, mit ihr zur Turnstunde gehen, einige
Näharbeiten erledigen, kochen für abends ...
4) Das Telefon läutet. „Heute ist aber viel los", denkt X und hebt
ab. „Ein Privatgespräch für Sie, Ihr Vater", meldet die Sekretärin.
„Ich störe dich nur ganz kurz, ich weiß ja, daß es bei euch im Büro
immer hektisch zugeht. Aber du weißt ja, Mutti hat nächste Woche Geburtstag. Hast du eine Idee, was ich ihr schenken könnte?"
5) Das Projektteam zur Einführung neuer Qualitätsstandards trifft
sich pünktlich um 10 Uhr im Sitzungszimmer. X leitet das heutige
Treffen und erläutert die Tagesordnungspunkte.

Die Lösung des Rätsels dürfte nicht so schwer fallen, deswegen ist damit
auch kein Blumentopf (geschweige denn eine Waschmaschine) zu gewinnen. Es ist einfach sonnenklar: Das beste Beispiel für Hausfrauenarbeit ist
eben Hausfrauenarbeit, das beste Beispiel für Männerarbeit ist eben Berufsarbeit. Typisch weiblich, typisch männlich, alles biologisch bedingt – oder?

Im Deutschen kommt es leicht zu Sprachverwirrungen. Männer sind männlich, Frauen sind fraulich – das sieht man gleich und auf den ersten Blick.
Der kleine biologische Unterschied wird mit dem Unterschied des Verhaltens, der Persönlichkeit, Fähigkeiten und Unfähigkeiten gleichgesetzt. Nur
zu leicht wird aus der relativen Härte der Realität der körperlichen Ausstattung (sie zu ändern, ist zwar nicht unmöglich, aber es bedarf dazu doch
recht aufwendiger chirurgischer Bastelarbeiten) gefolgert, auch die Verhaltensmuster eines Menschen (marktabhängige Produktion von Verhalten)
seien biologisch vorbestimmt und unveränderlich.

Im Englischen ist die Gefahr solch verführerischer Vereinfachungen nicht
so groß, da es zwei unterschiedliche Begriffe für das biologische Geschlecht
(sex) und die soziale Geschlechtsrolle (gender) gibt. Daß beides nicht dasselbe ist und nicht in einen Topf geworfen werden sollte, liegt da vom
Sprachgebrauch her schon viel näher.

Mädchen und Buben haben von klein auf verschiedene Märkte mit ihrem
Verhalten zu beliefern, so daß sie von Anfang an unterschiedliche Fähigkeiten kultivieren, andere Bauchläden von Verhaltensweisen und häufig
andere Werte entwickeln. Dieser Evolutionsprozeß ist – wie alle – nicht so,
daß die Umwelt eindeutig bestimmen könnte, welche individuellen Ressourcen gefördert und welche Verhaltensmuster selektiert werden, aber die
unterschiedliche Fokussierung der Aufmerksamkeit der Menschen, die ein
Kind und einen Jugendlichen umgeben, bestimmt, was zur handelbaren
Ware wird. Ware wird ja nur, was wahrgenommen wird.

Das beginnt bei den verschiedenen Aufgaben, die Mädchen und Buben zu
Hause zu erfüllen haben, setzt sich fort bei den verschiedenen Spielen, die

sie spielen (Mädchen eher personenorientiert: Vater-Mutter-Kind; Buben eher kompetitiv: Fußball), und führt schließlich zur Förderung unterschiedlicher Talente in der Schule. Folge ist, daß Männer und Frauen auch jeweils andere Fähigkeiten in ihr Berufsleben einbringen.

Personalchefs nennen als Stärke von Managerinnen, daß sie am Wohlbefinden der Menschen, mit denen sie arbeiten, interessiert sind, schwierige Mitarbeitergespräche führen können und gut und gerne kooperieren, statt einzeln zu kämpfen. Neben rationalen Argumenten verstehen sie es auch, gefühlsmäßige Komponenten in Entscheidungen einfließen zu lassen. Männliche Führungskräfte neigen – nach Aussagen von Personalchefs – zu rationalem Problemlösungsverhalten, sie bevorzugen eher hierarchische Organisationsstrukturen, verhalten sich eher kompetitiv und versuchen, im Beruf ihre Gefühle aus dem Spiel zu lassen. Gelingt ihnen das nicht, so betrachten sie das häufig nicht als Zeichen von Lebendigkeit, sondern als Fehler („Heute war ich zu emotional!").

Diese Erfahrungen von Personalchefs mit weiblichen und männlichen Führungskräften sagen natürlich auch nicht nur etwas über diese beiden Personengruppen aus, sondern auch über die Wahrnehmungsraster von Personalchefs. Menschen nehmen selektiv wahr und bestätigen sich gegenseitig immer in gewissem Maße die jeweiligen Vorurteile. Dennoch sind die hier genannten Einschätzungen nicht von der Hand zu weisen; allerdings ist in den letzten Jahren festzustellen, daß Frauen in Führungspositionen zunehmend als „männlich" bezeichnete Verhaltensweisen an den Tag legen und sich dabei offensichtlich wohl fühlen. Und es gibt auch genügend männliche Führungskräfte, welche die personenzentrierten Qualitäten, die den Frauen zugeschrieben wurden, zeigen – allerdings ohne dafür als „weiblich" bezeichnet zu werden (was immer das zu bedeuten haben mag). Beides dürfte ein Indiz dafür sein, daß beide Verhaltensmuster unabhängig vom Anbieter innerhalb von Unternehmen ihren Markt finden.

An das Verhalten von Männern und Frauen knüpfen sich aber im allgemeinen doch ganz bestimmte Erwartungen, die dann zu „Eigenschaften" werden (Männer sind ..., Frauen sind ...). Diese betrachtet man als einander ausschließend. Die „weiblichen" Anteile und Fähigkeiten von Männern und die „männlichen" Anteile und Fähigkeiten von Frauen werden daher oft nicht wahrgenommen beziehungsweise nicht nachgefragt. Wer sich anders als erwartet verhält, läuft Gefahr, einer Chromosomenanalyse unterzogen zu werden (Mannweiber und weibische Männer).

Frauen, die sich männliche Führungkräfte zum Vorbild nehmen, wirken leicht „zu aggressiv" oder „unweiblich". Eine Managerin, die einen Kollegen freundlich und höflich von etwas überzeugen wollte, berichtete über die Zuschreibung „Management by Weiberl".

Die Geschlechtsrolle ist total. Das bedeutet, sie ist tiefer verwurzelt als die berufliche Identität. Daher richten sich die Erwartungen und das Ausfüllen einer Arbeitsrolle hauptsächlich nach dem kulturellen Muster, dem Persönlichkeitsstereotyp des im Berufsfeld dominierenden Geschlechts. Dieses Überschwappen der Geschlechtsrolle führt etwa dazu, daß man von Krankenpflegern erwartet, einfühlsam zu sein (Klischee: Krankenschwester ist Frauenberuf, Frauen sind ...), und von Frauen in Führungspositionen erwartet, kompetitiv, sachlich-analytisch und rational zu sein (Klischee: Manager sind Männer, Männer sind ...).[3]

Nur wenn einmal diese Schwestern ihre Patienten vergiften und unterkühlt-rational argumentieren, dann wird deutlich, daß auch Frauen nicht einfach so sind, sondern der Arbeitsmarkt es ihnen nur erlaubt, die eine Seite ihres Potentials zu nutzen. Analoges gilt für männliche Führungskräfte: Wohin mit ihren als weiblich bezeichneten Fähigkeiten?

Für Managerinnen ergibt sich die Notwendigkeit, einen ständigen Balanceakt zu vollführen. Das Seil ist gespannt zwischen Frauenidentität und Männerwelt. Da die Geschlechtsrolle einen weiterreichenden Definitionsrahmen als der Beruf bildet, werden Managerinnen als „women in jobs" wahrgenommen, die sich gemäß ihrer traditionell weiblichen Rolle verhalten. Jede Managerin kennt wahrscheinlich die Frage „Was sagen sie als Frau denn zu diesem Problem?" Und sie wundert sich, wenn ihr Kollege nach seiner Meinung als Verkaufsleiter gefragt wird. Die Frage „Was sagen sie als Mann eigentlich zur Effizienz der neuen Büroorganisation?" ist so gut wie nie zu hören.

Das Überschwappen der Geschlechtsrolle in die Arbeitsrolle führt zu einer Umkehr der Beweislast. Während sich Männer als Führungskräfte eignen, bis das Gegenteil zutage tritt, müssen Frauen ihre Führungskompetenz erst unter Beweis stellen, ehe man sie ihnen zubilligt. Doch solch ein Handicap ist ja eigentlich jedem auferlegt, der neu als Mitbewerber seine Waren auf einen Markt bringt, der bislang von alteingesessenen und von der Tradition gestützten Markenproduzenten beherrscht wurde.

Management als Männerbund

Zur Einstimmung einige Zitate von Frauen in Führungspositionen:

> „Männer tendieren eher dazu, wieder einen Mann zu holen. Unser Abteilungsleiter zum Beispiel stellt Leute ein, die seine Meinung

---

3 Vgl. Gutek, B.A. a. B. Morasch (1982): Sex Ratios, Sex Role Spill Over and Sexual Harassment of Women at Work. Los Angeles.

teilen. Oder Männer treten ein und sind schon bestimmt für eine bestimmte Position, ob sie geeignet sind oder nicht. Eine Frau kommt rauf durch ihre eigene Arbeit."

„Wenn ich dabei bin, ist da schon so ein bißl, ich möchte nicht sagen: ein koketterer Unterton, aber ja, es ist halt irgendein emotionelles Element, das dann da ist."

„Was ich manchmal spüre, ist, daß die Männer ja gar nicht umgehen können mit den Frauen. Es wäre für die Männer schwierig, wenn da plötzlich jetzt eine weibliche Abteilungsleiterin da wäre. Die kennen die Frauen halt immer nur von zu Hause."

„Wie man miteinander kann, das hängt von verschiedenen Dingen ab, und Frau–Mann ist einfach ein zusätzliches Fremdheitskriterium, das es sicher den Männern schwerer macht, Frauen zu beurteilen."

Die Fakten über Frauen und Männer in Führungspositionen sind ja bekannt. Mehr als 90 Prozent der höheren hierarchischen Positionen in Wirtschaft, öffentlicher Verwaltung und Politik sind von Männern besetzt. Je höher die Position, desto geringer ist die Wahrscheinlichkeit, daß dafür eine Frau vorgesehen wird. Managerinnen warten in vergleichbarer Position länger darauf aufzusteigen als ihre männlichen Kollegen.

Das Management erscheint als Männerbund, zu dem Frauen nur wenig Zugang haben. Wie läßt sich das erklären?

Managen und Führen bedeutet immer Handeln unter großer Unsicherheit. Je verantwortungsvoller die Stellung, je komplexer die damit verbundenen Aufgaben, desto weniger gibt es klar vorgegebene Regeln dafür, wie diese Aufgaben zu erfüllen sind. Es bleibt dem Manager überlassen, wie er seine Stellenbeschreibung mit Inhalt füllt.

In dieser Situation gewinnt Vertrauen zwischen den Entscheidungsträgern an Bedeutung.[4] „Wir können uns aufeinander verlassen", sagte einmal der Vorsitzende eines Konzerns mit zufriedenem Lächeln zu seinen Direktoren. Geteiltes Einverständnis darüber, welches Verhalten man voneinander erwarten kann, erleichtert es ebenso, Entscheidungen zu treffen, wie

---

4 Zur komplexitätsreduzierenden Wirkung von Vertrauen siehe Luhmann, N. (1963): Vertrauen. Ein Mechanismus der Reduktion sozialer Komplexität. Stuttgart (Enke) 2. Aufl. 1973; vgl auch Veith, M. (1988): Frauenkarriere im Management. Einstiegsbarrieren und Diskriminierungsmechanismen. Frankfurt (Campus).

gemeinsame Wertvorstellung, Grundhaltungen und Denkweisen. Man braucht, wenn man so aufeinander eingespielt ist, nicht immer wieder neu die Voraussetzungen des gemeinsamen Handelns zu klären. Daher ist das Kriterium des „Dazupassens" neben fachlicher Qualifikation und Kompetenz mindestens ebenso wichtig, wenn es darum geht, den Führungsnachwuchs auszuwählen. Personen, von denen anzunehmen ist, daß sie sich „sozial ähnlich" verhalten und sich an dieselben unausgesprochenen Spielregeln halten wie die bisherigen Führungskräfte, haben mehr Chancen im Management.

Vorgesetzte schaffen sich gern Mitarbeiter und Kollegen nach ihrem eigenen Bild. Sie vervielfältigen sich gleichsam, um in ihrer Arbeitsumgebung eher auf Bestätigung als auf Kritik zu stoßen. Dieser Klonungseffekt bringt Vorteile wie Sicherheit und Berechenbarkeit, aber der dafür zu zahlende Preis kann mangelde Innovation sein.

Eines der wichtigsten Merkmale sozialer Ähnlichkeit, das im Management zum Tragen kommt, ist das Geschlecht.[5] Männliche Manager haben eingespielte Gewohnheiten, Aufgaben oder Konflikte „unter Freunden" zu bewältigen, „von Mann zu Mann" zu reden, ein Bier, und die Sache ist geritzt ... Auch die Muster und Rituale, Konkurrenz auszutragen, sind bekannt. Daher ist es auch leichter, siegreich aus dem Konkurrenzkampf hervorzugehen.

Männer kaufen also lieber das Verhalten anderer Männer. Diese Ware ist bekannt, das Vertrauen und die Loyalität zu den Lieferanten groß, daher läßt sie sich leichter handeln.

Dazu kommt, daß Manager Frauen üblicherweise in der Rolle als Sekretärin oder Partnerin kennen. Beides sind komplementäre Beziehungen. Sie beruhen nicht auf Ähnlichkeit, sondern auf Unterschiedlichkeit des Verhaltens. Die Spielregeln in solchen Beziehungen sind anders als in symmetrischen Beziehungen, die auf Gleichheit der Rollen beruhen.

Der Reiz von Männerbünden liegt zu einem großen Teil darin, daß die Interaktion unter Männern weit weniger kompliziert scheint, wenn keine Frauen dabei sind. Der potentielle (häufig nur phantasierte) sexuelle Wettbewerb um die Gunst der Frauen führt zu einer Vermischung unterschiedlicher Spielfelder: Geht es um berufliche oder private Beziehungen, um aufgabenorientierte Kooperation und Konkurrenz oder um Lust und Liebe? Die Vermischung beider Märkte könnte den Verhaltensweisen von

---

5 Kanter, R. (1977): Men and Women of the Corporation. New York (Basic).

Frauen, radikal-marktwirtschaftlich gesehen, einen unangemessen hohen Wert erbringen, der ihnen innerhalb der sonstigen beruflichen Geschäftsbeziehungen nicht selbstverständlich zugebilligt würde (so sind zumindest viele Phantasien).

Das unter Männern eingespielte System der Zuweisung von Bedeutung zu Verhalten wird durch die Anwesenheit von Frauen in Frage gestellt oder wird vieldeutig. Wenn beispielsweise Manager sich körperlich ihr gegenseitiges Wohlwollen signalisieren, sich auf die Schulter klopfen, sich umarmen etc., so gewinnt dies eine andere Bedeutung, wenn der Kollege eine Frau ist. Auch wenn man sich zu einem Drink verabredet, spielen all die Bedeutungen, die solche Verabredungen zwischen Männern und Frauen haben können, immer mit und sorgen für eine erotische Vieldeutigkeit, die von den Beteiligten nicht immer nur lustvoll erlebt wird.

So erscheint es denn nur logisch (zumindest entspricht es den Regeln der Wahrscheinlichkeit), zu versuchen, die beiden Spielfelder „Arbeit" und „Privatleben" sorgfältig voneinander zu trennen. Die zusätzlichen Kosten, die durch Frauen im Management verursacht werden – die Auflösung des „good old boys network" und die damit verbundene gesteigerte Komplexität –, werden Unternehmen nur dann auf sich nehmen, wenn sie es als gutes Investment erleben. Die Chancen dafür sind gar nicht so schlecht, denn das Gesetz vom abnehmenden Grenznutzen erhöht die Chancen der Frauen. Mit zunehmender Konsumation eines Gutes steigt der Nutzen beziehungsweise der Ertrag für einen Verwender. Ab einem bestimmten Punkt nimmt der Nutzen jedoch wieder ab. Das erste Bier etwa befriedigt die Gier nach etwas Flüssigem, das zweite löscht den Durst, das dritte trinkt man nur noch, weil die anderen rund um den Tisch auch Bier trinken und beim vierten wird's einem schon ganz komisch und beim fünften schlecht ... Vielleicht wäre es sinnvoll gewesen, nach dem ersten Bier auf Rotwein und dann auf Mineralwasser umzusteigen.

Entsprechend bleiben Führungspositionen solange Männern vorbehalten, wie der Ertrag durch Synergieeffekte aus sozialer Ähnlichkeit, Vereinfachung und Komplexitätsreduktion als lohnender erachtet wird, als der Nutzen von Verschiedenheit. Sobald wahrgenommen wird daß „mehr desselben" die Kosten und Risiken für ein Unternehmen erhöht, weil das für die Entwicklung notwendige kreative und intuitive Potential sinkt, werden Frauen in Führungspositionen akzeptiert und gefördert werden, um diese Marktlücke zu füllen.

Die Familie als Fitneßcenter

Die Aufspaltung unserer Gesellschaft in einen privaten und einen öffentlichen Bereich hat für Männer und Frauen unterschiedliche Wirkung, die auch im Management zu spüren ist. In der privaten Sphäre werden die selbstverständliche Infrastruktur für den öffentlichen Sektor sowie die personellen Voraussetzungen für sein Funktionieren bereitet (wie die öffentliche Sphäre umgekehrt die Umweltbedingungen für den Privatbereich liefert). Es sind ko-evolutionäre Systeme, die miteinander gekoppelt sind und wechselseitig ihre Verhaltens- und Entwicklungsmöglichkeiten begrenzen. Die Arbeit der Hausfrau, das Musterbeispiel für „Hausfrauenarbeit", orientiert sich vorwiegend an grundlegenden physiologischen und emotionalen Bedürfnissen der Familienmitglieder (Essen, Trinken, Schlafen, Kleidung, Wohnen, Sexualität, Emotionalität). Sie erfordert vielfältige praktisch-organisatorische Fähigkeiten und Einfühlungsvermögen. Hier finden Frauen in unserer Gesellschaft ihren Markt, hier entwickeln und perfektionieren sie ihre Fähigkeiten. Und da Männer gemäß der Unterscheidung in „privat" und „öffentlich" den privaten Markt weniger bis überhaupt nicht zu bedienen haben, kultivieren sie andere Produkte. Das ist weniger eine Frage der Moral oder des guten Willens, sondern ein Ergebnis marktwirtschaftlicher Prozesse – ob man das nun bedauern mag oder nicht.

Hausarbeit wird, soweit sie innerhalb der Familie erfolgt, nicht mit Geld bezahlt, sondern (im besten Fall) mit Liebe, Dankbarkeit, Gesundheit und Wohlbefinden der Lieben, einem guten Gewissen. Dies ist der Grund, warum Frauen ihre Wäsche weichspülen, staubwischen und all die anderen vergänglichen, aber unverzichtbaren Verrichtungen zur Aufrechterhaltung der häuslichen Ordnung erfüllen.

Derartige Arbeit genießt wenig Prestige, da sie nicht bezahlt wird.[6] Und Kapital kann durch sie nur innerhalb persönlicher Beziehungen gebildet werden. Ihre Bewertung erfolgt immer nur innerhalb eines bestimmten Beziehungsrahmens und erfolgt einzig und allein durch den direkten Tausch mit den Angehörigen.

Während die Bezahlung durch Geld ermöglicht, kontextunabhängig zu sparen und das heute Verdiente morgen und irgendwo auszugeben (Geld ist eine Form von Gedächtnis), können die Verdienste in solchen Nur-Tausch-Geschäften nicht in der Beziehung zu Dritten genutzt werden, sondern nur innerhalb der ursprünglichen (Zweier-)Beziehung eingeklagt werden. Sie ist an das persönliche Gedächtnis und die Übereinstimmung der Währungen und Kontoführungen der Beteiligten gebunden. Hierin liegt der Grund für die Abhängigkeit, die aus Hausfrauenarbeit resultieren kann.

---

6 Vgl. Veith, M. (1990): In: R. Königswieser, U. Froschauer, B. Klipstein, U. Schaub, M. Veith (Hrsg.)(1990): Aschenputtels Portemonnaie. Frauen und Geld. Frankfurt (Campus).

Berufsarbeit hingegen wird mit Geld bezahlt. Je höher die Bezahlung, desto höher das Sozialprestige, desto leichter fällt es daher oft auch, eigene Interessen den beruflichen Anforderungen unterzuordnen. Es erfolgt eine Art der Objektivierung von „Leistung" oder zumindest eine Art, sie symbolisch darzustellen, die mit freier Konvertibilität verbunden ist. Dies schafft die psychologische Unabhängigkeit von den konkreten Beziehungen zu den Leuten, mit denen man bei der Arbeit zu tun hat, und ihren individuellen Wertsystemen und Kontoführungen. Diese Unabhängigkeit ist es aber auch, die in Führungspositionen verlangt wird.

Sie sind meist an totale Verfügbarkeit gebunden. Die Unterscheidung zwischen „öffentlich" und „privat" ermöglicht es Männern, frei von den häuslichen Pflichten des Milchholens und Babywickelns, ihre Aufmerksamkeit auf die Anforderungen des Jobs zu richten. Die Firma „Familie" ist im allgemeinen hochgradig arbeitsteilig organisiert. Und das Funktionieren von Managern ist zumeist sehr davon abhängig, daß zu Hause der „Umweltschutz" für das Unternehmen betrieben wird: die physische und psychische Regeneration des Managers. Managementjobs sind daher eigentlich immer „1 1/2-Personen-Berufe".[7] Sie sind also daran gebunden, daß jemand diesen ergänzenden Part übernimmt. Wenn das nicht der Fall ist, so müssen sich zwangsläufig auch die Spielregeln des Managements verändern.

Bei sogenannten „dual career couples"[8] kann weder er noch sie auf die Hausfrauenarbeit einer zweiten Person zurückgreifen. Damit sinkt ihre Flexibilität, und die totale Verfügbarkeit wird in Frage gestellt (statt dessen: Kinder vom Kindergarten abholen!). Auch internationale Transfers oder auch Versetzungen innerhalb eines Landes setzen voraus, daß einer der Partner mitgeht (traditionellerweise die Frau). Hat sie selbst einen Job, so wird ihre Bereitschaft, diesen zugunsten der Karriere des Mannes aufzugeben, sinken, je anspruchsvoller und hierarchisch höhergestellt die eigene Position ist, die sie aufgeben müßte.

Insgesamt gesehen führt diese Entwicklung zu mehr Komplexität für die Organisation von Unternehmen. Diese haben nun sehr viel mehr Umweltfaktoren im Privatbereich ihrer Mitarbeiter und Mitarbeiterinnen zu berücksichtigen. Aber auch die Veränderungen im Management haben Folgen für die Familie. Je mehr Frauen in Führungspositionen gelangen, desto mehr werden auch in der Familie die traditionellen Formen der Arbeits- und Rollenaufteilung in Frage gestellt.

7 Beck-Gernsheim, E. (1989): Das halbierte Leben: Frankfurt (Fischer).
8 Goodrich, T.J., C. Rampage, B. Ellman u. K. Halstead (1991): Feministische Familientherapie. Frankfurt (Campus).

Aber auch dies ist ein Evolutionsprozeß. Dessen Dynamik richtet sich nicht nach Beschlüssen und Planungen, nach erhobenen Zeigefingern und moralischen Appellen, sondern nach den Werten und Entscheidungen aller Beteiligten und nach Angebot und Nachfrage. Diese Faktoren bilden gemeinsam den Markt für männliches und weibliches Verhalten.

Rezepte

– *Umgeben Sie sich nur mit Ihresgleichen, und Sie ersparen sich die Auseinandersetzung mit Neuem. Sie können so Ihre Vorurteile gegenüber dem anderen Geschlecht ohne größere Mühe am Leben erhalten und verringern die Komplexität der Situation (aber all dies bekommen Sie natürlich nicht umsonst. Sie verzichten auf die Chance, sich durch neue und ungewöhnliche Ideen und Denkweisen anregen zu lassen ...)!*

– *Wollen Sie die Chancen nutzen, die sich aus Unterschieden zwischen Männern und Frauen ergeben, so enthalten Sie sich geschlechtsspezifischer Normativität. Halten Sie Ihre stillschweigenden Überzeugungen darüber, wie alle wichtigen Angelegenheiten geregelt sein sollten, im Zaum, und begeben Sie sich auf die Reise in ein fremdes Land. Wenn Sie auf einer Reise nach Indien die Reize der dortigen Kochkünste erfahren wollen, so vergessen Sie besser für eine Zeit Ihre Vorliebe für Schweinebraten.*

– *Betrachten Sie Ihr Unternehmen und untersuchen Sie, in welchen Gremien (Abteilungsleiterbesprechungen, Vorstandssitzungen, Arbeitskreise, Projektgruppen ...) hauptsächlich oder ausschließlich Männer sitzen, in welchen Frauen (wenn es denn solche geben sollte ...)! Was sind die Vor- und Nachteile dieser Uniformität?*

– *Beobachten Sie, wie Sie selbst und andere auf gute Leistungen und Fehler, Lob und Kritik von Männern und Frauen in Ihrer Arbeitsumgebung reagieren. Was sind die Gemeinsamkeiten und Unterschiede? Was sind die Folgen? Was wollen Sie davon beibehalten, was verändern?*

– *Um Unterschiede zu verdeutlichen:*
Wie könnten Sie selbst es am besten schaffen, sich die Überzeugung zu verschaffen/erhalten, das Geschlecht eines Mitarbeiters/ einer Mitarbeiterin sei überhaupt nicht von Bedeutung innerhalb Ihrer Arbeitsumgebung. Wie müßten Sie sich zu diesem Zweck verhalten?
Wie könnte es Ihnen am ehesten gelingen, sich die Überzeugung zu verschaffen oder zu erhalten, das Geschlecht eines Mitarbeiters/ einer Mitarbeiterin sei eigentlich das einzig Wichtige und Bedeutungsvolle innerhalb Ihrer Arbeitsumgebung. Was müßten Sie dazu tun?

– Stellen Sie sich vor, heute Nacht käme eine (gute/böse) Fee und würde Ihr Geschlecht verwandeln. Morgen früh würden sie als Mann (beziehungsweise Frau) zur Arbeit gehen, wenn Sie heute als Frau (beziehungsweise Mann) Ihr Büro verlassen haben. Was würde sich für Sie und die anderen in Ihrer Arbeitsumgebung verändern? Welche Märkte, die von Männer beziehungsweise Frauen monopolisiert sind, stünden Ihnen plötzlich offen oder wären Ihnen nunmehr unzugänglich?

– Sorgen Sie dafür, daß Ihr Handlungsspielraum möglichst groß bleibt. Lassen Sie sich durch die Tatsache, Mann oder Frau zu sein, nicht dazu verleiten, Verhalten für eine (zu) enge Marktnische zu produzieren. Respektieren Sie weder die Monopolansprüche des anderen Geschlechts, noch nehmen Sie geschlechtstypische Waren vom Markt, für die es Nachfrage gibt. Aber überprüfen Sie, ob Sie kostengünstig genug arbeiten!

157

9. LERNEN

> *„Das Wort ‚Lernen' bezeichnet zweifellos*
> *eine* Veränderung *irgendeiner Art. Zu*
> *sagen, um* was für eine Art *der*
> *Veränderung es sich handelt, ist eine*
> *schwierige Angelegenheit."*
> Gregory Bateson[1]

Für die Karriere der Begriffe und Schlagworte, mit denen jeweils wechselnde Management-Moden verkauft werden, gilt, was für manch andere Karriere auch gelten dürfte: Universelle und globale Verwendbarkeit sichert den Erfolg. Ein gutes Beispiel dafür ist die gegenwärtig allerorten feststellbare Lern-Begeisterung. Jedermann oder -frau wird verurteilt, sich lebenslänglich auf die Schulbank zu setzen. Organisationen wird vorgeworfen, sie würden ihre Hausaufgaben nicht richtig machen. Wir sind offenbar von gutmeinenden und besser wissenden Nachhilfelehrern umzingelt, die mit erhobenem Zeigefinger von jedem und allem Lernfähigkeit fordern. Lernen wird als Wert an sich propagiert, als Heilmittel gegen nahezu alle Malaisen unseres Wirtschaftssystems.

Die Zustimmung zur Zielrichtung dieser Appelle, die Flexibilität der Wirtschaft, ihrer Organisationen und jedes einzelnen zu steigern, dürfte nicht allzu schwer fallen. Das Problem an diesen eher moralisierenden Aufrufen und Beschwörungen ist, daß sie auf relativ naiven und etwas antiquierten Vorstellungen des Lernens beruhen. Vor allem aber übersehen sie, daß Wissen und Lernen keine ambivalenzfreien, absoluten Werte sind. Lernprozesse haben nicht immer positive Wirkungen. Denn wer wollte bezweifeln, daß er in seinem Leben unendlich viel Unnötiges, manchmal Lästiges, gelegentlich sogar Schädliches gelernt hat? Man denke nur an die falsch erlernte Vorhand beim Tennis, und wie lange es gedauert hat und wieviele Trainerstunden es gekostet hat, um dieses einmal erlernte, eingefahrene Bewegungsschema zu verändern.

Wissen kann einzelne wie Organisationen dumm machen und ihr physisches oder ökonomisches Überleben gefährden, Ignoranz hingegen kann manchmal eine Erfolgsstrategie sein.

---

1 Gregory Bateson (1964): Die logischen Kategorien von Lernen und Kommunikation. In: Bateson, G. (1972): Ökologie des Geistes. Frankfurt (Suhrkamp) 1981, S. 366.

Die Fragen, mit denen sich dieses Kapitel beschäftigen soll, lauten daher: Wie können wir unterscheiden, ob es sinnvoll ist zu lernen oder nicht? Und, falls sich herausstellen sollte, daß Lernen nützlich ist: Wie macht man das? Oder, wenn das nicht der Fall sein sollten: Wie können wir uns davor schützen zu lernen, wenn wir gar nichts lernen wollen oder das Erlernte uns Schaden bringt? Wie schaffen es Menschen und – ganz analog – Organisationen, Lernen erfolgreich zu vermeiden?

Menschen und Organisationen lernen (ob sie wollen oder nicht). Alles verändert sich. Nicht das Lernen ist das Rätsel, sondern das Nicht-Lernen: die erfolgreiche Aufrechterhaltung von Ignoranz, die Stabilität von Weltbildern sowie die Stabilität von Organisationen und Institutionen.

Wir wollen mit einigen sprachkritischen Überlegungen beginnen, die uns zum Anfang unserer Überlegungen zurückführen und den Kreis der Argumentation zusammenfassend schließen.

Die Speicher-Metapher

Unser alltäglicher Sprachgebrauch legt – wie bereits oben beim Begriff Information dargestellt – die Idee nahe, beim Lernen hätten wir es mit der Verarbeitung von irgendeinem „Etwas", einem zu lernenden „Stoff" oder ähnlichem zu tun. Die Gefahr solch verdinglichender Suggestionen ist, daß wir aus ihnen Lehr- und Lernmethoden ableiten: „Wissen" wird als Stoff behandelt, der „eingetrichtert" oder „gesammelt" werden kann. Und wenn das geschehen ist, dann beherrscht man die „Materie".

In all diesen Bildern wird eine spezifische Innen-außen-Beziehung zwischen dem lernenden System (sei es nun ein Individuum oder eine Organisation) und seiner Umwelt unterstellt. Wissen, das ursprünglich *draußen* (in Büchern, Datenbanken oder sonstwo) lokalisiert ist, wird nach *drinnen* (in ein menschliches Gehirn, eine Organisation, irgendeinen „Speicher") transportiert. Was vorher draußen war, ist nachher drin: Man hat es „intus". Lernen ist in diesem Modell mit der Tätigkeit eines Archivars vergleichbar, dessen Kreativität sich im besten Fall auf die Form des Katalogisierens beschränkt. Wissensmanagement erscheint so als eine gehobene Form der Lagerverwaltung.

Zu der Metapher vom „Wissensstoff" gehört auch die Idee, Wissen könne in einem rein mengenmäßigen Sinne vermehrt werden (so wie man einer Bibliothek immer mehr Bücher hinzufügen kann), und mehr Wissen wäre besser als weniger. Doch die Vermehrung und Verringerung von Wissen unterliegt anderen Mechanismen als die materieller Güter. Das zeigt sich beispielhaft am Unterschied zwischen geteiltem Wissen und geteilten Einnahmen: Teilt man sein Wissen mit einem anderen Menschen, so hat man dadurch nicht weniger Wissen als vorher. Das Wissen hat sich verdoppelt. Teilt man seine Einnahmen mit ihm, so hat man nur noch die Hälfte (– wo Wissen zu Einnahmen führt, mag sich dieser Unterschied aufheben).

Die Speicher-Metapher des Wissens suggeriert auch, der Erwerb neuen Wissens hätte keine negativen Folgen für das alte Wissen. Die Tatsache, daß man einige Tausend neue Bücher in einer Bibliothek einlagert, beeinträchtigt schließlich nicht die Qualität oder Lesbarkeit bereits lange eingelagerter alter Schwarten. Doch diese stillschweigenden Vorannahmen erweisen sich bei näherer Betrachtung als irrig, da das Lernen biologischer und sozialer Systeme nun einmal nicht nach den Prinzipien der Lagerverwaltung funktioniert.

Wissen und Lernen als Erklärungsprinzipien

Um die Logik von Lernprozessen zu verstehen, bedarf es einiger prinzipieller Erwägungen. Beginnen wir mit dem Versuch einer Begriffsklärung: Was bezeichnen wir eigentlich, wenn wir von Wissen und Lernen sprechen? Es sind Begriffe, die wir als Beobachter und Beobachterinnen verwenden, wenn wir das Verhalten bzw. die Veränderung des Verhaltens eines biologischen oder sozialen Systems – sei es eines menschlichen Individuums oder auch einer Organisation – erklären wollen. Wir schreiben die Ursache für äußerlich beobachtbare Verhaltensweisen irgendwelchen nicht näher definierten Zuständen oder Prozessen im Inneren des beobachteten Systems, d. h. des Individuums oder der Organisation, zu: seinem „Wissen" oder „Nichtwissen". Beides ist nicht der direkten Beobachtung zugänglich; es sind hypothetische Mechanismen, mit deren Hilfe der Beobachter sich das Zustandekommen der von ihm beobachteten Verhaltensmuster erklärt.

Analoges gilt für den Begriff Lernen. Auch er beschreibt nicht, sondern *erklärt* beobachtetes Verhalten. Er schreibt die Ursache für die im Laufe der Zeit auftretenden Verhaltensänderungen eines Menschen oder einer Organisation den Veränderungen in dessen Wissen zu. Ein Unternehmen (ein Mitarbeiter) geht heute netter mit seinen Kunden um als vor einem Jahr: Es hat (er hat) gelernt, sich „kundenorientiert" zu verhalten.

Die Selektion von Verhalten

Mit Wissen und Lernen werden also jeweils *Funktionen* bezeichnet. Wissen ist irgendwie an der *Selektion von Verhalten* beteiligt und Lernen an deren *Veränderung*.

Legt man solch eine funktionelle Betrachtungsweise zugrunde – wie es im Rahmen unseres radikal-marktwirtschaftlichen Modells angebracht erscheint –, so hebt sich der Unterschied zwischen biologischen, geistigen und sozialen Strukturen auf. Wenn man ihre Funktion für das Überleben des jeweiligen Systems betrachtet, gewinnen Wissen, Erkenntnis, Kognition und Leben eine synonyme, gegenüber unserem umgangssprachlichen Gebrauch abweichende Bedeutung: Ein kognitives System ist ein System, das in einem bestimmten Bereich der Umwelt zum Zweck der Selbsterhaltung handeln kann. „Der Prozeß der Kognition" – so formuliert der Neurobiologe Humberto Maturana – „ist das tatsächliche (induktive) Handeln oder Verhalten in diesem Bereich. Lebende Systeme sind kognitive Systeme, und Leben als Prozeß ist ein Prozeß der Kognition."[2]

Biologische Strukturen bzw. die durch sie bestimmten Prozesse *sind* demnach *Wissen*. Was das tatsächliche Verhalten eines menschlichen Individuums steuert, sein Wissen, entspricht auf biologischer Ebene charakteristischen Nervennetzen, Aktivitätsmustern interagierender, sich gegenseitig erregender und hemmender Nervenzellen.[3] Analoges kann für soziale Systeme gesagt werden: Auch ihre Strukturen sind kognitive Strukturen. Das Wissen einer Organisation manifestiert sich in ihren alltäglichen, tatsächlichen Abläufen, den immer wieder aufs neue vollzogenen Produktionsprozessen, den repetitiven Mustern der Kommunikation und Interaktion unter den Mitarbeitern und zwischen Mitarbeitern, Kunden und Zulieferern etc. Solange es mit ihrer Hilfe gelingt, die Organisation als handelnde Einheit zu erhalten, erweist dieses Wissen sich als tauglich oder, in einer evolutionstheoretischen Terminologie: als „fit". Wer überlebt, ist fit, sein Wissen ist gut genug. Die Entwicklung dieses Wissens, seine Veränderung oder Nichtveränderung, Differenzierung oder Ent-Differenzierung sind Formen des Lernens, Nichtlernens, Ver-Lernens oder Ent-Lernens. Sie können das Überleben sichern oder gefährden.

Die Gesetzmäßigkeiten solcher Lernprozesse lassen sich mit Hilfe evolutiontheoretischer Modelle analysieren. In den Anfängen der Evolutionstheorie wurde das Überleben oder Aussterben von Lebewesen, Gattungen oder Arten als ein Resultat ihrer Fähigkeit, sich an eine *gegebene* Umwelt anzupassen, betrachtet. Wer ausstirbt, so sah es aus, hat nicht rechtzeitig gelernt, sich auf die veränderten Umweltbedingungen einzustellen. Diese Erklärung für Überleben und Aussterben hat sich aber als zu simpel erwiesen. Die Wechselbeziehung zwischen einem lebenden System und seiner Umwelt ist weitaus komplexer: Jedes Lebewesen schafft sich seine Umwelt – den Markt für sein Verhalten –, es verändert sie oder erhält sie dadurch,

---

2 Maturana, H. (1970): Biologie der Kognition. In: ders. (1982): Erkennen: Die Organisation und Verkörperung von Wirklichkeit. Braunschweig (Vieweg), S. 39.
3 Roth, G. (1995): Das Gehirn und seine Wirklichkeit. Frankfurt (Suhrkamp), S. 193 ff.

161

daß es lebt, daß es bestimmte Verhaltensweisen realisiert und andere nicht. Analoges gilt für das Überleben sozialer Systeme. Auch Unternehmen schaffen sich ihre Umwelten, ihre Märkte, und verändern sie durch ihr Verhalten. Die Entwicklung von System und Umwelt ist aneinander gekoppelt, beide vollziehen miteinander eine Koevolution. Sie verändern sich gegenseitig, bestimmen füreinander die Überlebensbedingungen und passen sich aneinander an.

Wer paßt sich wem an?

Dies rückt zwangsläufig die Frage in den Mittelpunkt der Aufmerksamkeit, wer sich wem mehr anzupassen hat: das Individuum bzw. die Organisation ihrer jeweiligen Umwelt oder umgekehrt? Wessen Strukturen sind flexibler? Und sind Flexibilität und Lernfähigkeit immer erstrebenswert? Denn es ist ja keineswegs immer sinnvoll, daß wir lernen und uns unserer Umwelt anpassen, während genausogut diese Umwelt lernen und sich uns anpassen könnte. Nicht die Firmen, die es gelernt hatten, die – nach Meinung von Experten – technisch besseren Video-Systeme herzustellen, haben auf dem Markt Erfolg gehabt, sondern diejenigen, deren System am schnellsten eine kritische Masse von Käufern fand. Und die Firma Apple, die als erste wußte, wie man Computer bedienerfreundlich programmiert, hat mit dem Überleben zu kämpfen, weil die Firma Microsoft ihr (ursprünglich weit beschränkteres Wissen) einer großen Zahl von potentiellen Konkurrenten zugänglich machte. Was den ökonomischen Erfolg betrifft, ist die Qualität des Wissens nicht immer ausschlaggebend.

Es empfiehlt sich also, sehr genau abzuwägen und zu bewerten, was sich wie zu lernen lohnt. Dazu ist es wichtig, die Mechanismen des Nichtlernens zu kennen. Wie erhalten kognitive, d.h. lebende und soziale Systeme ihre Strukturen, wie bewahren sie ihre Identität? Wie können wir lernen, nicht zu lernen, um die Werte durchzusetzen oder zu erhalten, die uns erhaltenswert erscheinen? Und wie können wir diese Mechanismen des Nichtlernens ausschalten, falls es für unser Überleben wichtig sein sollte, altes Wissen über Bord zu werfen?

Prinzipielles

Beginnen wir wieder auf der theoretischen Ebene: Jedes lebende System gewinnt Informationen, indem es Unterscheidungen vollzieht. Aus der Flut der einströmenden Signale muß eine Auswahl getroffen werden. Wahrnehmungen werden gegeneinander abgegrenzt, Situationen als unterschiedlich oder gleich, als bekannt oder neu *bewertet*. Und dementsprechend wird das Verhalten in bekannter oder neuer Weise, unterschiedlich oder gleich wie früher organisiert. Welches dabei die definierenden Merkmale der Unterscheidung sind, hängt vom Wissen des jeweiligen lebenden

Systems ab, seinen internen Strukturen und Prozessen. Auf diese Weise werden im Umgang mit der jeweils aktuellen Umwelt frühere Erfahrungen wiederholt und Vorannahmen über die Welt bestätigt oder in Frage gestellt, Vorurteile und Weltbilder verstärkt oder modifiziert. Je nach Feinheit der Unterscheidungskriterien können so im Laufe der Zeit unterschiedlich differenzierte oder entdifferenzierte *Verhaltensschemata* (radikal-marktwirtschaftlich gesehen: Produkte) entwickelt werden. Stets ist es die Reaktion der Umwelt auf das eigene Verhalten, das Anlaß zum Lernen oder Nichtlernen liefert.

Will man Wissen erwerben, so muß man handeln, und will man Wissen vermitteln, so muß man Verhaltensanweisungen geben. Wer einem anderen Menschen beibringen will, was ein Kuchen ist und wie er schmeckt, der sollte ihm ein Backrezept zur Verfügung stellen. Er muß ihm nicht nur sagen, was er zu tun hat, um einen Kuchen herzustellen (welche Zutaten er wie und in welcher Reihenfolge mischen muß und welchen äußeren Einflüssen er sie aussetzen muß), sondern er muß ihn auch noch irgendwie dazu verführen, diesen Kuchen dann zu backen und zu essen. Nur so kann er seinem Lehrling die Erfahrung vermitteln, was das speziell kuchenartige an einem Kuchen ist: der Geruch, der Geschmack, die Bestandteile, die Entstehungsgeschichte usw.

In der Anwendung von Rezepten erweist sich die Einheit von Kognition und Verhalten.

Lernen, Verlernen und Entlernen sind Veränderungen von Unterscheidungen. Nichtlernen hingegen ist die Aufrechterhaltung bestehender Unterscheidungen. Dazu bedarf es der Wiederholung des Verhaltens, das zu diesen Unterscheidungen geführt hat, und der Vermeidung von Verhaltensweisen, die zu neuen Unterscheidungen führen könnten.

Die Entwicklung eines lebenden Systems in der Interaktion mit seiner Umwelt ist eine Geschichte struktureller Änderungen, d.h. von Veränderungen der Unterscheidungen. Umweltereignisse wirken als Störungen, sie passen nicht zu den bislang gebrauchten Unterscheidungsschemata, es müssen alte Unterscheidungen aufgehoben werden und neue vollzogen werden. Umweltereignisse, die nicht als Störung wirken, führen zu keiner strukturellen Veränderung des Systems, daß heißt, sie haben keinen Informationswert und keinen Lerneffekt.

Wissen und Lernen sind daher Gegensätze. Wo Wissen bewahrt wird, wird Lernen verhindert. Deshalb läßt sich Wissen auch nicht einfach vermehren wie die Größe einer Torte: Lernen zerstört Wissen, indem es verhindert, daß alte Unterscheidungen weiter vollzogen werden. Wer Lernen fördern will, muß für Störungen sorgen, alte Wahrheiten in Frage stellen.

Das Verhindern von Lernen

Kommen wir im Sinne der positiven Kraft des negativen Denkens zu den Strategien des Nichtlernens: Wenn es gelingt, die Umwelt unverändert zu erfahren, reicht das gegebene Verhaltens- und Unterscheidungsrepertoire aus, um auf alle Eventualitäten reagieren zu können. Was immer auch passiert, es ist alles schon einmal dagewesen. Und auf jede Herausforderung durch Umweltereignisse ist die Antwort schon parat: Das war schon immer so, das haben wir schon immer so gemacht. In der Interaktion zwischen System und Umwelt passiert nichts Neues, nichts stört, es besteht kein Lernbedarf.

Um diese Erfahrung einer konstanten Welt sicherzustellen, gibt es mehrere Möglichkeiten: Die erste besteht darin, durch das eigene Handeln für die Stabilität der eigenen Umwelt zu sorgen. Die zweite Möglichkeit ist, durch den systematischen Ausschluß von Information für eine stabile Wahrnehmung der Umwelt zu sorgen.

Die erste Methode ist weit verbreitet: Sie erklärt, warum manche Menschen sich in erster Linie mit solchen Personen umgeben, die nichts Unberechenbares oder Unvorhersehbares tun oder sagen, und nur Zeitungen lesen, die ihre Meinung vertreten. Es ist eine Störungsprophylaxe, eine Chronifizierungsstrategie für das eigene Denken – wenn man es negativ bewertet – und eine Strategie zur Bewahrung der eigenen Identität – wenn man es positiv bewertet.

Die zweite Methode, sich nicht durch eine veränderte Umwelt stören zu lassen, besteht darin, sie einfach nicht als neu wahrzunehmen und auch für die Zukunft Veränderungen als undenkbar auszuschließen. Schließlich entscheidet jeder selbst, was für ihn neu ist oder nicht, was er als Unterschied bewertet oder nicht. Wenn nur die Informationen zur Kenntnis genommen werden, die das eigene Weltbild bestätigen, so entstehen weder Konflikte, noch Lern- oder Veränderungsbedarf. Wenn die vermeintliche Neuigkeit nicht als Neuigkeit behandelt wird, so wird sich erweisen, wessen Struktur das stärkere Beharrungsvermögen hat. Eigensinn, so könnte die Formel lauten, kann zu schnelles Umlernen verhindern.

Aus der Sicht des außenstehenden Beobachters kann man also feststellen, daß die Bestätigung des Wissens, sei sie aktiv herbeigeführt oder passiv erfahren – das ist ja nie so klar zu trennen –, die beste Voraussetzung für erfolgreiches Nichtlernen ist.[4] Auf eine griffige Formel gebracht: Wissen

---

4 Ausführlicher dazu siehe Simon, F.B. (1997): Die Kunst, nicht zu lernen. Und andere Paradoxien aus Psychotherapie, Management, Politik ... Heidelberg (Carl-Auer-Systeme).

164

macht lernbehindert, Erfolg macht lernbehindert. Ohne Mißerfolg – sei er aktuell oder nur für die Zukunft befürchtet – kein Lernbedarf. Autos, die funktionieren, repariert man auch nicht. Ohne Leidensdruck keine Veränderung.

Dies mag der Grund dafür sein, daß viele Leute mit fortschreitendem Alter immer weniger lernen: Sie wissen einfach genug, um damit einigermaßen störungsfrei durchs Leben zu kommen. Dasselbe gilt natürlich auch für altbewährte Organisationen und Institutionen wie die Schule. Sie liefert das Musterbeispiel dafür, daß Organisationen, in denen gelernt wird, nicht selbstverständlich lernende Organisationen sind. Ganz im Gegenteil: Es gibt wohl wenige gleichermaßen lernbehinderte Organisationen wie Schulen. Dadurch, daß immer wieder neue Schüler nachgeliefert werden, können sowohl die Lehrer als auch die Schulen mit konstant bleibenden Umwelten rechnen. Sie funktionieren nach dem Modell des Durchlauferhitzers. Auf der einen Seite werden Analphabeten hineingeschoben, auf der anderen Seite kommen des Schreibens, Lesens und Rechnens (mehr oder weniger) kundige und hinreichend zivilisierte Staatsbürger heraus, die zumeist über die notwenigen Sozialtechniken verfügen, um sich an den üblichen Gesellschaftsspielen beteiligen zu können. Auch Durchlauferhitzer können nur deshalb so erfolgreich verkalken, weil immer wieder neues Wasser nachfließt. In einem Fall wie dem der Schule scheint es also weder nötig noch ökonomisch sinnvoll, sich etwas Neues einfallen zu lassen. Warum sollte man ein neues Produkt auf den Markt bringen, wenn sich das alte noch gut genug verkauft?

Wer weiß, daß er weiß, und weiß, daß ihn sein Wissen möglicherweise dumm macht, kann seine Lernbehinderung verlieren. Er kann neugierig seine alten Unterscheidungen und Routinen in Frage stellen, um zu entlernen. Wo ein einzelner oder eine Organisation es schafft, seine oder ihre tagtäglich ablaufenden Verhaltens- und Ablaufmuster kritisch auf ihre Sinnhaftigkeit zu überprüfen, eröffnet sich ihm die Wahl, entweder alternative Verhaltens-, Interaktions- und Kommunikationsmuster zu installieren und dadurch sich und seine Umwelt zu verändern oder auch alles weiter so zu machen wie bisher.

Es dürfte deutlich sein, daß es bei nüchterner Betrachtung keine klaren und eindeutigen Präferenzen fürs Lernen oder Nichtlernen gibt. Beides ist riskant und muß ambivalent bewertet werden. Wir haben immer einen Preis zu zahlen, wenn wir lernen und wenn wir nicht lernen. Eines sollte aber deutlich sein: Funktionelle Ignoranz ist nicht einfach gottgegeben, sie muß erlernt werden. Das sollte jeder wissen.

165

Rezepte

– Gönnen Sie sich (allein oder, besser noch, mit den anderen Beteiligten) die Rolle des Verfasssers eines Kochbuchs: Sammeln Sie Rezepte. Wenn man Organisationen als eine Art Eintopf betrachtet, dann sind die Verhaltensweisen der beteiligten Köche die Zutaten. Versuchen Sie das, was alltäglich getan wird, zu beschreiben. Wer macht was wann, in welcher Reihenfolge, und was machen dann die anderen? Was ist das Ergebnis? Ist es genießbar, wohlschmeckend, oder erzeugt es Übelkeit? Wie reagieren diejenigen, die das Ganze verdauen müssen? Entstehen bei Anwendung dieser Rezepte Gerichte, für die es einen Markt gibt? Mit anderen, etwas weniger poetischen Worten: Welches sind die Interaktions- und Kommunikationsmuster der Organisationseinheiten, um deren Lernen, Verlernen und Entlernen es gehen soll? Solch eine Lerneinheit kann ein einzelner Mitarbeiter sein – Sie selbst zum Beispiel –, eine Abteilung, ein Bereich, ein Unternehmen. Rezepte beschreiben Ablaufmuster, die Prozesse, die eine Organisation entstehen lassen, das heißt das tatsächliche Wissen der Organisation. Versuchen Sie zunächst, zu beschreiben ohne zu bewerten.

– Bewerten Sie in einem zweiten Schritt, wie die Kosten-Nutzen-Rechnung des jeweiligen Verhaltens für die beteiligten Einheiten (unterschiedliche einzelne Mitarbeiter, unterschiediche Organisationseinheiten, Gesamtorganisation) ausfällt. Wer hat durch welche Veränderung was zu gewinnen und was zu verlieren? Wie reagieren die unterschiedlichen Umwelten (z.B. Zulieferer, Kunden, Öffentlichkeit) auf diese Muster bzw. das, was von außen davon wahrnehmbar ist?

– Schalten Sie solche, die Aufmerksamkeit auf ganz konkrete Abläufe richtende Reflexionsphasen immer dann ein, wenn Sie das Gefühl haben, Sie bzw. Ihre Organisation hätte etwas Schwerverdauliches, Unbekömmliches oder gar Giftiges zusammengekocht. Auch wenn Sie den Eindruck haben, ihre Mitbewerber würden besser kochen, sollten sie solche Reflexionsphasen einschieben. Dann allerdings sollten Sie auch die Rezepte der Mitbewerber sommeln. Wenn es keine äußeren Anlässe gibt, überprüfen Sie ihre Rezepte trotzdem in regelmäßigen Zeitabständen darauf, ob sie noch zeitgemäß sind, ob Zutaten weggelassen oder hinzugefügt werden sollten.

– Nutzen Sie bei der Reflexion der eingefahrenen Abläufe und der Planung den Möglichkeitssinn. Spielen sie bei der Bewertung eventueller Alternativen stets beide Seiten der Unterscheidung durch: Wenn sich innerhalb der Abläufe nichts ändern würde, welche Folgen hätte dies wann in der Zukunft? Wären sie positiv oder negativ zu bewerten? Würden sie die Überlebenswahrscheinlichkeit aller Wahrscheinlichkeit nach (die Zukunft läßt sich nicht vorhersehen) eher erhöhen oder verringern? Welche nicht beabsichtigten Nebenwirkungen könnten Veränderung oder Nichtveränderung zur Folge haben? Stellen Sie liebgewonnene Wahrheit probeweise in Frage. Vollziehen Sie Gedankenexperimente – nur so können Sie lernen (erfinden), was noch keiner weiß!

– Nutzen Sie das kreative Potential von Gruppenprozessen. Eines ihrer kreativen Prinzipien besteht darin, daß keiner diesen Prozeß kontrollieren kann. Das macht es den Teilnehmern schwerer, in der „eigenen Soße" (wir bleiben bei den Küchenmetaphern) zu schwimmen. Das heißt, die Tendenz des menschlichen Denkens, widerspruchsfreie und sich selbst bestätigende Weltbilder zu konstruieren, wird zwangsläufig gestört, Wissen wird in Frage gestellt, Lernen wird möglich.

– Spinnen Sie gemeinschaftlich und lassen Sie sich dabei nicht vom Realitätssinn einzelner Teilnehmer einengen (die Realität kümmert sich schon allein darum, daß sie nicht vergessen wird – aber wer sagt, daß sie sich nicht den spinnerten Ideen anpaßt?). Gönnen Sie sich gemeinsam eine Portion Größenwahn! Alles Große erwächst aus Größenwahn.

10. NACHBEMERKUNG – ÜBER DIESES BUCH

> *„Ein Zusammenprall von Doktrinen ist keine Katastrophe, er ist eine Gelegenheit."*
> *Alfred N. Whitehead[1]*

> *„Neben all den technischen und wirtschaftlichen Fächern studierte ich in Lehigh auch vier Jahre Psychologie und Psychopathologie. Ich scherze nicht, wenn ich sage, daß dies wahrscheinlich die wertvollsten Kenntnisse waren, die ich an der Universität erwarb. Es ist zwar ein schlechtes Wortspiel, aber es stimmt: Diese Kenntnisse sind mir im Umgang mit den Schreckschrauben der Industrie besser zustatten gekommen, als mein ganzes technisches Wissen im Umgang mit den Schrauben und Muttern der Autos."*
> *Lee Iacocca[2]*

Es geschieht nicht so oft, daß ein Psychiater und eine Gruppe von Managementberatern und -beraterinnen zusammen ein Buch verfassen. Hier scheinen zwei Bereiche aufeinanderzutreffen, die nichts miteinander zu tun haben. Und dennoch: Diese Kombination ist eigentlich nur logisch und konsequent.

Das Ziel von Managementberatung ist die rationale Organisation und Strukturierung der professionellen Interaktion von Menschen. Wie sie fühlen, denken und handeln, strukturiert die Spielregeln menschlicher Systeme – zum Beispiel die eines Unternehmens. Psychiater beschäftigen sich mit der Frage, wie Verrücktheit, das heißt die Desorganisation von Denken, Fühlen und Handeln, entsteht. Doch menschliches Denken, Fühlen und Handeln wird – hier schließt sich der Kreis – von den Spielregeln zwischenmenschlicher Kommunikation und Interaktion geleitet (in erster Linie einer Zweierbeziehung oder einer Familie, aber auch eines Unternehmens). Während Managementberater ihre Aufmerksamkeit auf das Funktionieren, die Herstellung und Aufrechterhaltung von Ordnung richten,

---

1 Whitehead, A.N: Science and the Modern World. S. 186, zitiert nach Prigogine, I. u. I. Stengers (1980): Dialog mit der Natur. Neue Wege naturwissenschaftlichen Denkens. München (Piper) 1981, S. 202.
2 Iacocca, L. u. W. Novak (1984): Iacocca. Eine amerikanische Karriere. Frankfurt (Ullstein) S. 42.

studiert der Psychiater die Mechanismen der Auflösung von Ordnung, die Entstehung von Chaos. Aus der Perspektive der Theorie lebender Systeme gehören aber beide Seiten zusammen, es sind die beiden Seiten derselben Medaille.

Es ist sicher kein Zufall, daß der Zusammenprall der Doktrinen in Form der langjährigen Zusammenarbeit des Spezialisten für Wahnsinn und der Spezialisten für Realitätssinn zur Entwicklung eines Modells geführt hat, in dem der Gegensatz zwischen Psychologie und Ökonomie aufgehoben wurde. Wirtschaft, so sagt man, sei zu 80 Prozent Psychologie – doch Psychologie erweist sich, radikal-marktwirtschaftlich gesehen, zu 100 Prozent als Ökonomie.

Und dennoch sei gewarnt vor diesem Buch beziehungsweise den in ihm dargestellten Modellen. Auch sie sind ein theoretisches Konstrukt, um die Prozesse des Lebens zu erfassen, und auch diese Theorien werden längst vergangen sein, während es immer noch Frösche gibt. Deshalb sei hier noch einmal in aller Bescheidenheit der Anspruch unseres radikal-marktwirtschaftlichen Modells unterstrichen. Es geht nicht um Wahrheit, sondern um Nützlichkeit, um eine Landkarte, die die Orientierung in einem verwirrenden, oft chaotisch und undurchschaubar erscheinenden Unternehmensalltag erleichtern soll – um nicht mehr (aber das ist ja auch schon eine ganze Menge …)!

AUTORENVERZEICHNIS

Fritz B. Simon, Dr. med.

Studium der Medizin und Soziologie. Ausbildung zum Psychiater und Psychoanalytiker, Arbeit als Gruppendynamiktrainer, Psychotherapeut und Psychiater in unterschiedlichen Institutionen der Universitäts- und Versorgungspsychiatrie. Von 1982–1989 leitender Oberarzt der Abteilung für psychoanalytische Grundlagenforschung und Familientherapie der Universität Heidelberg, Habilitation für Psychosomatik und Psychotherapie.

Seit 1994 Vizepräsident der European Family Therapy Association (EFTA). Herausgeber (mit A. Retzer) der Zeitschrift *Familiendynamik*.

Mitbegründer (1990) und zur Zeit Geschäftsführer des Heidelberger Institutes für systemische Forschung. Seit 1989 geschäftsführender Gesellschafter der Carl-Auer-Systeme GmbH, Heidelberg.

Jetziger Arbeitsschwerpunkt: Organisationsforschung und -beratung

Autor und Herausgeber von Fachartikeln und zehn Büchern, u. a. „Lebende Systeme" (1988), „Meine Psychose, mein Fahrrad und ich" (1990), „Unterschiede, die Unterschiede machen" (1988/93), „Die andere Seite der Gesundheit" (1995), „Die Kunst, nicht zu lernen" (1997).

C/O/N/E/C/T/A-Autorengruppe

Dr. Geraredo Drossos

Studium der Betriebswirtschaft an der Wirtschaftsuniversität Wien, Dissertation über Arbeitszufriedenheit in Krankenhäusern. Ausbildung in Systemischer Organisationsberatung. Mitarbeiter bei der Tageszeitung Die Presse (Manager ABC), Personalmanager, Cheftrainer und Leiter des Management-Developments einer großen österreichischen Bank, Konsulent des österreichischen Sparkassenverbandes, seit 1992 Geschäftsführender Gesellschafter der C/O/N/E/C/T/A.

Hon. Prof. DI Dr. Alfred Janes

Studium des Wirtschaftsingenieurwesens. Assistent an der Technischen Universität Wien im Bereich Arbeitswissenschaft/Organisation. Lehrtrainer für Gruppendynamik. Lehrberater für Systemische Organisationsberatung. Von 1995 bis 1997 Universitätsprofessor für Industriebetriebslehre und Innovationsmanagement an der Technischen Universität Graz. Seit 1986 Geschäftsführender Gesellschafter der C/O/N/E/C/T/A.

Dr. Ingrid Kreuzer

Studium der Grund- und Integrativwissenschaften. Ausbildung in Systemischer Organisationsberatung. Langjährige Erfahrung als Bildungsmanagerin, Führungskräfteentwicklerin und interne Beraterin im Finanzdienstleistungs-bereich. Mitglied der Österreichischen Gesellschaft für Gruppendynamik und Organisationsberatung. Seit 1991 Geschäftsführende Gesellschafterin der C/O/N/E/C/T/A.

DI Karl Prammer

Studium des Maschinenbaus/Betriebswissenschaften in Wien. Ausbildung in Systemischer Beratung. Assistent an der Technischen Universität Wien im Bereich Arbeitswissenschaft/Organisation. Mehrjährige Projektarbeit für IBM-Kingston/New York. Leiter des Bereichs Organisation und Informationswesen in einem Schweizer Versicherungsunternehmen/Zürich. Seit 1987 Referent an der Internationalen Sommeruniversität für Ergonomie in Ungarn/Györ. Seit 1995 Lehrbeauftragter am Interuniversitären Forschungsinstitut für Fortbildung der Österreichischen Universitäten. Seit 1992 Geschäftsführender Gesellschafter der C/O/N/E/C/T/A.

Mag. Herbert Schober

Studium der Sozial- und Wirtschaftswissenschaften. Ausbildung in Systemischer Beratung, Gruppendynamik und Tiefenpsychologie. Seit 1972 als Berater tätig. Lehrbeauftragter an der Universität Klagenfurt für Organisationsberatung. Lehrtrainer und Lehrberater in der Österreichischen Gesellschaft für Gruppendynamik und Organisationsberatung. Gründungsmitglied von Conecta, seit 1976 Geschäftsführender Gesellschafter der C/O/N/E/C/T/A.

Mag. Michael Schulte-Derne

Studium der Sozial- und Wirtschaftswissenschaften. Ausbildung in Systemischer Organisationsberatung. 12-jährige Tätigkeit als Manager in den Bereichen Handel, Service und Forschung. Lehraufträge an der Universität Klagenfurt und am Interuniversitären Forschungsinstitut für Fortbildung der Österreichischen Universitäten. Mitglied der Österreichischen Studiengesellschaft für Kybernetik und der Österreichischen Gesellschaft für Gruppendynamik und Organisationsberatung. Seit 1988 Geschäftsführender Gesellschafter der C/O/N/E/C/T/A.

Dr. Monika Veith

Studium der Sozial- und Wirtschaftswissenschaften, Produktmanagerin in Multinationalem Konzern, Post Graduate Ausbildung in Soziologie. Intensive Beschäftigung mit Qualitativer Sozialforschung, Gruppendynamik, Systemtheorie, Systemische Beratung, Körper- und Energiearbeit. Mitglied in der Österreichischen Gesellschaft für Gruppendynamik und Organisationsberatung. Seit 1991 Geschäftsführende Gesellschafterin der C/O/N/E/C/T/A.

Eva Dachenhausen
Lehramt, Ausbildung in Kommunikationspädagogik, Gruppendynamik, Systemischer Organisationsberatung und systemischer Familientherapie. Langjährige Erfahrung als Bildungsmanagerin im Bereich Europäische Integration, Beraterin und Trainerin in Organisationen und Institutionen, Supervisorin und Coach. Lehrtrainerin und Lehrberaterin in der Österreichischen Gesellschaft für Gruppendynamik und Organisationsberatung. Von 1979 bis 1993 Geschäftsführende Gesellschafterin.

Dr. Helga Weule-Raunikar
Philosophin, Malerin, selbständige Organisationberaterin, Lehrberaterin und -trainerin der Österreichischen Gesellschaft für Gruppendynamik und Organisationsberatung. Von 1984–1994 Geschäftsführende Gesellschafterin der C/O/N/E/C/T/A; seit 1994 Lektorin der Johann Kepler Universität Linz (A). Inerkulturelle Beratungsschwerpunkte: Intuition, Kreativität, Sinnbild- und Leitbildarbeit mit Gruppen und Organisationen.

BÜCHER

Der Verkaufserfolg 1997!

Fritz B. Simon
→ **Die Kunst, nicht zu lernen**
Und andere Paradoxien in Psychotherapie,
Management, Politik ...
175 Seiten, Kt, 1997
DM 36,–/ öS 263,–/ sFr 33,–
ISBN 3-89670-016-2

In diesem Band werden verschiedene Aspekte von
Macht, Ohnmacht und Verantwortung diskutiert. Je-
des der zwölf Kapitel dieses Buches entfaltet für sei-
nen thematischen Bereich ungewöhnliche Ideen und
Anregungen, die unseren Alltag in einem anderen
Licht erscheinen lassen.

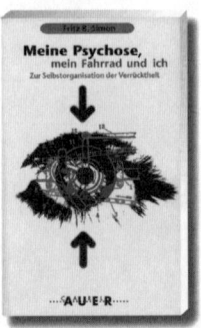

Fritz B. Simon
→ **Die andere Seite der Gesundheit**
Ansätze einer systemischen Krankheits-
und Therapietheorie
205 Seiten, Kt, 34 Abb.,1995
DM 38,–öS 277,–/sFr. 35,–
ISBN 3-927809-50-0
Der Autor entwickelt in diesem Buch auf der Basis
neuerer konstruktivistischer und systemtheoretischer
Modelle eine allgemeine Krankheits- und Therapietheorie, die sowohl für den Bereich organischer als
auch psychischer und sozialer Störungen anwendbar ist und aus der Behandlungsrichtlinien ableitbar
sind.

Fritz B. Simon
→ **Meine Psychose, mein Fahrrad und ich**
Zur Selbstorganisation der Verrücktheit
295 Seiten, Kt, Aufl. 1997
DM 42,80/öS 312,–/sFr. 40,–
ISBN 3-927809-04-7
Der grundlegende Einführungs- und Lehrtext in die
neuere Systemtheorie und den Radikalen Konstruk-
tivismus.
*„Dieses Buch erschließt fast von Seite zu Seite klini-
sches und theoretisches Neuland und bringt zugleich
eine erste umfassende Ordnung in das sich stürmisch
entwickelnde Feld der systemischen Theorie und
Therapie."*   (Helm Stierlin)

BÜCHER

aus dem Carl-Auer-Systeme Verlag

Thomas Siefer
→ **„Du kommst später mal in die Firma!"**
Psychosoziale Dynamik
von Familienunternehmen
325 Seiten, Kt, 1996
DM 59,80/öS 437,–/ sFr 54,–
ISBN-3-9031574-32-6

Thomas Siefer, promovierter Ökonom und systemischer Organisationsberater, verbindet in zahlreichen Analysen realer Beispiele aus Familienunternehmen Erkenntnisse aus der Organisationsentwicklung und der Familientherapie und leitet daraus Lösungen für das Management von Generationskonflikten ab.
„Eine Pflichtlektüre für Familienunternehmen und ihre Berater."
(Informationsdienst des Instituts der deutschen Wirtschaft)

Kurt Buchinger
→ **Supervision in Organisationen**
Den Wandel begleiten
166 Seiten, Kt, 1997
DM 48,–/öS 350,–/sFr 45,–
ISBN 3-89670-002-2

Kurt Buchinger beschreibt in diesem Buch Supervision als geeignetes Instrument für Entscheidungsträger, den neuen Anforderungen in Organisationen gerecht zu werden, und wie die notwendigen Kompetenzen vermittelt, erhalten und vertieft werden können.
„Fazit: Ein Muß für Supervisoren, Coaches, Trainer und Berater … Ein weiteres Mosaiksteinchen bei der Professionalisierung der eigenen Arbeit."
(Der Weiterbidlungsbrief)

Carl-Auer-Systeme Verlag • Weberstr. 2 • 69120 Heidelberg
Tel. (0 62 21) 64 38 0 • Fax (0 62 21) 64 38 22
email: carl.auer@heidelberger-gruppe.com • internet: www.heidelberger-gruppe.com/auer/